ISBN 978-0-483-57537-0
PIBN 11290379

1 MONTH OF
FREE
READING

at

www.ForgottenBooks.com

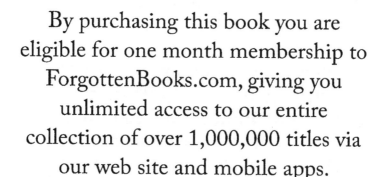

By purchasing this book you are eligible for one month membership to ForgottenBooks.com, giving you unlimited access to our entire collection of over 1,000,000 titles via our web site and mobile apps.

To claim your free month visit: www.forgottenbooks.com/free1290379

PBRO. LUIS MARIA ACUÑA C..

APOSTOLADO SEGLAR

DE ACCION CATOLICA
OBRA DE FORMACION PARA TODOS

IMPRENTA Y EDITORIAL "SAN FRANCISCO"

Padre Las Casas

1940

EL EXCMO. SR. ARZOBISPO DE SANTIAGO DR. DON JOSE MARIA CARO, BENDICE ESPECIALMENTE LA OBRA "EL APOSTOLADO SEGLAR"

Santiago, 6 de Abril de 1940.

El Infrascrito aplaude y bendice la obra "APOSTOLADO SEGLAR", en la cual, el Pbro. Don L u i s M a r í a A c u ñ a ha querido ofrecer a todos los que se interesan por la Acción Católica, medios para conocerla bien y hacerla más viva y eficiente en favor del Reinado Social de Nuestro Señor.

(Firmado): † *JOSE MARIA CARO,*
Arzobispo de Santiago.

El autor expresa al venerable Prelado su fervorosa adhesión y su más viva gratitud.

LICENCIA ECLESIASTICA DEL OBISPADO DE
VALPARAISO.

Vallis Paradisi, 21 Maii 1940.
Revisione peracta, imprimi potest.

† Raphael Lira Infante,
Episcopus Vallis Paradisi.

Michael Ulloa Ossandón,
Secretarius.

DEDICATORIA

A los RR. PP. Franciscanos de la Provincia de la Santísima Trinidad de Santiago de Chile, hijos amantes del que ha sido proclamado por el Pontífice PIO XI, Patrono de la Acción Católica, con afecto y gratitud dedica esta obra:

Pbro. Luis María Acuña C.

PREFACIO

por el **Excmo. Dr. D. Manuel Larraín E.,**
Obispo de Talca.

Hablar del apostolado seglar es tocar un tema, que siendo antiguo como la Iglesia, encierra hoy para Ella uno de los problemas de más actualidad.

Hacer del laicado católico una gran milicia que en su lugar, su orden y su terreno colabore con la Jerarquía en una obra común: la conquista del mundo para Cristo, es sin duda el medio providencial dado por Dios a la Iglesia para responder a las necesidades de un mundo que se renueva en angustiosa transformación.

Así lo han comprendido los últimos Pontífices que han hecho del llamado al apostolado seglar la voz de orden de sus pontificados.

Así también comienzan a comprenderlo muchos católicos. Han sentido que este llamado al apostolado no es algo optativo en su vida, sino un imperativo solemne que brota de su propia condición de miembros del Cuerpo místico de Cristo, se han penetrado que al unirse al apostolado jerárquico de la Iglesia, ejecutan aquel sublime sacerdocio que les fué conferido en los sacramentos del Bautismo y Confirmación, han meditado la responsabilidad que para ellos se encierra en las palabras solemnes que S. S. Pío XI, de santa memoria, dirigía al mundo en su primera Encíclica "Ubi. Arcano Dei" cuando escribía: "Decid a vuestros fieles del laicado que cuando ellos, unidos a sus sacerdotes y a sus Obispos participan en las obras de apostolado y de redención individual y social, entonces más que nunca son el "genus electus, et regale sacerdotium, la gens sancta" el pueblo de Dios que San Pedro ensalza (I. Petr. II, 9).

Ha existido en muchos fieles una falsa concepción de su rol dentro de la Iglesia, se han sentido miembros pasivos de Ella, algo así como los "socios honorarios" de una Institución, no han comprendido que es necesario ser miembros activos que vivan y hagan vivir a otros la sublime vocación sobrenatural a que hemos sido llamados. El gran General Castelnau ha llamado a estos católicos inactivos "los emboscados de la parroquia". A los graves problemas de los nuevos tiempos no cabe otro remedio: la conciencia formada en todos los católicos del deber del apostolado seglar.

A ilustrar esta obligación viene la nueva obra del Pbro. D. LUIS MARIA ACUÑA, el infatigable apóstol de la prensa de nuestra patria a quien tan sólidos y prácticos libros de cultura religiosa y social le debemos.

Llega esta obra en una hora en que el apostolado seglar, la Acción Católica, necesita intensificarse en nuestra patria haciéndose cada vez más consciente y ardoroso. Apostolado consciente, y la obra de D. Luis María Acuña nos ilustra sobre los orígenes y bases doctrinales de la Acción Católica; apostolado ardoroso, y este libro escrito con fervor de Cruzado llama a las almas a consagrarse a la obra sublime de extender el reino de Cristo entre los hombres.

Es obra que debe estar en todas las manos, del sacerdote y del seglar, recordándoles a todos la necesidad de ser en estos difíciles tiempos "HERALDOS DEL GRAN REY" y obreros infatigables de su reinado social entre los hombres.

† MANUEL LARRAIN E.,
Obispo de Talca.

Pbro. Miguel Ulloa O.

ACCION CATOLICA

1) PRINCIPIO Y FUNDAMENTO TEOLOGICO DEL APOSTOLADO SEGLAR.—2) CAMPOS DE APOSTOLADO MAS URGENTE EN NUESTRO TIEMPO.—3) EXAMEN DE CONCIENCIA Y CRITICA CONSTRUCTIVA.

ESTUDIO PRELIMINAR del Pbro. **Don Miguel Ulloa Ossandón,** Secretario General del Obispado de Valparaíso (Chile) y Asesor del Secretariado de Prensa y Propaganda de la Acción Católica.

EVOCACIONES EVANGELICAS.

Fué una de las más encantadoras tardes evangélicas: en las graciosas colinas de Judea y en las rubias
playas del Mar de Tiberíades repercutió el acento divino del Cristo que antes de ascender a los cielos de su
gloria, arengaba a sus apóstoles diciendo: Ite, docete
omnes gentes "Id y enseñad a todas las gentes"...
Y enmudecieron los labios benditos del Cristo y su
mirada infinita dilatóse en la lontananza inmortal de
la historia... y rodaron los siglos en la corriente ver-
tiginosa de los tiempos, y en todas las edades, por pa-
ganizadas que sean, el poder maravilloso y taumaturgo
de Jesús de Nazareth, ha encontrado eco generoso en
las almas abnegaads de los sacerdotes y de los misioneros que no han economizado sacrificios para erigir un
trono al Rey inmortal de los siglos, dondequiera que
haya "dos trozos que se crucen para formar una Cruz
y se alce una piedra para levantar un Altar"...
Pero hoy la realidad tangible de los pueblos nos
demuestra más que nunca la triste verdad de estas palabras quejumbrosas del Maestro: "La Mies es mucha
y los operarios son muy pocos": en esta misma civili-
zada tierra de Chile, en las soledades de nuestros campos, en las quebradas y pendientes de nuestros cerros,
en el bullicio y confort de nuestras urbes, en el estre-
pitoso rechinar de nuestras fábricas, hay miles y miles
de nuestros hermanos de tierra y de raza, imbuídos en
las sombras de nefandos errores, porque nunca han re-

cibido la irradiación del Evangelio ni un rayito de luz del Catecismo...

En medio de tanta indiferencia que aparta a las almas del Templo, y de esa espantosa escasez sacerdotal que constituye una de las crisis más hondas del espiritualismo católico, el Dulce Cristo en la tierra, ha hecho en los modernos tiempos un llamado oficial a este nuevo Sacerdocio de los Apóstoles Seglares de la Acción Católica, llamado imperioso, solemne y decisivo que es como el "**Mandatum Novum**", el Mandamiento Nuevo de Cristo en esta época nueva y luminosa de la Iglesia...

El gran Papa de la Acción Católica, el inolvidable Pío XI, en la Encíclica inaugural de su Pontificado "**Ubi Arcano Dei**" escribía: "La Acción Católica pertenece sin duda más que nunca, por una parte al Ministerio Pastoral, y por otra, a la Vida Cristiana... de aquí que cuanto se ha hecho o se ha dejado de hacer en favor de ella, ha sido en favor o en contra de los inviolables derechos de la conciencia y de la Iglesia"... "La Acción Católica, decía al Episcopado Español, no sólo es conveniente en nuestros tiempos, sino también absolutamente necesaria"... "El Apostolado de la Acción Católica, agregaba al Episcopado Argentino, obliga tanto a los Sacerdotes como a los Segalres".

Y cómo no recordarlo —porque nos toca más de cerca— cómo no repetir y grabar estas palabras que el entonces Emmo. Sr. Secretario de Estado, Eminentísimo Cardenal Pacelli, y hoy Su Santidad Pío XII, gloriosamente reinante, dirigiera a los Obispos y Pastores de la Iglesia en Chile. Dándonos normas precisas sobre las relaciones de la Acción Católica con las actividades políticas y sociales, nos declara "que si los fieles quieren contribuir como es necesario, de una manera eficaz al bien de la Iglesia y de la Patria, nada será más útil que la constitución y el desarrollo de la Acción Católica, según las normas repetidamente dadas por el Santo Padre'' y que ''grandes serán sin duda las ventajas que la Acción Católica traerá a esta noble y querida Nación''.

Estas evocaciones del Evangélio y este Mandamiento Nuevo de la Iglesia deberían bastar para impulsarnos poderosamente a trabajar los amplios campos de la Acción Católica. Pero ante la insistencia amistosa de prologar por terçera vez otro Libro —como todos los suyos— luminoso y atrayente del incansable y erudito escritor Pbro. Don Luis María Acuña, al mismo tiempo que recomiendo encarecidamente esta obra que tanto esperábamos, quisiera insistir en estas tres ideas:

1.—Principio y fundamento teológico de la obligatoriedad del Apostolado Seglar.
2.—Los campos de apostolado más urgentes en nuestro tiempo y en nuestra patria.
3.—Examen de conciencia y crítica constructiva de nuestro Apostolado.

1.—PRINCIPIO Y FUNDAMENTO TEOLOGICO DEL APOSTOLADO SEGLAR.

No sé si por la rutina o la costumbre de ver que ''todo'' lo hicieran el Clero y los Religiosos, aun hay muchos católicos ''seglares'' que creen y siguen creyendo que el Apostolado es competencia exclusiva del sacerdocio y que ellos cuando mucho no tienen mayor obligación que la de asistir a Misa los Domingos y festivos, confesarse y comulgar una vez al año y ojalá los Primeros Viernes; pero nada más...

Más aun; no han faltado quienes al eco de la sentida muerte de S. S. Pío XI que insistía casi diaria-

2* (Apostolado Seglar)

mente sobre su obra creadora de la Acción Católica,
no sé si en broma o en serio y talvez frotándose las manos... se dijeron: "Murió el Papa de la Acción Católica; se acabó la Acción Católica"...

Más que con el fin de desvanecer estos pobres prejuicios... con el ardiente deseo de contribuir a despertar la "Conciencia del Apostolado", quiero recordar brevemente el "principio y fundamento teológico
de la fuerza obligatoria del Apostolado Seglar".

TODOS SOMOS MIEMBROS DEL CUERPO MISTICO DE CRISTO.

En memorable Carta Apostólica de 28 de Marzo
de 1937 al Episcopado Mejicano, Su Santidad Pío XI
nos recuerda este Dogma tan olvidado y tan fecundo:
"Todo cristiano consciente de su **dignidad** y de su
responsabilidad, como hijo de la Iglesia y miembro del
Cuerpo Místico de Jesucristo, no puede menos que reconocer que entre todos los miembros de este Cuerpo,
debe existir una **comunicación recíproca** de vida y **solidaridad** de intereses. De aquí las obligaciones de cada
uno en orden a la vida y al desarrollo de todo el organismo, "in aedificationem Corporis Christi"; de aquí
también la eficaz contribución de cada miembro a la
glorificación de la Cabeza y de su Cuerpo Místico. De
estos principios claros y sencillos, ¡qué consecuencias
tan consoladoras! ¡qué orientaciones tan luminosas!
brotan para muchas almas, indecisas todavía y vaci-
lantes, pero deseosas de orientar sus ardorosas actividades ¡qué impulsos para contribuir a la difusión del
Reino de Cristo y a la salvación de las almas!"...

LA CONFIRMACION: SACRAMENTO DE LA ACCION CATOLICA

Si es verdad que todo católico, por ser miembro vivo del Cuerpo Místico de Cristo, que es su Iglesia, está obligado a trabajar o contribuir en alguna forma de Apostolado, es mucho más cierto que esta obligación alcanza en forma más apremiante y más fuerte al que ha sido armado "soldado de Cristo y paladín de su Iglesia" por el Sacramento de la Confirmación, que, según expresión de Santo Tomás de Aquino, "incorpora al fiel entre los miembros de la milicia cristiana".

Con cuánta razón S. S. Pío XI afirma en Carta Apostólica al Cardenal Patriarca de Lisboa: "Por la Confirmación somos constituídos soldados de Cristo, y es evidente, para cualquiera que lo medite serenamente, que el soldado debe afrontar las fatigas y combates, no tanto en provecho propio, cuanto por el bien de los demás".

Monseñor Fontenelle en "Pequeño Catecismo de la Acción Católica", escribe: "Sobre todo por parte de los que ostentan cargos de la Acción Católica, esta misión exige que se aprovechen plenamente del Sacramento de la Confirmación, el cual ha merecido con razón el nombre de "Sacramento de la Acción Católica", precisamente porque constituye a los confirmados en perfectos soldados de Cristo y de su Iglesia"...

Monseñor Civardi en su excelente "Manual de Acción Católica" agrega: "El Deber del Apostolado se manifiesta explícitamente entre las obligaciones de la Confirmación, pues este Sacramento, al aumentar en nosotros la Gracia Santificante, nos da la madurez espiritual y la robustez de fuerzas, que nos hace aptos para empuñar las armas y soportar las fatigas y los peligros de la Milicia Espiritual. Pero ¿qué es la milicia, sino dedicación absoluta a un interés colectivo? Un soldado egoísta es un contrasentido, es como decir un sacerdote incrédulo, un maestro ignorante, un juez injusto''....

''La Confirmación, afirma finalmente el P. Dabin, es por excelencia el Sacramento de la Acción Católica, porque capacita al confirmado para su labor de militante, y defensor de la Iglesia, y lo habilita para ser Soldado que actúa en comisión de servicio, que es el carácter esencial de la actividad desplegada por los seglares en el seno de la Acción Católica''.

''El Bautismo nos hace **piedras** (del edificio) de Cristo; la Confirmación nos hace **Arquitectos** de Cristo''.

(Cardenal Faulhaber, Arzobispo de Munich).

FORMACION PARA EL APOSTOLADO POR LA VIDA INTERIOR-EUCARISTICA Y LA CULTURA RELIGIOSA-SOCIAL

Los Apóstoles, como los soldados, no se improvisan, deben formarse tanto cuanto lo réclamen los intereses de Cristo y las necesidades actualles de la Iglesia y de la Patria.

Al oído y al corazón del Apóstol debe repercutir incesantemente estas palabras del Maestro que eneierran todo un programa fecundo de Vida Interior, que es la base del Apostolado: ''Sine me, Nihil potestis facere''. Sin Mí, nada, absolutamente nada podéis hacer''... ''Quaerite primum Regnum Dei''... Buscad primero el Reino de Dios y su Justicia y todo lo demás vendrá por añadidura''.

Jamás debemos olvidar en nuestras actividades apostólicas esta sentencia que el gran San Bernardo, Abad de Claraval, dirigía al Papa Eugenio III, preocupado del gobierno universal de la Iglesia: "Sed para vos, el primero y el último, y recordad que en el negocio de vuestra salvación, nadie es más prójimo vuestro que el hijo único de vuestra madre"...

Profundamente penetrados de este principio admirablemente expuesto por Dom Chautard en su "Alma en todo Apostolado" que ojalá leyera todo apóstol seglar: "El Apostolado es el desbordamiento de la Vida Interior", el soldado de Cristo debe formarse, entrenarse y velar sus armas con la Misa litúrgica y prácticamente vivida —con la Comunión frecuente y fervorosa— con la Confesión sincera y una metódica Dirección Espiritual —con la Meditación sagrada, según su condición y circunstancias— con el diario Examen de Conciencia, con la práctica oportuna de los Ejercicios Espirituales, que son la "Palestra del Apostolado", según el decir de S. S. Pío XI en su Encíclica "Mens nostra".

Esta Vida Interior fervorosa y fecunda, que al decir del Padre Plus sea capaz de "IRRADIAR A CRISTO", debe completarse con la Cultura Religiosa social que forme "Conciencias integralmente cristianas" (Pío XI).

En su Carta al Cardenal Berthram insiste S. S. Pío XI en estos requisitos indispensables de Apostolado: "una sólida Piedad, un conocimiento adecuado de la Verdad Religiosa, y una Vida integérrima, que son el fundamento necesario para cualquiera participación en el apostolado jerárquico".

Esta Cultura Espiritual tan necesaria en esta época de tanta ignorancia religiosa, puede adquirirse o enriquecerse con las Clases y los Círculos de Acción Católica, con las Conferencias periódicas de Cultura, con la lectura asidua de los mejores Autores que tanto

abundan hoy día y que están al alcance de la mayoría
de las personas de buena voluntad.

Sintetizando estos pensamientos a todos los Apóstoles seglares repetimos esta arenga de S. S. Pío XI
a las Juventudes Católicas:

"**Sed Angelicalmente puros,**
Eucarísticamente Piadosos,
Apostólicamente activos"...

Y el Excmo. y Rvdmo. Sr. Obispo de Córdoba,
Monseñor Laffite, agregaba:

"**Sed Eucarísticos, para ser Piadosos,**
Sed Piadosos, para ser Apóstoles,
Sed Apóstoles para salvar el mundo"...

CONQUISTA DE LA JUVENTUD OBRERA
(J. O. C.)

Formado convenientemente el Apóstol seglar en la
Vida Espiritual y en la Cultura Intelectual de su Fe,
puede y debe dedicarse a los amplios campos de actividad que le presenta el mundo y la Iglesia: la recristianización de la familia — la educación cristiana de
la Juventud — el apostolado catequístico de los niños — las Cruzadas Eucarísticas — los Patronatos y
Escuelas Nocturnas de niños y jóvenes pobres — los
Círculos de Estudio — la defensa de la Moralidad —
la propaganda por la prensa y por la radio, etc., etc.

Pero entre todos los campos de Apostolados el que
más urge, dadas las circunstancias actuales, es sin duda la conquista y la recristianización del mundo obrero, de tal modo que las mismas actividades anteriormente enumeradas — sin desatender las demás clases
sociales — pues todos somos hermanos en Cristo — deben dirigirse preferentemente a nuestros hermanos
obreros.

El genial Papa de la Acción Católica en su Carta Apostólica al Episcopado Mejicano nos decía: "En oposición a las frecuentes oposiciones que se hacen a la Iglesia de descuidar los problemas sociales o ser incapaz de resolverlos, no ceséis de proclamar que solamente la doctrina y la obra de la Iglesia — a la que asiste su Divino Fundador— puede dar el remedio para los gravísimos males que afligen a la humanidad"... Esta intervención en la Cuestión Social os dará oportunidad de ocuparos con celo particular de tantos pobres obreros que tan fácilmente caen presa de la propaganda descristianizadora, engañados por el espejismo de las ventajas económicas que se los presentan ante los ojos, como precio de su apostasía de Dios y de la Santa Iglesia. Si amáis verdaderamente al obrero (y debéis amarlo, porque su condición se asemeja más que ninguna otra a la del Divino Maestro) debéis prestarle asistencia material y religiosa. Asistencia material, procurando que se cumpla en su favor no sólo la Justicia Conmutativa, sino también la **Justicia Social,** es decir, todas aquellas providencias que miran a mejorar la condición del Proletario; y Asistencia religiosa, prestándole los auxilios de la Religión, sin los cuales vivirá hundido en un materialismo que lo embrutece y lo degrada" (Pío XI, 1937).

Y en el mismo mes y año, en su admirable y valiente Encíclica "Divini Redemptoris" sobre el Comunismo Ateo, cómo insiste nuevamente el Papa providencial en la urgencia imperiosa del Apostolado Obrero:

"En modo particular recordemos a los **Sacerdotes** la exhortación de nuestro predecesor León XIII, tantas veces repetida, de ir a los Obreros; exhortación que Nos hacemos nuestra y completamos: "**Id a los Obreros, especialmente al Obrero Pobre y en general, id a**

los Pobres" siguiendo en esto las enseñanzas de Jesús y de su Iglesia;... Si el sacerdote no va a los Obreros y a los Pobres, para premunirlos o desengañarlos de los prejuicios y de las falsas teorías, éstos se convertirán en fácil presa de los apóstoles del Comunismo"... En las Parroquias, los Sacerdotes —aun dando naturalmente lo que sea menester al cuidado ordinario de los fieles— **reserven la parte mayor y mejor de sus fuerzas y de sus actividades para reconquistar las masas de trabajadores para Cristo y para la Iglesia**"...

"Después del Clero, Nos dirigimos Nuestra paternal invitación a los queridísimos hijos que militan en las filas de la para Nos tan querida Acción Católica... serán los primeros e inmediatos colaboradores de sus compañeros de trabajo y se convertirán en preciosos auxiliares del Sacerdote para llevar la luz de la Verdad y remediar las miserias materiales y espirituales, en innumerables zonas refractarias a la acción del Ministro de Dios, ya sea por inveterados prejuicios contra el Clero, ya por deplorable apatía religiosa"... Finalmente "nuestros queridos Obreros Católicos, jóvenes y adultos, bajo la guía de sus Obispos y de sus Sacerdotes deben hacer volver a la Iglesia y a Dios la inmensa multitud de sus Hermanos de Trabajo que exacerbados por no haber sido comprendidos o tratados con la dignidad a que tenían derecho, se han alejado de Dios..." Los Obreros Católicos, con su ejemplo, con su palabra, demuestren a estos hermanos suyos, que la Iglesia es una tierna Madre para todos los que trabajan y sufren, y jamás ha omitido ni omitirá nunca su sagrado Deber Materno de defender a sus Hijos"...

A principios del mismo año (29 de Enero de 1937) el Eminentísimo Cardenal Eugenio Pacelli, entonces Secretario de Estado de Su Santidad Pío XI, y ahora

S. S. Pío XII, escribía con motivo del X aniversario de la **J. O. C.** Juventud Obrera Católica de Francia, estas preciosas palabras que son una arenga irresistible y deben promover movimientos colectivos similares en el orbe católico:

"**Es de extrema urgencia,** para detener los progresos del mal y reconquistar las almas de los Trabajadores, **extender e intensificar más aun el Movimiento Providencial de la J. O. C.,** que como una vasta y saludable red, se extenderá sobre aquellas multitudes descarriadas y las hará penetrar en una vivificante y sobrenatural atmósfera de luz y caridad... No se puede en este campo hacer óbra verdaderamente eficaz y duradera sino recurriendo a los métodos de **Conquista del Medio Social por el mismo Medio Social;** método que S. S. Pío XI ha señalado para mejor responder a las necesidades de nuestra época. En su Encíclica "Quadragessimo Anno" dió una definición magistral de esta Metodología de la Acción Católica: "Para hacer volver a Cristo las diversas categorías de hombres que se han separado de El, es necesario ante todo, reclutar y formar, en su mismo medio social, auxiliares de la Iglesia que comprendan su mentalidad y sus aspiraciones, sepan hablarle a su corazón en un espíritu de fraternal y caritativa comprensión. De esta manera LOS PRIMEROS APOSTOLES DE LOS OBREROS, LOS APOSTOLES INMEDIATOS DE LOS OBREROS SERAN LOS MISMOS OBREROS"... "Las Clases Trabajadoras — terminaba el Emmo. Cardenal Secretario de Estado, hoy Su Santidad Pío XII, tienen en la formación del Mundo Nuevo, una importáncia cada vez mayor, que sería vano e injusto desconocer. **La Sociedad de mañana será Cristiana, en gran parte, en la medida en que los Representantes del Trabajo hayan sido penetrados de los Principios del Evangelio".**

En esta misma ocasión y celebrando los triunfos palpables de más de cien mil Jóvenes Jocistas, dirigía en París estos vibrantes votos y estos felices augurios el Eminentísimo Cardenal Verdier, uno de los cerebros más robustos y videntes del mundo contemporáneo:

"El inmenso escándalo de un Proletariado descristianizado, que según la palabra de Pío XI, es el mayor escándalo del mundo moderno, ¿está pues a punto de desaparecer? Ni las protestas del egoísmo, ni la fuerza, ni siquiera las legislaciones sociales, pueden hacerlo cesar. Vosotros, queridos miembros de la J. O. C., con Cristo, con la Iglesia, alimentados con la doctrina y llenos de la vida de vuestro Cristianismo, habéis jurado obrar un Milagro que vuestra timidez ya no esperaba. Mañana, gracias a vuestras sabias doctrinas, el Mundo del Trabajo, para su felicidad y para la nuestra, para gloria de la Patria y bien de la humanidad, se arrojará en brazos de Cristo nuestro Dios. ¡Hijos del Milagro, os bendecimos, Que Dios haga fructuoso vuestro esfuerzo!... Realizaréis vuestro Ideal... y mañana la Patria os bendecirá, pues el Hogar y el Trabajo restaurado, será el bienestar de todos, será la Paz Social, será la Patria, capaz de reanudar en adelante en el mundo su marcha gloriosa y bienhechora"...

Insistiendo en esta Obra Impostergable, cómo no meditar el Manifiesto glorioso del heroico y dinámico Canónigo Cardijn, alma de la J. O. C. en el magno Congreso de Julio de 1937:

"Basta ya de palabras y de discursos: ellos nos han engañado y desilusionado...

Basta de amenazas y de golpes: ellos nos han herido...

Basta de agitaciones estériles: ellas nos han traicionado...

...Solos y dispersos somos nada...

Unidos, agrupados, somos ya una fuerza irresistible...
Por encima de todas las doctrinas y de todas las agitaciones del odio y de la violencia, surge el **Frente Mundial** de los Jóvenes Trabajadores, agrúpados en torno del Unico. Príncipe de la Paz y del Unico. Realizador de la Justicia: el Divino Obrero de Nazareth...
Por El — con El — y en El — la Nueva Juventud Obrera quiere también hacer un Mundo Nuevo.

"La Masa Obrera — terminemos con un periodista que sabe auscultar las palpitaciones populares — no puede ser reconquistada de un modo eficaz y duradero, sino por los **militantes** sacados de la Masa, por los **Catequistas** de la masa, por los **Misioneros** de la masa, que viven su misma vida y en su mismo medio... Sólo aquí está la solución: La Acción Católica en la Clase Obrera, **junto** a la Clase Obrera, **con** la Clase Obrera, para la reconquista de la Clase Obrera...

Entre el Ateísmo Totalitario — que es la expresión extremista del Laicismo moderno — y el Laicado Católico — que debe desarrollar todas las fuerzas vivas de la Iglesia Militante — se prepara un duelo gigantesco: puede caber a la **J. O. C.** la inmensa dicha de dotar a la Iglesia de su Milicia más fiel!... El Laicado Obrero-Cristiano será la salvación de la masa Obrera, la verdadera Redención del Proletariado!"...

EXAMEN DE CONCIENCIA: ALGUNAS OBSERVACIONES PRACTICAS...

El Apóstol generoso, ansioso de desarrollar sus actividades según las necesidades de la época y las incomparables normas que irradian desde la Cátedra Inmortal del Vaticano, encontrará en las páginas substanciosas de este Libro actualísimo del Pbro. Sr. Acuña, Haces de Luz, de verdad doctrinal y de acción positiva.

Y tratándose de Acción y Apostolado, y a pedido de su ilustrado Autor, me permito estampar aquí con toda sinceridad algunas **Observaciones Prácticas,** que me ha tocado palpar o anotar en el camino hermoso y consolador de la vida apostólica, y que ojalá sirvieran para desarrollar e incrementar en todos los seetores la Obra genial de la Acción Católica.

ESPIRITU DE LA ACCION CATOLICA:

Más Espíritu... menos materia...

Menos esqueleto... más Alma...

No compliquemos... simplifiquemos la Acción Católica...

Minimum de reglamentación... Máximum de Oración y de Acción...

Sin desentendernos de las normas necesarias y precisas y amplias de Organización eficaz, insistamos en un espíritu más amplio de Apostolado, según la intención heroica de San Pablo: **"Me he hecho todo para todos (amplitud del Apóstol) para ganarlos a todos a Cristo"** (espíritu del Apóstol).

ACCION APOSTOLICA, PRACTICA Y AMPLIA:

Menos teoría... más práctica...

Menos reunión... más Acción...

La Acción Católica no es sólo para ciertos grupos; sino para todos... Católica significa Universal... aun para aquellas personas de buena voluntad que quisieran, pero no pueden asistir a las reuniones **reglamentarias** si, pero que algunos creen **obligatorias** y siempre, absolutamente para todos...

Si la Acción Católica consistiera preferentemente en Reuniones, se llegaría a la conclusión de que siendo todos, de derecho, y muchísimos, de hecho, llamados a la Acción Católica, prácticamente no habría Asesores suficientes para atender tantos socios, ni forma posible de congregarlos convenientemente... Hay un gran porcentaje de almas generosas que **no pueden**... que **no deben**... asistir a las reuniones reglamentarias, por sus obligaciones primordiales de estado, por circunstancias especiales de familia, de profesión, etc. Precisa, pues, una metodología práctica, más amplia, más humana, en los dirigentes, para los que puedan ir a **todas** las reuniones... para los que puedan ir a algunas... para los que no puedan ir a **ninguna**; pero desean trabajar por Cristo y su Iglesia según sus posibilidades y con normas generales en las campañas comunes. Así no alejaremos, sino que atraeremos y aprovecharemos todas las fuerzas vivas de Apostolado...

GRADUACION EN LAS OBLIGACIONES DE LA ACCION CATOLICA

No seamos exageradamente exigentes ¡acordémonos que el mismo Papa Pío XI, que tanto exigía de la Acción Católica, también ante las circunstancias tangibles y las dificultades prácticas, decía: "**Donde falta la posibilidad, cesa el deber**"... (29 de Septiembre de 1924).

Por eso con su reconocida autoridad escribe Monseñor Luis Civardi: "Aunque el deber de la Acción Católica es general, sin embargo, **no obliga a todos los fieles del mismo modo** y en igual medida; por lo cual puede establecerse como una **graduación** de obligaciones".

Con cuánto **sentido práctico** escribía el Emmo.

Cardenal Secretario de Estado, el 2 de Octubre de 1923, al Presidente. General de la Acción Católica Italiana (y esto, en Italia, que no sufre, como nosotros de escasez de Asesores y Dirigentes de A. C.): "Así como todo católico, debe sentir la necesidad y el deber de **DEDICARSE**, o al menos de **CONTRIBUIR** a esta Obra de Apostolado (La Acción Católica), así también debe sentir la necesidad y el deber de COORDINARSE, según la posibilidad, con los órganos de Acción reconocidos, si no quiere exponerse al riesgo de hacer estéril, cuando no perturbadora y dañina, su Obra".

Según explica el mismo Monseñor Civardi, se deducen de aquí tres Obligaciones determinadas por la Santa Sede:

Primera Obligación: DEDICARSE, militando y trabajando directamente en las filas de la Acción Católica.

Segunda Obligación: "Pero no todos son aptos... no todos pueden hacerlo... Estos deben CONTRIBUIR a la Acción Católica de otras maneras: con la oración, la propaganda, con el apoyo moral y material.

Tercera Obligación: "COORDINARSE con la Acción Católica, y ésta incumbe a los que ejercitan el Apostolado en Asociaciones y Obras afines, llamadas por Pío XI "Auxiliares de la misma Acción Católica".

Con este sistema basado en estos poderosos argumentos de autoridad, de experiencia y hasta de sentido común, con estos tres grados, al mismo tiempo que no se debilitaría ninguna Asociación ni Centro, se multiplicarían los Apóstoles bajo un Ideal Universal y con táctica prudente y entusiasta, paulatinamente muchos que ahora no pueden más que contribuir o coordinarse con la Acción Católica, pasarían también a dedicarse a este gran Apostolado.

EVITEMOS...

EL NATURALISMO, trabajar únicamente por motivos o simpatías naturales, por sport... "Con este Cura, con este Padre, con toda el alma"... pero se cambió el Cura o el Padre o el Asesor o el dirigente, y hasta luego... y adiós, Acción Católica...

EL PERSONALISMO, por ansias de figurar... y suplantar a los demás y de imponer a toda costa su manera de pensar...

LA DICTADURA de Dirigentes: menos fiscalización de policía o de Investigaciones... No obstaculizar, sino impulsar las obras... Haciéndose cargo de las dificultades prácticas, y de que no es siempre lo mismo proyectar... o dirigir desde un gabinete, que trabajar en el mismo terreno; ir y descender con más voces de aliento, con más armonía fraternal...

LA BUROCRACIA, que complica el Apostolado que es más sencillo y práctico y que a veces confunde la Acción con el papeleo exagerado de un oficinismo estéril: sube el papeleo... y baja la Acción!...

EL REPENTINISMO: afán de inventar cosas nuevas: antes estudiar el ambiente y medios seguros o probales de realizarlos.

EL QUIMERISMO, "no hay que lanzarse a realizar obras imposibles sin recurso personal, sin preparación técnica" (Carabajal, Vademecum de A. C.).

EL CENTRALISMO. Menos estrechez de normas... Dejar campo abierto a la iniciativa privada y a las aspiraciones y postulados regionales... Cuántas órdenes, empresas o campañas, son fáciles de cumplir o realizar en las metrópolis o urbes; pero qué difícil y casi imposible en otras regiones y en otros campos, sobretodo si no se mandan medios eficaces y oportunos.

EL EXCLUSIVISMO. Lo mejor no es enemigo de lo bueno... Cuántas **exageraciones contraproducentes** en ciertas propagandas y Campañas... que por su forma, se han hecho antipáticas... Acerquemos a los fieles al Altar según el "espíritu de la Iglesia"; pero no los alejemos, por un idealismo personal... "**no condenemos nosotros lo que la Iglesia nunca ha condenado**" (P. Charles, Priére des Toutes les Heures).

LA ANTIPATIA por la Acción Católica, cansando a los Dirigentes, hastiando a los socios ,sin fijarnos en sus obligaciones primeras de la vida de hogar, etc. alejando a los probables socios que entrarían en las filas, si no cayéremos en estas exageraciones que hacían exclamar a un Asesor francés después de larga experiencia: "**Parece que esta reglamentación hubiera sido hecha únicamente por solteros... y para solteros**"...

EL CRITICISMO, más tino y tacto para criticar las actividades y orientaciones apostólicas...
Si debemos criticar un asunto, que nuestra crítica sea **constructiva y fraternal**... jamás destructiva y fratricida... "Las batallas no las ganan los que "critican" sino los que luchan" (R. P. Rutten).

EL PROSELITISMO SIN LA ELITE Y LA ELITE SIN EL PROSELITISMO

Combinemos la "Elite" o selección con el Proselitismo o la conquista...
Si exageramos el Proselitismo, caeremos en el pe-

cado original de muchas de nuestras obras: la conquista y la inscripción al lote, a granel...

Si exageramos la "elite" nos quedaremos "in aeternum" con el "grupito rotativo" de una Acción que no es católica, porque no se dilata...

CONCLUSION Y RESOLUCION PRACTICAS

Católico-Apóstol, que leerás, estudiarás, meditarás y harás leer este libro tan claro como oportuno del Pbro. Sr. Acuña, consciente de tus deberes y de tus responsabilidades, no te quedes con los brazos cruzados, en las cumbres olímpicas de las teorías y de los idealismos... desciende al campo y terreno vivo de las realidades...

Inscríbete en los registros de la Acción Católica... Pero no basta la Inscripción ¡no seas como tantos seudo-católicos a medias, que se contentan con estar inscritos en el Libro de los Bautismos... Fórmate piadosa e intelectualmente para el Apostolado Católico, con el cumplimiento cabal de tus deberes cristianos, lectura seria del Evangelio y del Catecismo, con la asistencia a las sesiones y clases de la Acción Católica.

Trabaja organizadamente, en conciencia según tus posibilidades; si no puedes **dedicarte** completamente, al menos **contribuye,** coopera directa o coordinadamente, pero siempre con abnegación y constancia por amor a Dios y a la Iglesia en alguna de las muchas actividades religioso-sociales que te muestran tus Jefes y te inspira tu celo... Conquista nuevos apóstoles a las filas de la Acción Católica, y habrás cumplido así este "Mandatum Novum" este Mandamiento Nuevo que ha dado Cristo, por labios de su Vicario, a los Católicos sinceros y valientes del siglo XX...

En tus trabajos y en tus conquistas apostólicas no

olvides este sencillo, pero práctico Decálogo de Apostolado:·

1.—**Acción con Oración.**
2.—**Santificarse para santificar.**
3.—**Conocer para hacer conocer.**
4.—**Sacrificio y Constancia.**
5.—**Ejecución sin precipitación.**
6.—**Organización con Selección.**
7.—**Trabajar y hacer trabajar.**
8.—**Dirección sin Absorción.**
9.—**Coordinación sin centralización.**
10.—**Armonía con Autonomía.**

Refieren los Libros Santos que indignada la Justicia Divina por los enormes pecados individuales y las prevaricaciones colectivas de los pueblos, desató las cataratas de los cielos para castigar los hombres y pacificar la tierra... Y en medio de esa hecatombe universal del primer diluvio, sólo quedó flotando sobre la superficie de las inmensas aguas, el Arca Salvadora, como símbolo. eterno de supremas esperanzas...

Los tiempos no han cambiado. En medio de este diluvio moderno de crisis económicas, de apostasias nacionales. y de escándalos. sociales, de costumbres depravadas, y de ese horrendo maremagnum de neopaganismo que desborda por doquiera con irritantes impudicias, la Iglesia nos presenta la divina panacea de la Acción Católica y de la Acción Social, como Arca Salvadora de las almas y de las humanas sociedades.

Si la Acción Católica no logra purificar, regenerar, recristianizar y levantar de su postración moral — o mejor dicho, ''inmoral— al siglo XX, nuestro siglo está perdido, porque en tal caso, habría fracasado, entre desquiciamientos mortales, el último resorte que nos ha proporcionado la Providencia Divina, para la salvación de la pobre, doliente y paganizada humanidad contemporánea.

"O el mundo se salva por la **Acción Católica**, bien comprendida y sabiamente dirigida —decía S. S. Pío XI al **Arzobispo de Quito**— o se hunde en el Comunismo ateo y salvaje"...

Católico de los tiempos nuevos: si quieres salvarte; si quieres salvar a tus hermanos; si quieres salvar a tu Patria y al mundo de este derrumbe universal, comienza a "**vivir tu Cristianismo**"... con tu Conciencia pura, con tu fe viva, con tu Piedad profunda, e ilustrada, con tu Vida ejemplar. y apostólicamente conquistadora de las Almas!

Medita esta gráfica sentencia del gran Tertuliano: "**Si no eres un Apóstol... eres un Apóstata**"... de la altísima misión que te señala tu Fe!...

Una vez más, te recomiendo el estudio reposado y entusiasta de este Libro que abrirá nuevos y luminosos horizontes; y si antes, víctima talvez de esa apatía mortal que nos deshonra y nos postra y nos consume, estabas hasta ahora indeciso y con los brazos cruzados... leyendo estas páginas, seguramente exclamarás con Goethe: "**Yo dormía y soñaba que la vida era belleza... desperté y vi que la vida era Deber**"...

Consecuente con esta doctrina que, despertará la conciencia dormida de tu deber cristiano y de tus responsabilidades apostólicas, cooperarás con los Sacerdotes a la obra redentora de Cristo y a la acción salvadora de la Iglesia. No importa que entre los hombres, que se guían por las apariencias, seas un Apóstol o un Héroe anónimo. Ante Dios que penetra las conciencias, no hay "Soldados Desconocidos"...

Y un día merecerás que la misma mano divina que te escogió y te invitó para el Apostolado popular y social, con estas palabras triunfales que compendian la

.Vida, la Muerte y el Cielo del niño angelical Aldo Marcozzi, grabe sobre tu tumba este epitafio que será la llave de tu gloria:

"Digne inter Apostolos numeratus est;
Digne inter Angelos quiescit".

"En la tierra trabajó entre los Apóstoles...
En el Cielo descansa dignamente entre los ángeles"...

Valparaíso, Fiesta de Pentecostés de 1940.

Pbro. Miguel Ulloa Ossandón,

Secretario General del Obispado y Asesor Diocesano del Secretariado de Prensa y Propaganda de la Acción Católica de Valparaíso.

INTRODUCCION

Ofrecemos a nuestros lectores la nueva obra: "**Apostolado seglar**" que nos han pedido con insistencia tanto del país como del extranjero.

Es una contribución a las actividades que desarrolla la Acción Católica codificada definitivamente por el ilustre Pontífice Pío XI.

Esta obra no es un Manual de Acción Católica; es un libro de formación, de. principios, destinado a despertar el entusiasmo del mundo católico para que colabore con la Jerarquía en el inmenso campo del apostolado religioso y social. Nuestro tema es el **Apostolado seglar,** su origen, su importancia, sus normas, sus formas diversas y, naturalmente, damos las normas fundamentales de la Acción Católica, especialmente las que señaló Pío XI en sus Encíclicas, en sus Cartas, en las Actas de la Secretaría de Estado y en los Concordatos.

Es la hora del trabajo, de los grandes trabajos. Trabajemos, pues. Esa acción de los seglares la reclama la Iglesia y es de la más alta importancia. "Antes, decía el ilustre Luis Veuillot, la Iglesia necesitaba del brazo secular; hoy necesita de la acción de los seglares".

En esta obra damos la noción clara de Apostolado seglar; que han pensado de él los ilustres Pontífices que han regido, en los últimos tiempos los destinos de la Iglesia. Luego estudiamos la necesidad y la importancia del-apostolado. Del de defensa, de conquista, de obediencia. Esbozamos la organización de la Acción Católica. Después estudiamos el origen y la evolución del Apostolado seglar, sus grandes figuras y sus gestas hermosas. Los campos y fuentes del apostolado; sus formas diversas; las glorias del apostolado de la Iglesia; el apostolado de la mujer, del joven, de la joven; el Apostolado social del clero y temas de formación, finalizan esta obra. En el Apéndice damos a conocer la organización completa de la Acción Católica chilena.

Damos, pues, una obra de formación, de principios, de doctrina.

Esto es lo que más necesitamos: ideas, principios, doctrinas que nos llevan a la convicción, al trabajo, a la propaganda.

El mundo vive una hora de anarquía intelectual; luchan en todos los campos ideologías encontradas y opuestas y esas ideologías se concretan después en sistemas que luchan por el predominio de la humanidad.

El católico debe estar arraigado, como nunca, en la verdad, en la convicción. "La verdad permanece eternamente". Esa verdad debe ser para él, como un faro de luz que la ilumine en medio de las tempestades, en esta noche de dolor y de tragedia que ha caído sobre el mundo de las almas.

Se ha dignado escribir el Prefacio de honor de esta obra, el distinguido Prelado chileno y Obispo diocesano de Talca (Chile) Dr. D. Manuel Larraín Errázuriz. Conocedor como pocos de los problemas de la Acción Católica y de los problemas sociales, nos alienta con su palabra sabia y prestigiosa. Le hacemos llegar nuestra gratitud junto con la admiración que le profesamos.

El Prólogo de la obra lo escribe el conocido sacerdote porteño Pbro. D. Miguel Ulloa Ossandón, cuyos trabajos apostólicos especialmente en la prensa, en la Radio y en las organizaciones son conocidos de todos y que se distinguen por el entusiasmo y el brillante éxito.

Colabora también con un capítulo especial sobre el apostolado de la "Radio" y de cuya propaganda es Director Eclesiástico. Hacemos llegar al distinguido sacerdote nuestros agradecimientos por esta colaboración y por habernos alentado en nuestras obras.

Al publicar esta nueva obra cumplimos los anhelos de nuestros distinguidos hermanos los sacerdotes argentinos, quienes nos han pedido, en la "Revista oficial del clero" la publicación del "Apostolado seglar".

Esperamos que esta obra sea aceptada y acogida con el mismo entusiasmo que las anteriores. Es obra para todos: sacerdotes, seglares, dirigentes, juventudes. A ella hemos consagrado nuestros estudios, nuestras mejores horas; le hemos dado la mayor actualidad, relacionando los temas con los problemas y tendencias de la época.

En el presente año, Dios mediante, el autor iniciará la publicación de sus "Obras oratorias", comenzando por un tomo de "Discursos y Conferencias". Después seguirá con otro de "Sermones y Panegíricos", "Planes oratorios" un "Tratado superior de Religión" y una obra de Prensa.

Nos encomendamos a las oraciones de todos y los saludamos afectuosamente en el Señor.

Pbro. LUIS MARIA ACUÑA C.

Valparaíso, Marzo de 1940.

Valor para el país: $ 15.—

Para Argentina: 2 nacionales.

Para el.Perú: 2 soles.

Estos envíos. del extranjero deben hacerse en letras sobre un banco de la capital correspondiente, a nombre del autor y en moneda del país respectivo.

OBRAS DEL MISMO AUTOR

"Doctrinas Sociales de Marx" (1933). Por agotarse. $ 10.—

"El Divorcio ante la razón, la Filosofía y la Estadística" (1934). Agotada.

"Planes de Homilías" (1935). Segunda edición. Buenos Aires. $ 30.—

"El Mundo sin Paz" (1936). Agotado.

"Mes de María Predicado" (1935). $ 10.—

'Sermones" (1936). Agotado.

"Cristianismo y Socialismo" (1937). $ 10.—

"Corazón de Jesús Predicado y meditado" (1938). $ 10.—

Pedidos al autor: Correo 2, Valparaíso (Chile).

De la "Revista Oficial del Clero". Buenos Aires.

JUICIOS QUE HAN MERECIDO NUESTRAS OBRAS

"EL CORAZON DE JESUS PREDICADO Y MEDI-
TADO" por el Pbro. Luis María Acuña.—C. Correo 2, Casilla 4028. Valparaíso (Chile).—Enviar
dos pesos m|n. en carta con valor declarado o en
giro a nombre del autor.

Consta esta nueva y hermosa obra del laborioso
sacerdote chileno, de tres partes. La 1.a es un Mes del
Sagrado Corazón de Jesús, con pláticas desarrolladas
para cada uno de los treinta días del mes, y un sermón
para la fiesta del Sacratísimo Corazón.

He aquí los temas de las pláticas: Naturaleza y
excelencia de la **devoción al Sagrado Corazón de Jesús.**
Amabilidad y riquezas del Sagrado Corazón. **Insignias,**
la Cruz, las espinas, las llagas y la herida del costado.
Perfecciones del Sagrado Corazón, fuente de vida,
maestro de verdad, templo del Espíritu Santo, caridad
con Dios y santidad. **Virtudes** del Sagrado Corazón, humildad, obediencia, pobreza, sacrificio, caridad con el
prójimo, lecciones de Nazareth y apostolado. **Remedios
del Sagrado Corazón,** luz para la incredulidad de las
inteligencias y amor para el egoísmo de los corazones.

Reinado del Sagrado Corazón en la sociedad, familia e individuo: oposición a ese reinado, laicismo moderno. Realeza y soberanía social de Jesucristo, imitación, centro del amor y práctica de la devoción. Sigue este Mes el mismo método del Mes de María que ya conocen nuestros lectores, pero nos ofrece una novedad muy digna de mención. Son las aplicaciones **prácticas** referentes al tema que se agregan cada día. Facilitan la tarea del predicador y son muy útiles para el lector.

La 2.a parte consiste en treinta planes breves ácerca de la **devoción, gracias y virtudes** del **Sagrado Corazón de Jesús**, que adoptarán sin duda los sacerdotes que tienen práctica del púlpito. La 3.a parte la forman a manera de **apéndice**, dos tríduos, uno **Eucarístico** y el otro a **Cristo Rey**. Jesús nuestro modelo en la Eucaristía. El Corazón Eucarístico. La Eucaristía vínculo de caridad. El reino de Cristo. Realeza de Cristo. Su mensaje de paz. He ahí los temas de ambos tríduos.

Son de alabar en éste, como en anteriores trabajos del docto y celoso sacerdote, el orden y método, la solidez, la seguridad, la riqueza y opulencia de la doctrina, la nitidez y la claridad en la exposición, especialmente de los males sociales e individuales y de sus remedios, y el acierto en la aplicación de las enseñanzas del Evangelio a los problemas actuales y en la solución de los mismos.

En la segunda edición desearíamos ver desarrolladas en otra serie de temas para el mes del Sagrado Corazón de Jesús, todas y cada una de las magníficas invocaciones de las letanías del Sagrado Corazón; las doce promesas de ese Deífico Corazón a Santa Margarita María, y algunas pláticas para la conmovedora ceremonia de la entronización del Sagrado Corazón en el hogar, en la escuela, en algún hospital, cuartel y otros establecimientos semejantes, para la renovación anual y para otros actos parecidos.

Recomendamos esta obra a los predicadores, que hallarán en ella una valiosa ayuda para sus tareas apostólicas, a los sacerdotes, religiosos y católicos en general, que podrán servirse de ella como de un libro de meditación, o de lectura espiritual piadosa, instructiva y práctica. Y terminamos este juicio crítico instando al Pbro. Acuña a que no demore la publicación del **Apostolado seglar** y especialmente de los **Planes Oratorios** que nos tiene prometidos y que aguardamos ansiosamente.

CAPITULO I

EL APOSTOLADO

SUMARIO: 1) Un cuadro de la sociedad.—2) Apostolado.
Definición. Explicación de los términos.—3) Hablan los
Pontífices Pío X, Pío XI y un eminente Prelado.—4)
Verdadero carácter del apostolado seglar.—5) Faltan
hombres...

1) UN CUADRO DE LA SOCIEDAD.—El mundo vive
la hora de la inquietud, vive la hora de la lucha en
todos los órdenes. Un recio choque de ideologías: des-
compaginación política, agitación social, ruina económica caracterizan la vida contemporánea.

Y en el orden religioso, vivimos tiempos de lucha
y de encarnizado combate contra los sagrados intereses
de Jesucristo y de su Iglesia.

Luchas raciales: **sovietismo, racismo** que no son
otra cosa que el despotismo entronizado, hacen cruda
guerra al Cristianismo y pretenden arrancar a Cristo
del trono de amor en que lo ha colocado la fe de veinte
siglos. Grave es la hora que vivimos; grave es el momento, el más grave de cuantos ha vivido la humanidad en los últimos siglos. En todas partes, los enemigos de Cristo se unen, se agrupan, y forman una inmensa falange, un frente único para descristianizar al
individuo, a la familia y a la sociedad.

Esbocemos un cuadro de la situación. Si miramos la vida individual, doméstica y social veremos que la paz ha huído de la tierra. No hay paz ni para el individuo, ni para la familia, ni para la sociedad, ni para las naciones. Estamos en guerra perpetua: guerra de clases, guerra política, disenciones domésticas, y sentimos en nosotros y cerca de nosotros enormes inquietudes.

En el orden **internacional** vemos cómo de nuevo, el monstruo de la guerra, cual jinete apocalíptico, va dejando un reguero de sangre y de lágrimas... Y aunque no exista el estado de guerra hay un espíritu de guerra que causa hondo malestar a las sociedades y a los pueblos.

En el orden **religioso,** se ha excluído a Dios del principio del derecho, de la vida pública y consagrado la apostasía social.

En el orden **doméstico,** se ha laicizado el matrimonio, se ha desorganizado la familia, se ha quitado a Dios de la escuela y, con El, toda base de moralidad.

En el orden **social,** arrecia la lucha de clases; estamos tocando con la mano sus miserias, sus llagas; oímos su grito de desesperanza...

Parece que el infierno se ha desencadenado sobre la tierra. El vacío de Dios, la apostasía de las naciones agita a las sociedades. Falsos redentores habían prometido curar los males de la humanidad y no han hecho sino agravarlos horriblemente. La ciencia no ha enjugado de nuestros ojos una lágrima ni infiltrado una gota de consuelo en los corazones desgarrados.

Es el laicismo imperante que ha convertido a Cristo en el gran Desconocido, en el gran Desterrado; "que después de borrar su augusto nombre de los Códigos de las leyes, como dice bellamente un escritor, después de desterrarlo de los tribunales de justicia,

hasta ha llegado a prohibirle que extendiera sus amorosos brazos sobre los cementerios... que se pasee solitario y triste por las calles de las ciudades, de las aldeas, de los campos en busca del moribundo... Le ha
arrancado ese dulce refugio que el Maestro divino tenía en el alma popular, fué despedido ignominiosamen-
te y no le quedaba más remedio que marcharse, sacu-
diendo de los pies cansados y desnudos y llagados...
el polvo acumulado por las fatigas del día y de la noche; Cristo solitario y maltrecho fué entregado al vo-
cerio procaz de sus enemigos"...

Ahí tenemos la obra del laicismo, la obra de los
bárbaros civilizados. Hemos asistido al desarrollo de un
drama gigantesco, de un terrible drama social cuyo
prólogo ha escrito con sangre la Rusia contemporánea
y cuyo epílogo escribirá con sus propias lágrimas la
sociedad presente si no retorna a los principios salvadores del Evangelio.

¿Y qué debemos hacer nosotros los católicos en
esta hora urgente, grave que vivimos? Podemos encerrarnos en nuestro egoísmo, en nuestras casas cuando
se oye el fragor del combate? ¿Podemos huir cobardemente como los apóstoles, cuando los enemigos quieren
crucificar de nuevo a Jesucristo en el corazón de los
hombres? ¡Ah, no! Debemos agruparnos en torno de
Cristo; debemos formar una falange, un verdadero
Apostolado seglar para hacer reinar de nuevo a Jesucristo en los hombres y en los pueblos.

En la época moderna son otros los campos de batalla, observa un escritor Hoy Cristo está en i.
vorientos suburbios de las grandes ciudades, obscure-
cido por el humo de las fábricas; está en las plazas públicas, envuelto en la ola de los niños callejeros; está
en los parlamentos y en la cátedra para ser el ludibrio
y la befa de los que se llaman intelectuales; está allí
4 Mes de María

defendiéndose como puede, solo, en nuestro siglo en
que la mayoría impera y el número es un argumento;
está allí, no pudiendo responder a las acusaciones y a
las calumnias más que con miradas de amor... y mostrando sus llagas que las gentes ya no comprenden.
Está allí y allí es donde ha de estar el apóstol seglar
para defender a Cristo, a su Iglesia, a sus ministros
con su palabra, con su trabajo y si fuere necesario, con
su sangre.

Este es el vasto campo de acción apostólica reservado al apostolado seglar. Y para hacer obra digna y
fecunda en las actividades del apostolado, debemos
instruirnos ,tener una amplia cultura religiosa, y dedi-
carnos al trabajo interior del espíritu.

"La gravísima enfermedad de la edad moderna,
dice Pío XI, y la fuente principal de los males que
lamentamos, es la ligereza e irreflexión que lleva ex-
traviados a los hombres; de aquí procede la insaciable
codicia de riquezas y placeres que va extinguiendo en
las almas el deseo de bienes más elevados y nos las deja levantarse a la consideración de las verdades eternas. La inquietud de la vida social; la turbulenta inquietud de los negocios impiden al hombre una seria
reflexión sobre los grandes problemas, los únicos importantes de la vida, cuales son, saber su origen y su
fin, de donde viene y a donde va. El hombre debe dedicarse al trabajo interior del espíritu, a la reflexión,
a la meditación, al examen de sí mismo todo lo cual
es una admirable escuela de educación, en la cual la
mente aprende a reflexionar, la yoluntad se vigoriza,
las pasiones se dominan, la actividad recibe una dirección, una norma, un impulso eficaz y toda el alma se
levanta a su nativa nobleza, conforme a lo que el Pontífice San Gregorio enseña en su libro pastoral con
símil elegante: "La mente humana, como el agua, si

se comprime, sube a lo alto, porque vuelve al lugar de donde descendió; si se suelta, se dispersa, porque se difunde inútilmente hacia abajo''.

En todas estas disciplinas interiores, en esta vida interior debe ejercitarse el apóstol seglar, para coope· rar dignamente al apostolado jerárquico. La vida interior es la fuente fecunda del apostolado, como lo demostraremos más adelante al hablar de las fuentes de apostolado.

Esbozado este cuadro de la sociedad, vamos a la definición del apostolado.

2) **APOSTOLADO. DEFINICION. EXPLICACION DE LOS TERMINOS.—3) HABLAN LOS PONTIFICES...** Su Santidad Pío X, en su Encíclica ''Il fermo proposito'', nos da este concepto del Apostolado seglar: ''Todas las obras alentadas y promovidas por el laico católico para restaurar en Cristo el individuo y la familia, la sociedad y la escuela, es lo que constituye el apostolado seglar''.

Civardi dice ''que es una actividad organizada y multiforme, desarrollada por el estado seglar católico, en el campo de la vida social bajo la dependencia directa de la autoridad eclesiástica, con el fin de cristianizar la sociedad''. También se le llama: ''apostolado organizado de los seglares católicos para la afirmación, difusión, actuación y defensa de los principios católicos en la vida individual, familiar y social'' (Marotta).

Pero demos la definición clásica de lo que con tanta propiedad el ilustre Pontífice Pío XI, llama ''**Acción Católica**''. La Acción Católica en el sentido subjetivo es una clase de actividad, y en el sentido objetivo denota las organizaciones en que se concreta esa actividad.

Y así Pío XI, creador de la Acción Católica, en su Encíclica "**Ubi Arcano Dei**" nos da la siguiente y clásica definición: "**Es la participación de los católicos seglares en el apostolado jerárquico**".

En esta definición entran los cuatro elementos que constituyen la Acción Católica: la **subordinación** a la Jerarquía; la **intervención seglar**; los fines del apostolado y la organización oficial.

Una definición más amplia podría ser la siguiente: "El trabajo individual o colectivo que todo buen católico debe efectuar para la propagación, defensa, aumento y esplendor de la fe y de la moral cristianas conforme a su situación social, bajo la dirección o autoridad de la Iglesia".

Pero expliquemos los términos de la definición de Pío XI.

a) **Es la participación**... Se debe observar, dice Mons. Pizardo, que la palabra participación envuelve la idea de **parte**, y, por consiguiente, también la de un **todo**. Este **todo** es el Apostolado jerárquico o sea, la actividad de la Jerarquía en la obra de la salvación de las almas. Y aunque es verdad que participar no es lo mismo que ser parte esencial, es también cierto que tal palabra, al sugerir la idea de parte, indica que la Acción Católica debe tener el mismo carácter que el apostolado jerárquico. Esta idea de participación, nos revela también con absoluta claridad que el fin de la Acción Católica no es otro que el del apostolado jerárquico. De donde se deduce que una obra pertenecerá por mejor título a la Acción Católica cuanto más de cerca y más íntimamente participe de la naturaleza y de la finalidad del Apostolado jerárquico. Advirtamos también que la parte depende del **todo**. Por lo que no podría pertenecer a la Acción Católica una obra que no estuviera sometida a la Jerarquía. Y cuanto **más** estrechos sean los lazos que con la Jerarquía vinculen las actividades de los católicos, más conformes serán éstas a la naturaleza de la Acción Católica.

b) **De los católicos seglares**... Vengamos al segundo elemento que figura en la definición de la Acción Católica: los seglares católicos. ¿Quiénes han de ser estos seglares? La Jerarquía, a la que se dió el mandato divino de salvar las almas hace un llamamiento a los seglares para que vengan a colaborar en esta admirable obra, Y estos seglares, obedeciendo al mandato dado a la Jerarquía, ofrecen su cooperación y asumen una responsabilidad, no sólo ante la Iglesia, sino ante la sociedad misma. Es, por consiguiente, de suma importancia que los seglares se apresten a trabajar en esta transcendental y delicada empresa y estén adornados de eminentes cualidades espirituales. Ya el Papa Pío X indicó tres de esas cualidades que se requieren esencialmente, a saber: una fe viva, una irreprochable conducta y un ardiente celo. O en otras palabras: una vida inmaculada, una piedad profunda, una adecuada cultura sobre materias religiosas, fervor apostólico, devoción filial hacia el Papa y los Obispos y perfecta sumisión y disciplina. Se necesita, pues, consagrarse a la Acción Católica, una vida interior intensa que de continuo habrá de nutrirse en el ejercicio del apostolado. Los seglares que deseen trabajar en la Acción Católica deben poseer o adquirir de antemano un rico tesoro de vida espiritual. Así lo exigen la dignidad misma de la Acción Católica y la excelencia del fin que ella se propone.

c) **En el apostolado jerárquico**... El tercer elemento de la definición que analizamos es el apostolado... La Acción Católica es la participación, en cuanto es posible para los simples seglares, en la actividad apostólica propia de la Jerarquía. Esta recibió oficialmente del mismo Dios la investidura del Apostolado en virtud de aquel mandato divino: "Como mi Padre me envió a Mí, así Yo os envío a vosotros. Id y enseñad". Con estas palabras nos quiso decir: ensanchad el reino de Dios atrayendo a él nuevas almas; organizadlas jerárquicamente en cristiandades nuevas; reconquistad el terreno perdido y las almas que en tan gran número, en nuestros días, aún siendo cristianas de nombre, permanecen en la infidelidad por haber olvidado en absoluto los principios y normas de la vida cristiana, y abandonado, en consecuencia, toda práctica religiosa.

Siendo, por tanto, la actividad apostólica, el elemento central de la Acción Católica, conviene ahondar en el sentido de la palabra apostolado. Apóstol, en su acepción etimológica, significa enviado. Pío XI, decía el 19 de Abril de 1931: "Jesús, enviado por su Padre para salvar lo que se había perdido (S. Juan, XX, 21), perpetúa su misión de Salvador de las almas por medio de sus doce Apóstoles, que son escogidos entre los discípulos y a quienes confiere la triple potestad de enseñar, de santificar y de gobernar. Participar en el apostolado jerárquico, quiere decir, participar en este primer apostolado que nació directamente del corazón, de la vida y de las manos de Nuestro Señor, y que perdura en todas las generaciones por la expansión y el desarrollo mundial y secular del Colegio Apostólico, del Episcopado".

Los Apóstoles transmitieron a los Obispos esta triple potestad que recibieron de Jesucristo. Y así, el Papa y los Obispos forman la jerarquía de jurisdicción. La potestad de jurisdicción se comunica parcialmente a los sacerdotes y en particular a aquellos a quienes en cada diócesis se les ha confiado una parte del rebaño del Señor.

Si la Acción Católica es participación en el apostolado jerárquico, deberá proponerse como ese mismo aposctolado, la conquista o réconquista de las almas. Deberá ver en todo y siempre el interés de las almas; y prodigarse e ingeniarse por todos los procedimientos para buscar almas que salvar. Hay que insistir en este punto. Vemos, por consiguiente, que la razón formal de la Acción Católica, es la conquista o la reconquista de las almas; que son las almas lo que en último término debe buscar de continuo la Acción Católica. Y a la verdad, en nuestro lenguaje corriente damos el nombre de apóstoles a estos buscadores y conquistadores de almas. Tales fueron los Doce y con ellos luego San Pablo, Apóstol de los Gentiles; no otra cosa fué San Francisco Javier, llamado el Apóstol de las Indias. El Apóstol clásico es, pues, el que sale a la conquista de las almas. Y no creáis que sea necesario marchar hasta el corazón de las Indias para realizar esta conquista. En el recinto mismo de las Basílicas romanas podréis hallar almas que conquistar (Mons. Pizzardo. "Conferencias de Acción Católica").

Hemos explicado los términos de la clásica definición de Pío XI. En ella están incluídos los cuatro elementos de que hemos hablado: subordinación a la Jerarquía; intervención seglar; los fines de apostolado y la organización oficial.

Los dos primeros, quedan suficientemente explicados. Una palabra más sobre los fines y la oficialidad de la Acción Católica. Esta, como organización, no tiene otro fin que el propio fin de la Iglesia. Lo afirma así explícitamente la Carta al Episcopado argentino y constituye esta consideración un punto de vista luminoso que no debe perderse en toda la extensión de este tratado. Cuanto a la oficialidad es una nota específica de la Acción Católica que la hace más íntimamente unida a la Iglesia jerárquica. Son varios los documentos que llaman a la Acción Católica **oficial,** principalmente la carta al Episcopado argentino y la Carta del Cardenal Paccelli al Presidente de la Acción Católica italiana.

La oficialidad de la Acción Católica, dice Beytia, supone que toda su personalidad, que las modalidades de su organización son obra de la Iglesia; que la Iglesia se halla tan íntimamente unida con la marcha misma de la obra, ejerciendo continua vigilancia y dirección sobre ella, que favorecerla es favorecer a la misma Iglesia y combatirla, es combatir a la Iglesia. La oficialidad en la organización ha hecho que ésta se acomode a los grandes planes de la organización de la misma Iglesia, haciendo a la Acción Católica **parroquial** y **diocesana.** Las Juntas diferentes de coordinación van disponiéndose en este orden junto a los grados diferentes de la Jerarquía. La Junta parroquial, órgano de coordinación para la Acción Católica en sus actuaciones dentro de la parroquia, que funciona bajo la alta dirección del Párroco; la Junta diocesana bajo la dirección episcopal y las Juntas superiores o centrales que pertenecen a la misma dirección pontificia, ejercitada en algunos países directamente por el Papa, como acontece en Italia, y delegada en otros en Juntas de metropolitanos y cardenales. ¡Qué importancia tiene esta organización y este apostolado!

En la lucha por la civilización cristiana los seglares tienen un puesto importantísimo en la conquista de las almas y de los pueblos.

Cuando en las modernas sociedades se atacan los sagrados derechos de la Iglesia católica ¿quién los puede defender con positiva eficacia en el orden humano, más que los seglares agrupados en torno a su Madre?

En este Apostolado seglar, en esta cruzada

Santa tienen cabida todos: los ricos, los pobres, los niños, los ancianos, el obrero y el burgués, los gobernantes y gobernados, los grandes y los pequeños. Cada hombre, debe ser un soldado, cada soldado, un apóstol. El padre de familia tiene su campo de acción en el seno del hogar, formando el corazón, la inteligencia y la voluntad de sus hijos en los principios de una sólida y verdadera educación cristiana; haciendo cumplir a sus hijos, sirvientes y subordinados sus deberes religiosos; el maestro catedrático con sus alumnos; el profesional con sus clientes, las esposas con sus esposos y sus hijos; las hijas, con sus padres y hermanos; el obrero, con sus compañeros de taller y de fábrica; el estudiante, con sus condiscípulos. "Oh ¡qué hermosos los pasos de los que evangelizan la paz, de los que evangelizan el bien".

No se nos exige igual intensidad de trabajo, ni la misma preparación, sino alguna actividad en proporción a los talentos que nos ha dado el Señor y su situación social. "Cada uno está obligado, dice el inmortal León XIII, a propagar la fe delante de los demás, ya para instruir y confirmar a los fieles, ya para reprimir la audacia de los infieles".

4) **VERDADERO CARACTER DEL APOSTOLADO SEGLAR.**—Todos los que deseen alistarse en las huestes del apostolado seglar, dice un ilustre orador, para entrar de lleno en el apostolado de Cristo, ha de ser siempre mirando a la Iglesia, bajo la dirección única del Romano Pontífice, de los Prelados y del clero, y, por tanto, ha de trabajar bajo la autoridad de la Iglesia, obedeciendo en todo a los Obispos.

Claramente lo dice el Pontífice Pío XI: "La acción del Apostolado seglar debe ser colaboradora verdadera de la Iglesia, la obra del apostolado no puede

tener mejor suerte ni mejores condiciones que la Iglesia misma. Lo cual quiere decir, que la acción apostólica debe mirar siempre a la Iglesia, a sus doctrinas y a
sus advertencias".

"La Acción Católica, dice un ilustre Prelado, no
es otra cosa que la aplicación del Evangelio a las necesidades espirituales y corporales del pueblo; a los
Obispos y sacerdotes que han recibido de Jesucristo la
misión de enseñar y dirigir las almas, incumbe la tarea de predicar la justicia y la caridad".

Y en carta al Cardenal Bertram, dice Pío XI: "El
apostolado seglar no consiste solamente en atender a
la propia perfección, que es lo primero y principal, sino
también en un verdadero apostolado en que tienen participación los católicos de todas las clases sociales, unidos con el pensamiento y con la acción en torno de los
centros de sana doctrina y de múltiple actividad, legítimamente constituidos como se debe, y, por tanto ayu-
dados y sostenidos por la autoridad del Obispo".

Y queriendo expresar la compenetración que debe
haber entre el clero y los seglares, añade: "A los fieles, unidos de este modo, en cerrado escuadrón, para
acudir al llamamiento de la Jerarquía eclesiástica, esta
misma sagrada Jerarquía, así como les comunica el
mandato, así también los alienta y espolea". Sobre el
distintivo del apostolado seglar dice: "Al igual que
al mandato confiado por Dios a la Iglesia y a su apostolado jerárquico, el Apostolado seglar no ha de llamarse puramente material, sino espiritual; no terreno,
sino celestial; no político, sino religioso".

Pero como la acción del sacerdote es insuficiente,
la Iglesia tiene necesidad de cooperadores seglares que,
fieles a la doctrina de Nuestro Señor Jesucristo, y celosos del bien de las almas, se ofrezcan a los representantes de Dios para esparcir la celestial doctrina so-

bre el mundo. Estos auxiliares deben ser desinteresa-
dos y dispuestos al sacrificio; sin esto la labor será estéril e infecunda. Además necesitan pureza de intención, generosidad de espíritu y, sobre todo, unión perfecta de voluntad con los Obispos y sacerdotes, hasta
el punto de aceptar sin condiciones, las enseñanzas y
ordenaciones de los Romanos Pontífices y las instrucciones de los Obispos.

Su Santidad Pío XI habla de "la feliz necesidad,
de la entera confianza, de la ilimitada generosidad y
firme disciplina; la disciplina es siempre un deber, deber de sentimiento, deber de inteligencia, deber de corazón y de obra". Toda milicia necesita jefes, oficiales y soldados. Los jefes del ejército del Apostolado
seglar son el Sumo Pontífice y los Obispos; la oficialidad la constituyen el clero secular y regular; y los fieles son los soldados. El jefe supremo es el Romano
Pontífice que guiará a todos al puerto de la verdad y
de la virtud. Después vinen los Obispos sucesores legítimos de los Apóstoles, puestos por el Espíritu Santo
para regir la Iglesia y conducir a los hombres hacia
la consecución de sus destinos eternos; los sacerdotes
y de una manera especialísima los párrocos, "operarios evangélicos y labradores" de la Viña del Señor.
Estos son los brazos poderosos de la Iglesia, y bajo su
dirección y acción han de militar todos los que quieren
ser útiles en el reino de Cristo. Por último, vienen los
seglares, que forman las aguerridas huestes de combate, el valeroso ejército de Cristo, sin otra aspiración
y sin otros móviles que los de laborar por el restablecimiento del reino universal de Jesucristo en la tierra.

El Apostolado seglar tiene un enemigo formidable
y es la vanidad ambiciosa, el deseo de figurar y de es-
calar altos puestos. Esta desmesurada ambición ha engendrado muchas veces graves discordias, sembrando

la división entre los miembros del Apostolado seglar, y acarreando la ruina de tantas empresas evangélicas. El Apóstol seglar necesita una sólida instrucción sobre los dogmas católicos y problemas espirituales. "Requiérese, dijo Pío XI a los dos mil jóvenes italianos presentes en Roma en la clausura de la primera semana de formación, un espíritu práctico que profundice el estudio de la Apologética, un espíritu de piedad que se nutra en la Eucaristía, manantial primero de la vida cristiana y un espíritu de fidelidad y disciplina para con la Santa Sede". Debe tener un corazón recto, lleno de amor de Dios y al prójimo, para que pueda desbordar sobre los demás.

"Dadme una docena de Franciscos de Asís, decía Lazatti en la Cámara italiana, y la cuestión social está resuelta".

El Apóstol seglar debe llevar como lema: **plegaria, acción, sacrificio**", según la palabra de Pío X. Debe tener una voluntad resuelta, decidida, forjadora del carácter necesario para afrontar los inmensos sacrificios que impone el cumplimiento del deber y exhibir a la vista de todo el mundo una vida inmaculada, que se imponga al respeto general, sabiendo sacrificar su comodidad y bienestar en aras del amor de Cristo y a su reinado. Tal es, pues, el verdadero carácted del Apostolado seglar.

5) **FALTAN HOMBRES**... ¿Quiénes defenderán los sagrados intereses de Cristo y de su Iglesia? ¿Quiénes salvarán la vida espiritual de los individuos y de los pueblos? ¡Hombres, hombres, exclamaba el Padre Coubé, vengan hombres que no tenemos!

¿Qué se han hecho los fuertes de Israel? ¿Dónde están aquellos valientes paladines de mejores edades? Héroes de las jornadas gloriosas ¿dónde os habéis escondido? Faltan hombres... ésta es la verdad. En nuestro siglo de progreso material sobran los ferrocarriles, aeroplanos y automóviles, pero faltan hombres... Como Diógenes, podríamos seguir buscándolos con una linterna sin lograr encontrarlo. Faltan hombres de convicciones, de carácter, de propaganda, de apostolado. Esto, de puro sabido debía calarse, pero hay cosas que de puro sabidas, se olvidan. Estamos empeñados en la Acción Católica, en la propaganda, en la defensa de nuestros ideales amenazados como nunca por el enemigo. Para esto necesitamos al hombre-apóstol, al cruzado de la idea, al propagandista incansable. Al hombre de espíritu cristiano, que coloca, por encima de todo lo suyo, el sacrificio, la abnegación, el trabajo, la conciencia de su apostolado. Y todo esto porque la Acción Católica es una acción personal, acción de hombres, de agentes racionales y libres. Y cual sea el agente tal será la acción. Primero hombres, después asociaciones. Y antes que hombres, ideas y principios, convicciones arraigadas y profundas. Los hombres pasan, las asociaciones mueren; pero la idea se hace carne y se hace sangre, se hace inteligencia y voluntad, no pasa ni muere. Y esto es precisamente lo que nos falta: hombres de ideas, de convicciones, de principios, de vida cristiana. Sobran los hombres-creyentes pero hay falta absoluta de hombres-apóstoles. Tenemos hombres de fe, pero nos falta el hombre de acción. Hay muchos hombres católicos pero no hay hombres de propaganda. Cada uno vive para sí; cada uno se preocupa de sus negocios; todos se encierran dentro de un egoísmo feroz. Están viendo con sus propios ojos la gravísima situación del mundo. Están convencidos de que es necesario trabajar, que se necesita la acción de todos para defender la religión y detener la ola de anarquía y de desorden que invade todas las instituciones, las socie-

dades y los pueblos. Ya nada se respeta: ni tradiciones,
ni justicia, ni derecho, ni leyes, ni hombres, ni doctrinas. Pero si se llega a a la práctica, si Ud. se acerca a
ellos a pedirle su concurso, su trabajo, su dinero, sus
actividades, su influencia, se retiran, se acobardan y
nada hacen para la defensa, para la propaganda. Están
muy ocupados; deben atender sus negocios, su hacienda; pero no sus doctrinas, sus principios, su religión,
su prensa, sus obras. Y ellos se creen muy buenos católicos, porque van a Misa en ciertas festividades... porque se confiesan una vez al año... Este es el católico
que encontramos en todas partes. Y con esta especie de
católicos, con esta clase de propagandistas, desde luego tenemos asegurada la derrota y el triunfo de los enemigos. Y el triunfo de los enemigos se explica, precisamente, por la actitud pasiva de esos católicos, porque
no ha habido hombres de acción y de propaganda; porque nuestra indiferencia ha entregado el campo ai enemigo; porque nada hemos hecho y nuestra falta de acción, de generosidad, de sacrificio ha llevado a la cumbre a los enemigos de Dios y de la Iglesia. ¡Esta es
nuestra obra!...

No; debemos reaccionar. Esto lo pide la Iglesia
por la voz de sus Pontífices; esto lo reclama la necesidad de los tiempos que vivimos y la acción organizada
y perseverante de los enemigos. Esa acción debe estimularnos para trabajar, en las actividades de la Acción
Católica. Alistaos, pues, en las filas del Apostolado seglar. Cristo os llama. ¡Dios lo quiere! Escuchad su voz
y seguidle...

CAPITULO II

NECESIDAD DEL APOSTOLADO

SUMARIO: 1) El Llamamiento de Cristo.—2) Obligación y razones.—a) Un deber de defensa; b) Una ley de amor; c) Una ley de obediencia.—3) Importancia del apostolado según las normas Pontificias. La Acción Católica es necesaria, insustituíble y eficaz.

1) **LLAMAMIENTO DE CRISTO.**—"Yo os haré pescadores de hombres" había dicho Jesús a sus Apóstoles al llamarlos a las tareas del apostolado. Como a ellos, invita a todos los hombres a trabajar en el apostolado por medio de la Acción Católica, hoy más necesaria que nunca.

Al llamarlos al apostolado, los Apóstoles dejaron sus redes para seguir a Cristo (Luc., V, 11). "Seréis pescadores de hombres". No comprendieron desde el primer momento estas palabras, pero llegará un día en que las comprendan. Y cuando comprenden esa palabra predican la buena nueva del Evangelio y hacen caer al mundo de Grecia y de Roma de rodillas ante la Cruz de Jesucristo. El Dios del Evangelio sigue pasando por la orilla de los mares, por los vertientes de las montañas, por los mares y bosques, por las ciudades y aldeas para llamar las almas y llevarlas en pos de sí.

Llama a la juventud, a los niños que sacrifican los afectos más hondos, el amor a la familia para convertirse en apóstoles de Cristo, en pescadores de hombres.

Pasa cerca de la choza donde vive el hijo del pobre que escuchará más fácilmente el llamamiento divino. Y esos hombres que se consagran al estudio, se aíslan de las costumbres del mundo, dejan de ser dueños de sí para ser servidores de los demás y atienden a todos: al grande, al pequeño, al niño, al criminal; ofrecen un blanco perpetuo a las pasiones, guardan los secretos de las conciencias, predican la virtud, condenan los vicios y muestran a todos el camino del cielo. Ese hombre ha escuchado la voz de Dios: "Ven y sígueme".

Pero Jesús llama también a todo cristiano y a cada uno dice aquellas palabras: "No me habéis elegido vosotros a Mí sino que Yo os he elegido a vosotros para que vayáis por el mundo, hagáis fruto y vuestro fruto sea duradero" (Juan XV, 16). Y cualquiera que sea tu edad, tu condición, Cristo te ha elegido para que trabajes, para que cumplas tus deberes, para dar fruto de obras, de virtudes. Y ese niño que vuelve del Catecismo y se arrodilla al pie de su lecho para rezar sus oraciones o para hacer un sacrificio, es un apóstol del Evangelio. Y esa humilde joven que vuelve de la iglesia donde ha recibido la sagrada comunión y se muestra en el día con sus padres, hermanos, compañeras de taller, dulce, abnegada, animosa y les habla de las cosas de Dios o les enseña la buena doctrina, predica el Evangelio y da a conocer a Jesucristo. Y esa pobre mujer que va en las primeras horas a cumplir sus deberes religiosos y vuelve a su humilde hogar llena de fuerzas para las rudas labores, para soportar los sacrificios y privaciones, trabaja por el reino de Dios. La anciana que reza por las intenciones del Papa; el sabio que escribe obras en defensa de la Religión; el obrero que predica con su ejemplo, su honradez, su laboriosidad; el joven, el estudiante, el profesional que trabajan en alguna forma por el reinado de Cristo, son apóstoles del Evangelio que han oído la voz del Señor.

Así penetró el Evangelio en el mundo pagano. Niños, vírgenes, mujeres humildes y hasta esclavos bajaban a las catacumbas a cumplir sus deberes con Dios, para salir después a mostrar al mundo aquellas virtudes no conocidas, aquella fraternidad que hizo exclamar al Paganismo: "¡Ved cómo se aman!" Y el Paganismo cayó vencido, más que por la virtud de los milagros por los milagros de la virtud...

Hoy hemos vuelto a los siglos paganos; se pierden las creencias religiosas, reina la indiferencia, una ola de corrupción amenaza invadir al mundo. Sed de oro, de orgullo, de placeres: he ahí los polos sobre los que gira el mundo sin el ideal cristiano. A los católicos les corresponde trabajar para que esa idea brille; el Papa ha llamado a todos para cooperar con el sacerdote en el apostolado, ha llamado a las filas de la Acción Católica. Y todos deben oír su voz porque es la misma voz de Cristo. Como los Apóstoles debemos dejarlo todo para seguirle. Cristo, por su Vicario, nos llama al apostolado, al trabajo, a la acción, a la propaganda.

2) **OBLIGACIONES Y RAZONES.—a) Un deber de defensa.**—Al hablar de la obligación del apostolado, debemos repetir las palabras del Evangelio: "La mies es mucha, pocos son los operarios" (Luc., X, 2). Y luego añade: "Rogad al Señor de la mies que envíe a ella operarios".

La necesidad del apostolado la impone un deber, una ley de defensa.

¿Quién es el ciego que no ve que el mundo está

5* (Apostolado Seglar)

ardiendo en lucha formidable contra la verdad revelada? La voz del enemigo ha resonado en todos los horizontes. Ya no es lucha de negación: es lucha de acción organizada, permanente, universal implacable contra la Religión. Del orden de las ideas se ha descendido al terreno de los hechos; de la región de los principios a la región de las realidades.

En presencia de esta lucha, de esta conjuración ¿qué hacen los católicos? Unos, duermen como los Apóstoles a la entrada del Huerto; otros, lloran como Jeremías sobre las ruinas; muchos, se esconden y nada hacen por defender la religión.

Y mientras el enemigo se adueña de todo: de la educación, del gobierno, de la prensa, de la política, de los centros obreros, nosotros contestamos a ese ataque formidable, cruzándonos de brazos y abandonando el campo al enemigo.

Debemos, pues, ejercer el apostolado de la defensa y de la conquista y esgrimir esas dos armas de la verdad y de la caridad que han obtenido más victorias que las huestes napoleónicas.

b) **Una ley de amor.**—No sólo una ley de defensa sino una ley de amor nos obliga a trabajar por la causa de Dios. Cuando sabemos que Dios es todo nuestro bien, no vamos a tener un corazón menguado y abatido para no sentir el deseo de que sea amado y conocido por todo el mundo. El lo ha mandado de una manera terminante: "Amarás al Señor tu Dios con todo tu corazón, con toda tu mente, con toda tu alma" (Mat., XXII, 37).

Y esto significa que debemos trabajar por El, que debemos conquistar el mundo aunque nos cueste sacrificio, el sacrificio de nuestras pasiones, de nuestra persona. El que ama de veras a Jesucristo no podrá dejar de ser apóstol, sea sacerdote o seglar, hombre o mujer, joven o niño, si es capaz de comprender lo que significa el amor. Si amamos a Dios no podemos permanecer indiferentes de que sea desconocido o combatido por los hombres. El amor, pues nos hará trabajar por su reinado en el mundo. "El que no tiene celo no tiene amor", dice San Agustín.

Amar a Dios es poner a su servicio todo nuestro corazón, nuestra alma, toda la plenitud de nuestra vida. Luego el amor al prójimo es el complemento del amor a Dios. Los dos preceptos son la perfección de la ley. ¿Qué haces por tus hermanos, por poner orden en la sociedad, por ganar la juventud y evitar los escándalos? Esa juventud, esa sociedad son tus hermanos, tu familia. Y si nada haces por ellos, no amas verdaderamente al prójimo. Amar es querer el bien, el bien del alma, del espíritu, el fuego del corazón, la dicha de la gracia. El amor que debemos a Dios y al prójimo nos obligan a trabajar, a hacer algo por la causa de Dios, por el bien de nuestros hermanos, por salir de esta apatía en que vivimos. Dios nos ha mandado que nos preocupemos de nuestro prójimo, dice el Eclesiástico (XVII, 12).

Así cumpliremos el precepto del amor y realizaremos aquel ideal que expresaba tan bellamente Lacordaire: "Es el don que Dios ha hecho a los hombres el día en que les tendió sus manos en lo alto de la Cruz, la gracia de recibir la vida de un alma a la cual poseé antes que nosotros, y la derrama en la nuestra porque nos ama". Hagamos oír a todos el grito de nuestro amor. Seamos apóstoles.

c) **Una ley de obediencia.**—Luego una ley de obediencia también nos obliga a ser apóstoles. El Papa nos ha llamado a las filas de la Acción Católica que no es sino la participación de los fieles en el apostolado jerárquico, como lo hemos demostrado.

Este es un pensamiento central: que Dios sea conocido, amado, que impere su ley, su doctrina, su moral en la vida individual, doméstica y social. Que todos trabajen en esta acción salvadora la única que podrá salvar a la sociedad de los peligros que la amenazan. Y si somos verdaderamente cristianos, debemos obedecer al Papa, el Cristo en la tierra, el Padre espiritual de nuestras almas. Debemos oír su voz. "El que a vosotros oye, a Mí me oye" (Luc., X, 16).

En muchos documentos que comentaremos más adelante Pío XI nos habla de la obligación que tenemos lós católicos de ejercer el apostolado. En la Encíclica "Ubi arcano Dei" declara a la Acción Católica deber del ministerio pastoral y de la vida cristiana.

La Carta al Cardenal-Arzobispo de Lisboa resume la doctrina sobre la obligación de la Acción Católica, diciendo que "será útil hacer comprender bien a los fieles —supuesto que lo ignoren— que es el apostolado uno de los deberes inherentes a la vida cristiana y que la Acción Católica, es, de todas las formas de apostolado beneméritas de la Iglesia, la más conforme a las necesidades de nuestra época".

3) **IMPORTANCIA DEL APOSTOLADO SEGUN LAS NORMAS PONTIFICIAS.**—"En todo estado y género de vida se puede ser apóstol, dice un ilustre Prelado español, cooperar a la empresa apostólica y, en mayor o menor grado, participar del sacerdocio de Cristo".

Hablando de la colaboración de los seglares en la propaganda religiosa, el inmortal León XIII, dice: "A todos los fieles, en especial a los que mandan y tienen el encargo de enseñar, suplicamos encarecidamente por las entrañas de Jesucristo, y aun les mandamos con la autoridad del mismo Dios y Salvador nuestro, que trabajen con empeño y cuidado en alejar y desterrar de la santa Iglesia estos errores, y manifestar la luz purísima de la fe". "Por consiguiente —añade— entre los deberes que nos ligan con Dios y con la Iglesia, se ha de contar entre los principales ese de que cada cual se industrie y trabaje en la propagación de la doctrina de Jesucristo y la refutación de los errores contrarios a la misma".

En esta obra tan divina el Pontífice ve la escasez que tiene de sacerdotes, y comprendiendo esa imperiosa necesidad, se dirige a los seglares y como un clamor de Padre, dice: "Hijitos míos, necesito de vosotros; voy a haceros partícipes de la misma misión; os voy a dar el mismo encargo que yo recibí de Jesucristo: que de un modo auxiliar, si queréis, pero eficaz y verdadero, todos vosotros seáis también salvadores de almas, y para ello quiero que forméis un ejército y este ejército tendrá el nombre de "Acción Católica" o Apostolado seglar".

El Papa de la Eucaristía, Pío X, decía en su primera Encíclica: "**Instaurare omnia in Christo**": "No sólo los sacerdotes sino todos los fieles, sin excepción, deben ocuparse en servir los intereses de Dios y de las almas". Y en una conferencia que tuvo con varios Cardenales sobre las necesidades de la Iglesia, preguntó: "¿Cuál es en el momento presente, el más necesario y eficaz de los medios para la salvación de la sociedad?" Uno contestó: — Erigir escuelas. — "No es eso", replicó el Papa. Otro dijo: — Multiplicar las iglesias. — "Tampoco es eso". Un tercero añadió: — Activar el reclutamiento sacerdotal. — "Tampoco es eso, replicó el Santo Padre. Lo que al presente es más necesario es tener en cada parroquia un grupo de seglares esclarecidos, resueltos, intrépidos, verdaderamente apóstoles".

Benedicto XV también habla de la necesidad e

importancia del Apostolado seglar y dice que "frente
a las doctrinas perversas y a las insidias de los enemigos de la Iglesia, dirigidas especialmente para ganar
el corazón de la incauta juventud, es necesario multiplicar los defensores de la verdad católica, y formar
una falange de propagandistas, y oponer escuela a escuela, diario a diario, revista a revista y conferencia a
conferencia".

Pío XI elogia a los que colaboran en las obras de
apostolado, diciendo: "Bien merecen el título magní-
fico de raza elegida, real sacerdocio, nación santa,
pueblo de Dios. Uniéndose estrechamente a Nos y a
Jesucristo para atender y afianzar, mediante su celo
industrioso y activo, el reino de Cristo, trabajarán con
mayor eficacia para establecer la paz general entre los
hombres". Y en el bellísimo discurso que pronunció en
1925 ante las juventudes católicas que acudieron en
peregrinación a Roma, dijo: "Sabemos muy bien lo
que habéis hecho y lo que hacéis. La Iglesia exige a
todos obediencia a su palabra y a sus leyes... pero
a vosotros os pide algo más elevado y exquisito: os
pide la asistencia, la colaboración en el apostolado propiamente dicho. Y no es demasiado. Al contrario, es lo
que desde el principio los Apóstoles exigían también a
los buenos seglares. Y San Pablo, en sus Epístolas, recomienda a las personas que habían trabajado con él
en el apostolado. ¿Y quiénes eran estas personas? No
eran sacerdotes: eran mujeres". Ayúdalas. "Y he aquí
que desde la época apostólica la colaboración seglar en
el apostolado, y que es la substancia más real y más
sólida de la acción católica a la cual os habéis consagrado".

El Cardenal Faulhaber, decía a los numerosos con-
gresistas de Maguncia: "En la estructura del edificio

de la Iglesia son los laicos piedras vivas que concurren a la formación del templo espiritual".

El gran apóstol seglar Federico Ozanam, fundador de las Conferencia de San Vicente comprendió muy bien la necesidad e importancia de este apostolado seglar; por eso se dirige a sus compañeros, y con frase enérgica de un convencido, les dice: "Todos los días muchos de nuestros hermanos caen, como soldados en tierra de Africa, y otros, como misioneros en los palacios de los mandarines, y nosotros ¿qué hacemos entre tanto? ¿Creéis que Dios haya impuesto a los unos el deber de morir al servicio de la civilización y de la Iglesia, y a otros el ocio de vivir con las manos en los bolsillos y recostados sobre rosas? Probemos con obras que también tenemos nuestros campos de batalla donde nos encontramos listos para morir con valor".

Todos los católicos tienen el sagrado deber de trabajar y cooperar en las obras apostólicas.

"Sitio", "Sed tengo" exclamó Jesucristo desde el madero de la Cruz. Tenía sed de almas, sed de amor. Démosle almas para saciar esa sed divina, al que dejaba en el mundo una fuente que no se secaría jamás y donde apagan la sed las almas inquietas, donde encuentra el justo la perfección, los pecadores el perdón, fuente de agua viva que salta hasta la vida eterna.

"Cuando los enemigos de la Iglesia —decía Pío X— la atacan en falanges cerradas, no es posible que los hijos de la luz les resistan separados y desunidos; es preciso también con ellos formar esta falange, este gran ejército. Y encargaba al Director Pontificio de la Acción Católica de España que se dedicara a la tarea y a la labor de la organización.

Al sacerdote le rodea la indiferencia, la hostilidad, se le cierran todas las puertas, se le quiere recluir en la sacristía.

El seglar puede ir a donde no puede llegar el sacerdote. Puede entrar en el salón, en el teatro, en el cine, en las cancillerías, en las oficinas, en el club, en el taller, en la fábrica. "En otros tiempos, decía el ilustre Luis Veuillot, la Iglesia necesitaba del brazo seglar; hoy necesita de la voz, de la acción de los seglares".

4) **LA ACCION CATOLICA NECESARIA, INSUSTITUIBLE Y EFICAZ.**—De todo lo expuesto, se deduce claramente que la Acción Católica es necesaria, insustituible y eficaz.

a) **Necesaria.** Porque los llamamientos más apremiantes al apostolado seglar, señalan a la Acción Católica como la organización donde se ha de hacer efectiva esta cooperación. Así, en la Carta al Episcopado Argentino, se dice que la ayuda al apostolado de la Iglesia "la prestarán los seglares por medio de las Asociaciones de la Acción Católica"; y en la Carta al Episcopado Colombiano se habla dela urgencia de la Acción Católica, concretando al inscribirse en ella la obligación de apostolado que a todos incumbe.

b) **Insustituible.** Ya que no podrán llenar su cometido las demás asociaciones de católicos que fuera de ella existen, como más acomodada a las necesidades de los tiempos modernos.

Es insubrogable, en todo caso, por la acción de las organizaciones estatales aun en la mejor de las hipótesis de armonía entre la Iglesia y el Estado, ya que a la Iglesia pertenecerá siempre dictaminar sobre los medios que han de conducir a su fin propio.

c) **Eficaz.** Más eficaz que las diversas formas de apostolado, como lo afirma la Encíclica **"Acerba animi"**, dirigida a los fieles de México en las aciagas circunstancias de 1932. Tras el resumen de los hechos luctuosos para la Iglesia, que la ponían allí en situación insostenible, añade el Papa: ''Sobre lo cual no podemos dejar de recomendaros lo que, como sabéis, llevamos en las niñas de los ojos, a saber: que en todas partes se funde y tenga cada día mayor incremento la Acción Católica. Sabemos que no siempre se consiguen los frutos deseados rápidamente, pero sabemos que esto es necesario y más eficaz que cualquiera otra manera de proceder, como lo ha dado a conocer la experiencia de las naciones que salieron de la crisis de semejantes calamidades''.

Con razón el ilustre Pontífice, después de estas manifestaciones, ha declarado que la cooperación a la Acción Católica es uno de los deberes más sagrados de la vida cristiana y complemento del ministerio pastoral de la Iglesia misma (Encíclica **''Ubi Arcano''**).

CAPITULO III

ORIGENES DEL APOSTOLADO SEGLAR

SUMARIO: 1) Su antigüedad y raíz apostólica.—2) Enseñanzas de la Sagrada Escritura y del Salvador.—3) Enseñanza de los Apóstoles y práctica de la Iglesia primitiva.—4) Testimonio de los Padres.—5) Luchas y triunfos a través de la Historia.—6) Nombres gloriosos.

1) **SU ANTIGÜEDAD Y RAIZ APOSTOLICA.**—El
apostolado seglar no es una organización moderna; es
tan antiguo como la Iglesia y tiene su origen en la predicación de Nuestro Señor y es de tiempos apostólicos.

En el desarrollo de la Iglesia a través de los tiempos, la Iglesia que no es sino la prolongación de Cristo,
la expansión de su vida de amor, el apostolado seglar
tiene gestas hermosas. La Iglesia, la palabra del Evangelio por medio de celosos Apóstoles, penetra en todas
partes, ha dejado de sentir su vida sobrenatural y ha
llevado su poderosa influencia a todos los pueblos de
la tierra. No hay obra ni empresa apostólica que no
haya sido alentada por el Espíritu del apostolado seglar; porque la finalidad que tiene hoy es la misma que
tuvo en el colegio apostólico y en las Catacumbas: defender, propagar y restaurar el reino de Cristo en el
mundo. Y esta palabra que anunciaron los Apóstoles

llevada por sacerdotes y laicos fué la que voló de un extremo a otro de la tierra, derribó los altares de los falsos dioses; derribó el Paganismo, santificó los hogares, restauró la familia, elevó el nivel de la mujer, y penetró en los corazones, transformando las costumbres públicas y privadas.

El Apostolado seglar es de tiempos apostólicos. Por medio de las diaconisas, en la época de San Pablo, se consagra al servicio de la Iglesia y atiende con exquisita solicitud a los enfermos, prepara a los catecúmenos para la recepción de los Sacramentos y ayuda a los ministros del Señor en la propagación del Evangelio.

San Pablo alaba y aplaude a las mujeres que con él laboraron en el Evangelio. Más adelante citaremos sus palabras. La Historia Eclesiástica recuerda a Lidia que con ardiente celo pone a disposición de San Pablo su casa y todos sus bienes; Febe, la diaconisa, es portadora desde Grecia de la Epístola a los Romanos, a quienes ruega encarecidamente el Apóstol reciban con caridad y amor; Prisca presta positivos servicios al Apóstol en Corinto y le acompaña en sus empresas apostólicas en Efeso y Roma, mereciendo ella y su esposo Aquila, por su fecundo apostolado, este elogio de San Pablo: "Saludad a Prisca y Aquila que conmigo trabajaron en servicio de Jesucristo y expusieron su vida por salvar la mía".

La Historia recuerda a las nobles damas Evodia y Sintiques, que trabajaron con San Clemente en la Iglesia filipense; a Tecla, protomártir de su sexo que evangeliza con el Apóstol en Asia y fué tan grande y magnífica su acción que San Ambrosio la llama "colaboradora del apostolado".

El Apostolado seglar tiene, pues, raíz apostólica y por eso dice Su Santidad Pío XI: "No cabe la menor duda que la Acción Católica, así entendida, no es una bella novedad, como algunos lo han afirmado".

El Apostolado seglar tiene la gloria de haber contribuído a la difusión del Cristianismo. Con los Apóstoles .fué labio que anunció el mensaje de amor. la parábola divina, fué pecho encendido de celo; fué acción brillante y fecunda en el triunfo del Cristianismo.

2) **DOCTRINA DE LA SAGRADA ESCRITURA Y ENSEÑANZAS DEL SALVADOR.**—Pero demostremos que el Apostolado seglar tiene orígenes apostólicos por los textos de la Sagrada Escritura y las enseñanzas del Salvador. San Pablo escribe al Obispo de la comunidad de Filipo recomendándole dos obreras en el apostolado. "También te pido a ti, oh fiel compañero, que asistas a éstas, que conmigo han trabajado por el Evangelio, con Clemente y los demás colaboradores míos, cuyos nombres están en el libro de la vida" (Filip., 4, 3).

San Pedro habla del sacerdocio real de los laicos y los llama a cumplir su deber de participar en el sacrificio y magisterio. "Sois también vosotros a manera de piedras vivas, edificadas encima de él, siendo como una casa espiritual, como un nuevo orden de sacerdotes, para ofrecer víctimas espirituales que sean agradables a Dios por Jesucristo" (I Pedro, 2, 5). "Vosotros al contrario sois el linaje escogido, una clase de sacerdotes reyes, un sacerdocio real, gente santa, pueblo de conquista, para publicar las grandezas de Aquél que os sacó de las tinieblas a su .luz admirable" (Id., 2, 9).

Nuestro Señor recomienda la cooperación apostólica, en el ejemplo apostólico y en el trabajo apostólico. "Así brille vuestra luz ante los hombres, que vean vuestras obras, y glorifiquen a vuestro Padre que está en los cielos'' (Mat., 5, 16).

'';Quien no está por mí está contra mí; y quien no recoge conmigo, desparrama'' (Luc., 11, 23).

'La mies es mucha; mas los trabajadores son pocos. Rogad, pues, al dueño de la mies que envíe obreros a su mies'' (Luc., 10, 2).

Casi la totalidad de la doctrina revelada converge, por su letra y espíritu, a este punto: **el laicado debe participar** (Will).

El Salvador nos habla de los dones apostólicos, de las tareas apostólicas y de los obreros apostólicos en la parábola de los talentos. Su parábola entraña un llamado urgente al apostolado, llamado que no sólo se dirige a los Obispos y al clero, sino a los simples fieles.

En la parábola del Samaritano misericordioso nos pone ante los ojos la responsabilidad de todo hombre por la suerte de su prójimo, de su hermano. La gran palabra: ''Vosotros sois la sal de la tierra'' es clásica y caracteriza el espíritu de la Acción Católica. Nuestra vida cristiana debe ser amable a los demás; la sal condimenta y hace apetecible la comida. El Salvador practicaba sus enseñanzas en sus relaciones con los laicos de su tiempo.

Los Apóstoles sorprendieron a un hombre que obraba milagros en nombre de Jesús. Era apóstol sin misión. Y Juan dijo: ''Maestro, hemos visto a uno que no era de nuestra compañía, que andaba lanzando los demonios en tu nombre, y se lo prohibimos''. ''No hay para qué prohibírselo, dijo Jesús; puesto que ninguno que haga milagros en mi nombre, podrá luego hablar mal de mí. Quien no es contrario vuestro, de vuestro partido es. Y cualquiera que os diese un vaso de agua en mi nombre, atento a que sois discípulos de Cristo, en verdad os digo que no quedará defraudado en su recompensa'' (Marc., IX, 37). Con estas palabras justifica el Señor el apostolado laico y nos manifiesta lo que piensa acerca de estas actividades.

Uno de los enfermos curados por el Señor solicita ser recibido en el número de los discípulos. Pero el Señor declina su ofrecimiento y le dice: ''Vete a tu casa y con tus parientes, y anuncia a los tuyos la gran merced que te ha hecho el Señor y la misericordia que ha usado contigo'' (Marc., V, 19).

Nos encontramos, pues, ante un laico a quien el Señor no acepta en el sacerdocio, pero a quien inmediatamente impone otra misión: la de evangelizar a los miembros de su propia casa.

Nuestro Señor aceptó durante su vida pública la ayuda permanente de varias piadosas mujeres; era un núcleo de laicas que se habían comprometido a cuidar del sustento de su persona y de sus discípulos.

3) **ENSEÑANZA DE LOS APOSTOLES Y PRACTICA DE LA IGLESIA PRIMITIVA.**—San Pablo escribe a los de Efeso: ''Estad pues a pie firme, ceñidos vuestros lomos con el cíngulo de la verdad y armados de la coraza de la justicia, y calzados los pies prontos a seguir y predicar el Evangelio de la paz'' (VI, 14).

En su carta a Tito escribe el Apóstol: ''Aprendan asimismo los nuestros a ejercitar, los primeros, las buenas obras en las necesidades que se ofrecen, para no ser estériles y sin fruto'' (III, 14).

A los cristianos de Colossa recomienda el Apóstol la ayuda recíproca en los asuntos de la vida religiosa: ''La palabra de Cristo, o su doctrina en abundancia tenga su morada en vosotros, con toda sabiduría, enseñandoos y animándoos unos a otros, con salmos, con himnos y cánticos espirituales, cantando de corazón con gracia, las alabanzas de Dios'' (III, 16).

La conducta que deben observar con los extraños
a su fe, la expresa el Apóstol: "Portaos sabiamente y
con prudencia con aquellos que están fuera de la Iglesia, resarciendo el tiempo perdido. Vuestra conversación sea siempre sazonada con la sal de la discreción,
de suerte que acertéis a responder a cada uno como
conviene" (IV, 5, 6).

Y luego hace un llamado a la acción social, a la
defensa de la doctrina de Cristo: "Que seais irrepren-
sibles y sencillos como hijos de Dios, sin tacha en medio de una nación depravada y perversa; en donde
resplandecéis como lumbreras del mundo, conservando
la palabra de vida que os he predicado" (Filip., II, 15).

San Pedro (V, 10) hace un llamado al apostolado
con estas palabras: "Comunique cada cual al prójimo
la gracia según la recibió, como buenos dispensadores
de los dones de Dios, los cuales son de muchas maneras. El que habla o predica la palabra divina hágalo
de manera que parezca que habla Dios por su boca;
quien tiene algún ministerio, ejercítelo como una virtud que Dios le ha comunicado, a fin de que, en todo
cuanto hagáis, sea Dios glorificado por Jesucristo, a
quien sea gloria por los siglos de los siglos".

Santiago inculca la excelencia de la ayuda presta-
da a los huérfanos y a las viudas y cierra su carta ex-
citándolos a participar de la solicitud del buen Pastor,
que vino a la tierra para buscar y conducir al redil a
las ovejas perdidas. "La religión pura y sin mancha
delante de Dios Padre, es ésta: Visitar o socorrer a los
huérfanos, y a las viudas en sus tribulaciones y preser-
varse de la corrupción de este siglo" (XI, 27). "Hermanos míos: si alguno de vosotros se desviare de la
verdad, y otro la redujere a ella, debe saber, que quien
hace que se convierta el pecador de su extravío, salvará de la muerte al alma del pecador y cubrirá la

muchedumbre de sus propios pecados'' (I, 19, 20).

Nos vamos a referir ahora al apostolado de algunos laicos en particular.

Hombres-apóstoles. Un modelo de apóstol laico fué Apolo. Judío de Alejandría, predicaba a sus correligionarios el Mesías, anunciado ya por San Juan Bautista. Dotado de celo, y erudición, se consagró a promover la ley cristiana, especialmente en Efeso y en Corinto.

Aquila fué otro gran Apóstol. En su casa de Corinto y Efeso halló hospedaje y sostenimiento San Pablo. Con su esposa Prisca se ocupaba de la enseñanza y explicación del Evangelio.

San Pablo cita en su segunda carta a Timoteo a Onesíforo que colaboraba con él en el apostolado.

A Febe, Prisca y María junto con Aquila recomienda San Pablo en su carta a los Romanos. A todos los llama mis colaboradores en Cristo Jesús (Rom., 16, 1, 6).

Los Hechos nos hablan del apostolado de la comunidad primitiva. ''Y perseveraban en las instrucciones de los Apóstoles y en la comunicación de la fracción del pan y en la oración''.

Los creyentes vivían unidos entre sí y nada tenían que no fuese común entre ellos. ''Toda la multitud de los fieles tenía un mismo corazón y una misma alma; ni había entre ellos quien considerase como suyo lo que poseía; sino que tenían todas las cosas en común'' (Hechos, IV, 32).

El espíritu de comunidad de la naciente Iglesia, la vida de comunidad, vida en común, el ejemplo de apostolado: era la organización de la familia de Dios. Cuando se levantó una gran persecución contra la Iglesia y Saulo desolaba la Iglesia de Dios, ''todos los que se habían dispersado andaban de un lugar a otro, predicando la palabra de Dios" (Hechos, VIII, 1, 4).

"Entretanto los discípulos que se habían esparcido por la persecución ,suscitada con motivo de Esteban, llegaron hasta Fenicia, Chipre y Antioquia, predicando el Evangelio únicamente a los judíos. Entre ellos había algunos nacidos en Chipre, los cuales habiendo entrado en Antioquia, conversaban asimismo con los griegos anunciándoles la fe del Señor Jesús. Y la mano del Señor les ayudaba; por manera que un gran número de personas creyó y se convirtió al Señor" (Hechos, II, 19, 21).

San Pablo se refiere a ese apostolado, diciendo: "Habéis servido de modelo a·cuantos han creído en la Macedonia y en la Acaya. Pues que de vosotros se difundió la palabra del Señor o el Evangelio, no sólo por la Macedonia y la Acaya, sino que por todas partes se ha divulgado en tanto grado la fe que tenéis en Dios, que no tenemos necesidad de decir nada sobre esto" (Tes., I, 7, 9).

Y cuando estaba entre cadenas, expresa el Apóstol: "Y muchos hermanos en el Señor, cobrando bríos con mis cadenas, con mayor ánimo, se atreven a predicar sin miedo la palabra de Dios" (Filip., II, 12, 15).

Todos estos textos de la Escritura, de los Apóstoles, junto con las enseñanzas del Salvador y la práctica de la Iglesia primitiva, nos indican cuál fué el origen, la actuación y la acción brillante del Apostolado seglar en la época apostólica.

4) **TESTIMONIO DE LOS PADRES.**—Todavía vamos a citar algunos testimonios de los Padres de los tiempos primitivos. Tertuliano nos hace una descripción del apostolado: "¿Quién entre los paganos, permitiría a su esposa recorrer las calles de la ciudad, detenerse en las puertas de las casas, penetrar en las habitacio-

nes más miserables, sólo con el fin de visitar a las hermanas en la fe? ¿Quién les permitiría introducirse furtivamente en las cárceles, para tener la dicha de besar las cadenas de un mártir? ¿O siquiera acercarse a un hermano en la fe, para darle el ósculo de paz en el Señor? ¿O aportar agua con el fin de lavar los pies a los santos? ¿O retirar de la comida o la bebida lo necesario para los pobres? ¿Quién siquiera pensó en esto entre los paganos?'' (Libros a su esposa. II, 4).

De Arístides: ''Las esposas de los cristianos son castas como vírgenes. Entran en conversación con sus esclavos y esclavas y con los hijos de ellos, invitándolos a que por cariño a ellas, se hagan cristianos; y una vez que lo han conseguido, los llaman sus hermanos, sin diferencia de clases'' (Apología, XV, 6).

Atenágoras y Orígenes también nos hablan en su apología del apostolado de los cristianos. Policarpo que más tarde llegó a ser el gran Obispo de Esmirna, fué un apóstol laico de un celo extraordinario, antes que Bucolo lo ordenara de Diácono.

San Mesropio de Armenia desplegó una intensa actividad como apóstol laico; lo mismo Panteno, Clemente de Alejandría y Orígenes que muchas veces exponían sus doctrinas ante los auditorios paganos; los apologetas que salieron en defensa del Cristianismo; los Padres del desierto, que al promover y dirigir personalmente el gran movimiento monátioc en Egipto, Siria y Palestina, provocaron un formidable movimiento espiritual que halló eco en la joven Iglesia. Y basta y sobra de testimonios.

5) LUCHAS Y TRIUNFOS A TRAVES DE LA HISTORIA. NOMBRES GLORIOSOS.—Reseñemos ahora las luchas y triunfos del Apostolado seglar a través de la historia, para enseñanza y estímulo de todos los que

trabajan en las actividades de la Acción Católica.

Hemos demostrado que los Apóstoles seglares, junto con los Doce, predicadon el Evangelio, la más honda revolución que han presenciado los siglos; que anunciaron la palabra de Dios y abrasaron los corazones de los hombres con el fuego del cielo.

Recorriéron el mundo, sembraron la verdad, la luz arrastrando en pos de sí los corazones y las almas.

Las Actas de los mártires son la más alta prueba del celo y de la abnegación de los apóstoles seglares. ¡Qué nombres! Brillan como soles en el cielo de la Iglesia. Bastaría nombrar a Sebastián, Tarsisio, Pancracio, Fabiola, Inés, Cecilia... La hora de los tormentos fué también la hora de los apóstoles. "La sangre de los cristianos es semilla de cristianos" pudo decir Tertuliano. Cuando la herejía pretendió desgarrar la túnica inconsútil de su Madre la Iglesia; cuando aparecen los Ebionitas, los Gnósticos, los Montanistas, al lado de aquellos Padres de la Iglesia suscitados por Dios para combatir el error y hacer resplandecer la luz de la verdad, San Ireneo, San Gregorio, Tertuliano, vemos surgir también abnegados apóstoles seglares, llenos de celo y de ciencia como Milcíades, Teófilo, Gastor que trabajan por la gloria de Dios y la salvación de las almas.

Y después la Iglesia en su marcha triunfante, con la cooperación de los apóstoles seglares, derrota y pulveriza los herejías, sea el Maniqueísmo, el Nestorianismo, el Pelagianismo, el Arrianismo, el Protestantismo,, el Jansenismo y de ellas no queda más que una triste sombra en las páginas de la historia, en frase de un escritor.

Y después de tres siglos de luchas que fueron también tres siglos de triunfos, la Iglesia sale de las Catacumbas, como la paloma del Arca con las alas teñidas

de sangre, para reinar en el corazón de los hombres y
de los pueblos. Y la divina Providencia prepara aquellos dos elementos necesarios para la formación cristiana de las futuras sociedades: la doctrina que modela
las conciencias y la ley que regula las relaciones sociales. Los apóstoles sacerdotes y laicos vencieron las herejías y precisaron la doctrina dogmática, convirtieron
a reyes, emperadores y pueblos.

Pero ¿quién acomete la grandiosa empresa de cristianizar la antigua legislación romana sino Constantino
el Grande que infiltra el espíritu cristiano en los mu-
nicipios, en las magistraturas, en los puestos públicos
y en las corporaciones? Fué un gran apóstol coronado
con diadema imperial.

Y después, Clotilde convierte reinos, hace caer de
rodillas al fiero sicambro que adora lo que ha quemado y quema lo que ha adorado. Y el Rey franco levanta
parroquias, abre escuelas, da instrucción cristiana, defiende los derechos de la Iglesia, proclama la realeza
de Jesucristo, mereciendo el elogio de San Avito, hermoso programa de Apostolado seglar: "Habéis aprendido de nuestros abuelos a reinar sobre la tierra; pero
vos enseñáis a vuestros súbditos a reinar en el cielo".
¡Qué bellas palabras!

Y Clodoveo prepara el camino de los grandes apóstoles seglares: Godofredo, que se niega a ceñir corona
de oro donde el Salvador de los hombres la ciñó de espinas; San Luis, Santa Juana de Arco heroína de la
Religión y de la patria; y después los grandes publi-
cistas Augusto Nicolás, Pascal, Pasteur, De Maistre,
Ozanam, Conde de Mun, Luis Veuillot, Donoso Cortés.

Recaredo, gran Apóstol, después de convertirse al
Cristianismo colabora con las autoridades eclesiásticas
para establecer el reinado de Jesucristo en España,
fundando la monarquia católica y da la batalla decisi-

va contra el Arrianismo, jurando defender los derechos de Cristo. Y convoca los Concilios de Toledo; consolida la religión en sus estados; dicta sabias leyes y es el alma de aquel Código de justicia civil y criminal que desterró de España las legislaciones bárbaras.

Y en las páginas de la historia del apostolado seglar tienen un puesto de honor Vladimiro de Rusia, Boris de Bulgaria, Etelberto de Gran Bretaña, que mereció en su tiempo que se llamase "La Isla de los santos" y quien escribía Gregorio el Grande: "Bendigamos al Omnipotente que se digna reservarnos la conversión de la nación inglesa valiéndoos de vos, como se valió de Santa Elena, para encaminar hacia la fe cristiana los corazones de los romanos".

Carlo Magno verdadero apóstol de las Galias infunde el espíritu cristiano en las instituciones de su época; funde todas aquellas tribus y razas en el crisol del Evangelio y forma una confederación bajo la dirección de la Iglesia, base de la monarquía cristiana. Y conquista a los sajones, a los ávaros y los croatas para presentarlos a los pies de Cristo como trofeos de victoria. Defiende al Romano Pontífice contra los lombardos; da una patria común a veinte razas, y llamado para ser el Rey de Jerusalén, depone a los pies del Pontífice sus grandezas, sus lauros, sus victorias y cifra su mayor gloria en aquella hermosa frase: "Defensor devoto de la Santa Iglesia Romana y humilde cooperador".

Y cuando se levanta un mundo al grito de Dios lo quiere para defender la tierra santificada con la sangre de Cristo, apóstoles fueron los que llevaron a cabo tan gloriosa empresa. Ahí están sus nombres escritos con letras de oro en las páginas de la historia, junto a Godofredo, Ricardo corazón de León, Tancredo y mil otros.

Y después de esta sublime epopeya cristiana, la gran cruzada de ocho siglos que, realiza el apostolado seglar en España contra las fuerzas islámicas. Y ¡qué nombres! Pelayo; Alfonso VI; las hazañas de Alfonso VIII en Tolosa; las de Fernando III entrando triunfante en Córdoba y el Cid, y Guzmán el Bueno y Gonzalo de Córdoba, nombres que brillan como estrellas en el cielo del heroísmo.

¿Y cómo olvidar a aquella Reina inmortal, Isabel la Católica, que junto con Fernando izaron victorioso el estandarte de la Cruz en las almenas de Alhambra y de Granada? Aquella mujer que arrancó las joyas de su corona destinadas a hacer brotar un mundo en medio de las olas desconocidas? Dios le dió un nuevo Mundo para que en él cupiera la gloria de su raza. Y Colón, llamado el Mesías del Indio, y de quien se ha dicho que el genio lo hizo descubridor y la fe lo hizo Apóstol. De él se ha dicho que es el Saulo del Apostolado seglar.

Y ya que hemos nombrado a una Reina ilustre que tuvó dos mundos por corona. evoquemos algunos nombres de ilustres mujeres que realizaron el más sublime apostolado con su influuencia y con su acción.

Santa Elena forma el corazón de Constantino; Santa Mónica de San Agustín; Nona a San Gregorio Nazianceno; Emilia a San Basilio; Antusa a San Juan Crisóstomo; Silvia a San Gregorio el grande; Blanca a San Luis; Berenguela a San Fernando de España. Madres santas formaron hijos santos que son gloria de sus madres y de su siglo. Santa Clotilde, como hemos dicho, convierte un reino, Ringonta a Recaredo; Santa Adelberta al Rey Etelberto de Inglaterra. Y luego Santa Margarita de Escocia; Ema en Dania, Santa Matilde en Alemania; Gisela en Hungría; Dombrowka en Polonia; Eduviges en Lituania; Brígida en

Suecia ¡qué nombres, qué apostolado! Y luego Olimpia, Salvina, Nicareta de ilustre recuerdo en la historia Eclesiástica. Y Jenoveva, patrona de Francia, y Santa Clara y la Condesa Matilde y Santa Catalina de Sena que persuade al Papa que abandone a Avignón y se restituya a Roma. ¡Santa Teresa de Jesús, cumbre de la belleza y de la santidad.

A qué seguir.

Estos nombres gloriosos, esta verdadera epopeya del apostolado seglar debe ser un estímulo para trabajar en la sublime finalidad que se propone la Acción Católica: ganar mundos para Cristo. Extender por el universo su reinado de paz, su reinado de amor. Para que así, el Señor, reine eternamente y para siempre.

CAPITULO IV

EL APOTOLADO SEGLAR Y LAS ENSEÑANZAS PONTIFICIAS

SUMARIO: 1) Apostolado seglar y las enseñanzas de Pío IX.—2) Normas de León XIII.—3) Orientaciones de Pío X al Apostolado seglar.—4) La doctrina de Benedicto XV.

1) **EL APOSTOLADO SEGLAR Y PIO IX.**—Un escritor contemporáneo, al hablar de la necesidad e importancia del Apostolado seglar, dice que "él debe colaborar con el clero para libertar a Jesucristo que está prisionero en las iglesias, en los sagrarios, en las sacristías. Hay que sacarlo por las calles; introducirlo hasta los inmensos barrios que circundan las grandes urbes; hay que llevar la hermosura de nuestra fe a los que sufren, hay que llevarlo al pueblo, a ese pueblo que tanto amó Jesucristo, que por él derramó su sangre y dió su vida, hay que darle a conocer a ese Dios que también quiso vivir entre sus filas, que trabajó como los hijos del taller, en un humilde taller de Nazaret; en una palabra, a ese pueblo hay que mostrarle a Dios, a Cristo que vive en nosotros"...

Los Pontífices han invitado a los sacerdotes y seglares a que se unan, se organicen y formen verdaderas falanges para ir al pueblo, a ese pueblo alejado de Dios. Cansado, fatigado, cubierto del polvo del vicio, tiene su alma hambrienta de verdad y de justicia. Y hay que darle el pan material que sacia los cuerpos y el pan de verdad que sacia las almas. Hay que darle, junto con la luz que ilumina el hogar, la luz que ilumina el espíritu.

Nuestra divisa debe ser la frase de Mons. Ireland, que hizo suya el gran Pontífice León XIII, el Papa de los obreros: **"Id al Pueblo"**.

El pueblo se ha alejado de nosotros, es preciso que vamos a buscarlo en el taller, en la fábrica, en el círculo por medio de los apóstoles seglares. ¡Hermosa finalidad, bello ideal! Esto es una necesidad y un mandato de la Iglesia.

Hemos establecido y demostrado que el Apostolado seglar es tan antiguo como la Iglesia, pero su nombre es nuevo y data del 15 de Febrero de 1872, cuando el Conde de Aquaderni, Presidente de la juventud católica italiana, delante de Pío IX, exponía el objeto de esta sociedad, diciendo que consistía "en reunir, alrededor del Papa y los Obispos, quienes compartieran con los ministros de Dios, y sometidos a éstos, las fatigas del apostolado".

El Papa de la Inmaculada la aprueba, aplaude y bendice por el Breve del 23 de Febrero de 1872, diciendo: "Más aún, por la gran utilidad que nos prometemos para los fieles y para la Iglesia de la unión de las fuerzas en tanta perturbación de cosas, confiamos en el Señor que todas las otras sociedades instituídas en estos calamitosos tiempos, dondequiera, y particularmente en Italia, para prevenir o contrarrestar, según sus fuerzas, la iniquidad de este siglo perverso, ya con la asidua oración, ya con la buena y cristiana educación de la juventud, ora con los escritos, ora con toda

otra manera de buenas obras, procurarán caminar en
concordia en el buen combate del Señor, se unirán de
igual modo en una misma alianza con las sociedades'romanas''.

Después, el 25 de Septiembre de 1876, dirige un
Breve al Comité permanente de la obra de los Congresos de Italia, y de nuevo vuelve a alabar, con palabras
encomiásticas la organización de los seglares católicos,
siempre a las órdenes de los Obispos y los llama ''compacta falange''. ''Aherrojada con cepos como está la
Autoridad eclesiástica, vosotros, hijos queridos, sois
llamados por la divina Providencia para acudir a su
socorro. Nos complacemos y gozamos considerando el
celo con que vosotros, a modo de falange, os unís a
vuestros pastores para defender el honor de Dios, vin-
dicar los derechos de la Religión y de la Iglesia, procurar la salud de las almas, sin hacer cuenta de las angustias, gastos, enemistades, contiendas y también no
leves peligros, gozándoos en padecer afrenta por el
nombre de Cristo''. Pío IX trazó las primeras bases del
Apostolado seglar, bases que alcanzaron un maravilloso desarrollo en el glorioso pontificado de León XIII.

2) **NORMAS DE LEON XIII.**—El gran Papa social,
que ha pasado a la historia con el nombre del ''Papa
de los obreros'', consagró toda su vida, todo su celo,
toda su inteligencia-cumbre, a los pobres, a los necesi-
tados, a los que habían hambre y sed de justicia, de
verdad, organizando falanges de católicos seglares para la defensa de los intereses de Jesucristo y de su
Iglesia.

En el Breve del 2 de Abril de 1887, expone la necesidad del Apostolado seglar, y la finalidad que debía
tener en sus trabajos. A este propósito, dice el gran
Papa: ''Las condiciones de los tiempos y de las cosas

altamente reclaman de los verdaderos hijos de la Iglesia que pongan el más diligente empeño en defender en todo el orden social los necesarios baluartes de la vida cristiana, en sostener la educación católica de la juventud, en propagar las sanas doctrinas por medio de la prensa que ha de difundirse entre el pueblo, en aumentar y ayudar con todos los medios las sociedades obreras, en torno a las cuales cosas hemos declarado muchas veces Nuestro pensamiento, con la esperanza de que, nos presenten su colaboración en esta batalla''. En estas palabras el Pontífice traza un perfecto programa de apostolado para los católicos seglares. En el Breve del 9 de Septiembre de 1891, habla de la importancia de la coordinación de las fuerzas'. ''En tan áspero conflicto, dice, en el que se ventilan supremos intereses, es deber de los católicos seguir resueltamente que se propone por fin la salvación de la Iglesia combatida, tocándoles a ellos, como bien ordenada y compacta falange, defender a la Iglesia virilmente. Esta empresa nobilísima ha acometido vuestra asociación más que las otras. Por lo cual para defensa de la Iglesia ha constituido acertadamente Juntas parroquiales, diocesanas y provinciales, que, a guisa de cohortes adictas a los capitanes, prestan fielmente sus servicios a los párrocos y Obispos, y por este medio procura aunar las fuerzas católicas dispersas por toda Italia''.

Y como la guerra contra Jesucristo y su Iglesia continuase con más encarnizamiento, tratando de destruirlo todo, hasta los fundamentos del orden social, y como los poderes públicos no quisieran oír la voz de León XIII, que predecía con clara visión los inmensos peligros del porvenir, entonces el Papa de los obreros, en la citada Encíclica, exclama: ''Ahora creemos llegado el momento de alzar la voz, y decimos a los católicos italianos: la religión y la sociedad están en peligro; es tiempo de desarrollar toda vuestra actividad, oponiendo al mal, que es torrente invasor, un dique con la palabra, con las obras, con las asociaciones, con los comités, con la prensa, con los congresos, con las instituciones de caridad y de oración, con todos los medios, en fin, pacíficos y legales que sean a propósito para mantener en el pueblo el sentimiento religioso, y a remediar la miseria, mala consejera, tan profunda y extendida por las depresivas condiciones económicas de Italia''.

En la Encíclica ''**Dall'Alto**'', de 15 de Octubre de 1890, vuelve a recordar a los católicos el sagrado deber que ''tienen de dedicarse con actividad, empeño y constancia, a las obras católicas, a las Asociaciones e instituciones bendecidas por la Iglesia, animadas y sostenidas por los Obispos y por el Romano Pontífice''.

Más tarde publica su inmortal Encíclica ''**Rerum Novarum**'', llamada la Carta Magna del mundo trabajador y el documento más notable de ciencia social del siglo XIX. En ella explica ampliamente todas las razones de justicia, de interés individual y colectivo, de caridad que tienen los sacerdotes y seglares para consagrarse a remediar las necesidades espirituales y económicas de las masas obreras; la necesidad imperiosa de ir al pueblo, si queremos que el pueblo sea nuestro, y a la vez señala las normas, formas y principales líneas de acción que debe desarrollar el apostolado seglar. Documento de alta importancia que, cual faro de luz de cielo, iluminó el sombrío horizonte de los pueblos. Hoy toda acción social tiene que inspirarse en la inmortal Encíclica del Papa de los obreros.

3) **ORIENTACIONES DE PIO X.**—El gran Papa de la Eucaristía, siguiendo las huellas luminosas de su predecesor, comienza su pontificado dando al mundo

la Encíclica "**E supremi apostolatus cathedra**" en la
que expone el fin supremo del apostolado seglar, sinte-
tizado en aquellas palabras que son como la divisa de
su pontificado: "**Instaurare omnia in Christo**". Y da
normas y reglas para la positiva colaboración del estado seglar en la obra de la restauración de todas las
cosas en Cristo, pero siempre bajo la autoridad de los
Prelados.

En esta Encíclica dice Pío X: "Verdad es que en
esta obra tan ardua de restauración del género humano
en Cristo, no es intención nuestra que vosotros (habla
a los Obispos), y vuestro clero se queden sin colaboradores. Sabemos que Dios recomendó a cada uno el cuidado de su prójimo. No son, por tanto, los sacerdotes
solos, sino todos los fieles, sin excepción, los que deben trabajar por los intereses de Dios y de las almas;
entendiendo con esto que no deben hacerlo según su
arbitrio o inspiraciones propias sino siempre bajo la dirección y el mando de los Obispos, ya que en la Iglesia
a nadie es dado presidir, enseñar y gobernar más que
a vosotros, a quienes puso el Espíritu Santo para regir
la Iglesia de Dios".

Después habla de la organización y fines del Apostolado seglar: "Nuestros predecesores aprobaron y ben-
dijeron hace ya mucho tiempo a los católicos que, con
fin vario, pero siempre con religiosas intenciones, se
unieron entre sí en sociedad. Nos también no dudamos
en tributar alabanza a tan nobles instituciones, y ar-
dientemente deseamos que se propaguen y florezcan en
las ciudades y en los campos; pero entendemos bien
que el primero y principal fin de estas asociaciones ha
de ser que en los que en ellas se inscriban cumplan fi-
delísimamente los deberes de la vida cristiana. Mas nadie imagine que esto dice solamente relación a los bienes eternos; también los temporales y la prosperidad

pública experimentarán la benéfica influencia de estas cosas''.

En la Encíclica "Il proposito" expone Pío X la naturaleza, el fin, el objeto, la utilidad y las condiciones que debe tener este Apostolado seglar. ''Vastísimo es el campo de la Acción Católica, directo o indirecto, pertenece a la divina misión de la Iglesia. Fácilmente se reconoce la necesidad del concurso individual para tan grande obra, no sólo para la santificación del alma propia ,sino también para difundir ·y dilatar siempre más el reino de Dios en los individuos, en la familia y en la sociedad, procurando cada uno, según las propias fuerzas, el bien del prójimo con la difusión de la verdad revelada, y en el ejercicio de las verdades cristianas y con las obras de caridad y de misericordia espiritual y corporal. Restaurar todas las cosas en Cristo ha sido siempre la divisa de la Iglesia, restaurar en Cristo, no solamente lo que pertenece a la divina misión de la Iglesia, es decir, llevar las almas a Dios, sino también lo que se deriva espontáneamente de aquella divina misión, esto es, la civilización cristiana en el conjunto de todos y de cada uno de los elementos que la constituyen''.

Hablando de la positiva labor de los seglares, dice: ''Bien sabéis qué auxilio aportan a la Iglesia las escogidas huestes de católicos que se proponen especialmente juntar todas sus fuerzas vivas para combatir, por todo medio justo y legal, a la civilización anticristiana; reparar por todos los medios los desórdenes morales que de esa civilización se derivan; restaurar a Cristo en la familia, en la escuela, en la sociedad; establecer el principio de la autoridad humana como representante de la de Dios; defender con decidido empeño los intereses de la clase popular y principalmente la clase de los operarios y labradores, no sólo inculcando en los corazones de todos el principio religioso, único verdadero manantial de consolaciones en los trabajos, pero esforzándose en enjugar sus lágrimas, endulzar sus penas y mejorar su condición económica, merced a bien entendidas disposiciones; emplearse en hacer que las leyes públicas sean conformes a la justicia y en que se modifiquen o deroguen las que le son contrarias; defender, por último, y sostener con espíritu verdaderamente católico, los derechos de Dios en todas las cosas y los no menos sagrados de la 'Iglesia''.

Y al hablar de la eficacia del apostolado seglar dice ''que constituye un verdadero apostolado a honor y gloria de Cristo mismo''. Y luego se refiere a las sólidas virtudes que deben adornar al apóstol católico en la acción que desarrolla por la conquista de las almas.

4) **LA DOCTRINA DE BENEDICTO XV.**—Este ilustre Pontífice subió al trono en los momentos más difíciles de la historia, cuando Europa estaba convertida en un campo de batalla y la guerra diezmaba pueblos y naciones. La divina Providencia que siempre está con su Iglesia puso en la silla de San Pedro a Benedicto XV, para que guiara la mística navecilla, con mano diestra y segura a través de las aguas airadas; y tuvo la misión de llevar la paz de Cristo a los espíritus conturbados. Esos deseos de su corazón paternal los expone en su primera Encíclica: **''Ad beatissimi Apostolorum Principis''.** Pero el Papa de la paz no se olvida del apostolado seglar y dirigiéndose a los Obispos les dice: ''Ya que para profesar abiertamente la fe católica y para vivir de manera conveniente en la misma fe, los hombres suelen ser estimulados principalmente con fraternales exhortaciones y mutuos ejemplos, por eso Nos complace sobremanera que sean fundadas de continuo nuevas asociaciones católicas. Y no sólo deseamos que

dichas asociaciones crezcan, sino también queremos que
florezcan por Nuestra protección y por Nuestro favor,
y florecerán, sin duda, con tal que se acomoden constante y fielmente a las prescripciones que esta Sede
Apostólica ha dado o diere en adelante''.

Siguiendo las inspiraciones del Papa, el Cardenal
Gasparri llama a la acción de los católicos italianos:
''Santo apostolado de iluminación''.

Y cuando la Unión popular encuentra oposiciones
entre los mismos elementos católicos, el Papa se queja,
diciendo: ''De algún tiempo a esta parte, nos causa
pena el hecho comprobado de que, hasta en los mejores de nuestros hijos, apenas se habla de la Unión Popular, y con sorpresa no menos dolorosa hemos notado
el silencio harto frecuente de la prensa católica acerca
del movimiento religioso, científico y práctico. Talvez
este doble silencio haya de atribuirse en parte a los
tristes acontecimientos que en los últimos años ocupa-
ron tanto a la opinión pública. Pero Nos quisiéramos
que no se olvidara que la Unión Popular es el agente
principal de la Acción Católica. Si otras actividades
pudieran brotar reciéntemente en diferentes campos,
éstas son tan sólo arroyuelos salidos del río principal.
Pueden los arroyuelos del Tíber y del Pó venir a menos, al paso que el Pó y el Tíber continuarán siempre
su curso majestuoso entre villas y ciudades. No de otro
modo hemos de hablar de las diferentes actividades
que han brotado del río principal de la Unión Popular''.

En carta del 17 de Junio de 1920 al Episcopado del
Véneto, Benedicto XV recomienda a los Obispos que
procuren ''que las organizaciones católicas se consoli-
daran en todas partes y floreciesen más y más'' y que
''en ellas trabajasen principalmente los mejores entre
los seglares, contribuyendo los jóvenes con su activi-

dad, los ancianos con la sabiduría de consejo y con el fruto de la experiencia''.

Benedicto XV llamaba a los apóstoles seglares ''sus devotos cooperadores y factores poderosos y de la renovación religiosa y moral del pueblo italiano''.

Cuanto a la necesidad del Apostolado seglar, en la alocución consistorial del 23 de Mayo de 1923, dice el Papa: ''Nos alegramos cuando vemos con qué fervoroso deseo del bien y con qué sentimiento del deber, episcopado, clero y seglares, vienen secundando nuestras invitaciones y nuestras recomendaciones acerca del conjunto de iniciativas e instituciones, de organizaciones y de trabajo, que se comprenden bajo la denominación de Acción Católica. Esta se dirige a la formación de las conciencias según los principios de Jesucristo, bajo la Jerarquía y en correspondencia a los deberes y a las necesidades individuales y sociales, no hay quién no vea cuánto beneficia, de cuánta importancia y necesidad es la Acción Católica, no sólo para la vida de la Iglesia, sino también para la vida civil y para el humano consorcio''.

He aquí, pues, las sabias normas que dictaron los ilustres Pontífices que precedieron al que ha sido llamado el constructor de la Acción Católica, el ilustre Pontífice Pío XI. Estudiemos detalladamente las bases de organización que le ha dado en sus Encíclicas, Cartas y diversos documentos.

7* (Apostolado Seglar)

CAPITULO V

LA ACCION CATOLICA EN LA MENTE DE PIO XI

SUMARIO: 1) Pío XI el Papa constructor de la Acción Católica.—2) La Acción Católica en las Encíclicas.—3) La Acción Católica en las Cartas Pontificias.—4) La Acción Católica en las Actas de la Secretaría de Estado.—5) La Acción Católica en los Concordatos.

1) **PIO XI, EL PAPA CONSTRUCTOR DE LA ACCION CATOLICA.**—Serían necesarias muchas lecciones para exponer la doctrina social de Pío XI. Hizo ésta su aparición en el pontificado de Pío IX; la dotó de un cuerpo de doctrina en sus incomparables Encíclicas, León XIII; la consideró un instrumento poderoso para restaurar todas las cosas en Cristo, Pío X; la juzgó a propósito para la educación cristiana, Benedicto XV, y Pío XI con claridad meridiana, la definió, la concretó, la extendió por el mundo, elevó el apostolado seglar a la sublime dignidad de participación del sacerdocio de apostolado religioso-social, de colaborador de la divina misión de la Iglesia.

Ni hay Encíclica, ni Carta, ni Alocución, ni mensaje donde no hable del apostolado seglar.

La Acción Católica es el pensamiento central de

Pío XI. Quiere asociar a todos los católicos del mundo, organizarlos para la obra de la conquista espiritual; tal fué su divisa, su ideal.

El ha recogido la herencia de cuatro pontífices, dice un escritor: de Pío IX, creador de la Juventud Católica italiana; de León XIII, Pontífice de la Democracia; de Pío X, protector de las damas católicas; de Benedicto XV, que fijó la noción específica de la Acción Católica, y Pío XI que ha fijado los rasgos de la fisonomía esencial de esta acción, ha constituído un código doctrinal y práctico, completo en sus líneas fundamentales; ha dado un vigoroso impulso a su desarrollo y encarecido esta obra en todos sus documentos. Pero estudiemos su pensamiento comenzando por las grande Encíclicas.

1.—Las grandes Encíclicas. La primera de todas es la Encíclica "**Ubi Arcano**", publicada el 23 de Diciembre de 1922. Contiene un elogio expresivo de la aportación de los seglares a la obra de la Iglesia. Destaca la importancia de la Acción Católica, cuya definición clásica hemos comentado: "**Participación de los seglares en el apostolado jerárquico**".

La parte más interesante del documento es la que se refiere a los fines de la Acción Católica, especialmente al fin próximo de formación de conciencias, que ha encontrado en las palabras de Pío XI su expresión definitiva. "A esto (al reinado social de Jesucristo), se encamina tammbién todo ese conjunto de instituciones, de programas y obras que se conoce con el nombre de, Acción Católica y que es de Nos muy estimada, y por Nuestros antecesores tan cuidadosa y providencialmente suscitada y nutrida, dirigida y disciplinada en tantos y tan luminosos documentos solemnes, acomodado al desarrollo y sucesión de las diversas situaciones sociales, con el fin de preparar cristianos cada vez más

perfectos y con ello mejores ciudadanos, y de formar
conciencias tan exquisitamente cristianas, que sepan
en todo momento y en toda situación de la vida privada y pública, encontrar, o al menos entender bien y
aplicar, la solución cristiana de los múltiples probic-
mas que se presentan en una u otra condición de la
vida''.

Todos los tratadistas de Acción Católica se han de
servir en adelante de esta admirable fórmula. La Acción Católica ha pasado al primer plano de las obras
de apostolado, ya que, aunque parezcan ''cosa ardua y
llena de trabajo para los pastores y los fieles, son sin
duda necesarias y se han de contar entre los principales deberes del oficio pastoral y de la vida cristiana''.

Pío XI siente en su paternal corazón un inmenso
cariño por las obras del apostolado seglar. ''Nos es sumamente querido, dice, lo tenemos en el corazón y es,
como expresamente hemos manifestado, la pupila de
nuestros ojos''. La Encíclica citada está palpitando
esta inefable ternura, rebosando amor hacia ''esta compacta falange'' que tanta parte toma ''en la restauración de todas las cosas en Cristo, como se desprende de
aquellas bellas palabras: ''Bendigo todas las hermosas
y santas obras de santificación, de adoración, de honor a Dios, de bien de las almas, de veneración; obras
santas que lleguen a buscar, a socorrer, a consolar los
trabajos de los obreros y la pobreza de los más desgraciados; todas estas hermosas obras que florecen bajo
la dirección de vuestros pastores, con la actividad y
cooperación de vuestros sacerdotes ,con vuestra cooperación, amadísimos hijos, que Nos hemos visto con signo por demás indubitales manifestarse en aquellas santas obras, que Nos tan gustosamente resumimos en una
palabra: las obras de Acción Católica; porque es todo
lo que quiere decir verdaderamente esta palabra; por-

que acción significa vida. ¿Qué sería la vida sin acción? ¿Qué sería la acción sin vida? Por eso es evidente que decir Acción Católica, es decir obras de vida católica".

Después en la "**Rite expiatis**" querrá unir el nombre de la Acción Católica a la excelsa figura de San Francisco de Asís, renovando su declaración de celestial patrono de la obra; en la "**Iniquis afflictisque**" tras de la importantísima carta "**Paterna sane sollicitudo**", querrá el Papa pasar revista a todas las asociaciones de Acción Católica que en México constituyen el ejército auxiliar de la Iglesia vejada; en la "**Mens nostra**" hará notar la importancia que para la Acción Católica tiene el impulso de la vida espiritual dado por los Ejercicios espirituales; en la "**Quinquagesimo anno**" señalará para la Iglesia oriental, en la misma línea, el interés que tiene la redacción de un Código de derecho oriental y la promoción de la Acción Católica; y, por fin en la "**Divini illius magistri**" sobre el problema de la escuela; en la "**Casti conubii**", acerca del matrimonio cristiano; en la "**Quadragesimo**" sobre la cuestión social, y en la "**Caritate Christi compulsi**", sobre los males del ateísmo organizado y del estatismo panteísta, reservará un lugar para la Acción Católica, atribuyéndole un objetivo determinado y hablando de la universaliddad de su programa.

Hay otro grupo de Encíclicas: "**Non abbiamo bisogno**", de 29 de Junio de 1931, la "**Acerba nimis**", de 29 de Septiembre de 1932; y la "**Dilectissima nobis**" de 3 de Junio de 1933.

La primera constituye un documento apologético de primer orden, que pone de relieve lo que para el Papa significa en la sociedad moderna la obra de la Acción Católica, obra que a toda costa debe mantenerse, y las dos últimas, dirigidas a los católicos de México

y España, en circunstancias especialmente aciagas, encierran un valor ejemplar para todos los pueblos que
se hallan "en la crisis de semejantes calamidades", y
servirán para afirmar la esperanza de todos los católicos en esta obra solemnemente declarada más eficaz
que cualquiera otra obra de apostolado.

En la primera se tocan, además, puntos de interés
muy destacado, desde el punto de vista de las relaciones de la Iglesia y del Estado; se hace una crítica admirable de la filosofía del integralismo estatista.

3.—**Cartas** al **Episcopado**. En ellas esclarece la
doctrina acerca de la Acción Católica. Las principales
son éstas: 1) Carta "**Paterna sane sollicitudo**", al
Episcopado mejicano, el 2 de Febrero de 1926. Prohibe
en ella a los católicos mexicanos el formar, como tales
católicos, un partido político, declara más que nunca
necesaria la obra de la Acción Católica y señala la formación de las conciencias como el medio más eficaz
para infundir en la vida pública el espíritu cristiano.

2) Carta "**Peculiari quadam**" al arzobispado lituano de Kaunas, el 24 de Junio de 1928. Insiste en la independencia política de la Acción Católica, la univer-
salidad de sus fines y la importancia de las minorías
selectas. La Acción Católica es una acción eminentemente **religiosa**.

3) Carta **Cum ex epistula**, al cardenal Van Roey,
Arzobispo de Malinas, el 15 de Agosto de 1928. Se ale-
gra de la incorporación de la Juventud católica fla-
menca a la obra de la Acción Católica, complemento
del ministerio pastoral de los Obispos, obra de apostolado que pretende "extender cada día más el reino de
Dios". Exige a sus miembros "ánimos inflamados por
la caridad hacia sus hermanos y sus prójimos sin distinción alguna".

4) Carta **Quae Nobis**, al Arzobispo de Breslau, Cardenal Bertram, del 13 de Noviembre de 1928.

Es quizás el documento más completo acerca de la Acción Católica. Tiene dos partes, en las cuales va desarrollando la doctrina acerca de la naturaleza y fines de la Acción Católica y sus relaciones con la sociedad civil.

He aquí la suma de sus ideas principales: Destaca la necesidad del Apostolado seglar y el cuidado que el Papa ha puesto en la definición de la naturaleza de la Acción Católica. La Acción Católica, constituye un cuerpo orgánico bajo la dirección de la Jerarquía. Desarrolla una actividad de orden religioso-social, es acción universal de todos los católicos "sin excepción de edad, de sexo, condición social, cultura, tendencias nacionales o políticas", coordina todas las actividades de los católicos, "valorizando y encaminando al apostolado social toda clase de obras y asociaciones, sobre todo las religiosas".

En la segunda parte declara a esta obra fuera y por encima de todos los partidos políticos, aunque no excluye la participación individual en la vida pública. Proporciona a la sociedad los mejores ciudadanos, promueve la prosperidad pública, contribuye a la tranquilidad y seguridad de la sociedad humana, y es tan fecunda, que merece el apoyo de los jefes y magistrados de los Estados.

5) Carta **Communes litteras** al Episcopado suizo (8 de Septiembre de 1929). Es un sencillo resumen de la carta anterior al cardenal Bértram, que insiste principalmente en la idea de la necesidad de la Acción Católica (1).

6) Carta **Laetum sane nuntium** al cardenal Segura,

_____

(1) **D. C.**, t. 23, cols. 330-332.

arzobispo de Toledo (6 de Noviembre de 1929). Tiene
unas palabras ponderativas de la dignidad eminente
de la Acción Católica, y completa la doctrina de la naturaleza de la Obra. La parte más importante del documento se dedica a estudiar las relaciones de la Acción Católica con las obras económico-sociales y las organizaciones políticas. De las primeras dice que en su
aspecto técnico son independientes de la Acción Católica, pero que en el moral y religioso dependen de ella
de manera semejante a como dependen de la Iglesia
misma; de las segundas desarrolla parecida doctrina,
"la abstención total de la Acción Católica con respecto
a los partidos políticos" y la influencia que puede ejercitar cuando la agitación política toca de cualquier
modo a la Religión y a las costumbres cristianas. "Propio es de la Acción Católica entonces interponer de tal
suerte su fuerza y autoridad, que todos los católicos,
con ánimo concorde, pospuestos los intereses y designios de los partidos, sólo tengan delante de los ojos el
provecho de la Iglesia y de las almas y con sus obras
lo favorezcan".

Termina la carta enumerando los fines de la Acción Católica, el inmediato y el último, la importancia
de la unidad de dirección y las causas que hoy hacen
necesaria la Acción Católica como obra universal.

El texto latino de esta carta autógrafa apareció en
Acta Apostolicae Sedis el 2 de Diciembre de 1929. Fué
solemnemente leída en su traducción castellana el 13
de Noviembre del mismo año, en la sesión inaugural del
Congreso de Acción Católica celebrado en Madrid por
aquellos mismos días.

7) Carta al Episcopado argentino (4 de Febrero
de 1931). **L'Osservatore Romano**, comparando este documento con las dos cartas principales que hemos rese-
ñado, la dirigida al cardenal Bértram y la del carde-

nal Segura, dice que la primera contiene la exposición completa de la doctrina de Acción Católica, la segunda especifica las relaciones entre la Acción Católica y las obras económico-profesionales, y en la carta al Episcopado Argentino se completa esta doctrina con la exposición de la relativa a las obras auxiliares (2).

Ciertamente que esta cuestión, tocada al principio y al fin del documento, queda resuelta definitivamente en sus fundamentos; pero además nos parece característico de este documento el llamamiento impresionante al clero y a los hombres selectos, que, sin desnaturalizar la obra de Acción Católica, deben infundirle vida abundante mediante una formación más profunda en esta nueva disciplina.

8) Carta **Dobbiamo intratenerla** al cardenal Alfredo Ildefonso Schuster, arzobispo de Milán. Fué provocado este documento por un discurso del ministro M. Giuriati, pronunciado en Milán en Abril de 1931. Dos días después de su publicación en **Il Popolo d'Iialia**, refutaba el mismo Pontífice los equivocados puntos de vista del ministra fascista. Defiende el Pontífice la insubrogabilidad de la Acción Católica y el derecho absoluto de la Iglesia a organizar la Acción Católica sin ingerencias extrañas (3).

9) Carta al cardenal Patriarca de Lisboa Manuel González Cerejeira. Insiste en la necesidad de la preparación de dirigentes; sacrificando el número a la calidad y fundamentando sobrenaturalmente el trabajo de formación, principio seguro de la acción. Detalla más que otra alguna la relación de la Acción Católica con las obras de carácter sindical, y termina recomen-

---

(2) **D. C.,** t. 28, cols. 393-397.
(3) **D. C.,** t. 26, cols. 808-812.

dando a la Acción Católica el trabajo en las catequesis
y la prensa (4).

10) La Carta al arzobispo de Bogotá, Monseñor
Perdomo (14 de Febrero de 1934). Este interesante documento constituye la última de las grandes cartas
pontifícias hasta el momento presente. Ninguna de las
precedentes había penetrado tanto en la doctrina de
la intervención del clero en las obras·de Acción Católica, presentando con claridad la figura jurídica del
consiliario de Acción Católica en toda su grandeza.
Por otra parte, descubre el Pontífice la preocupación
que le merece la suerte de la´juventud estudiantil, para la cual ha de reservar la Acción Católica un cuidado especial. El documento es completo porque no deja
de tocar ninguno de los puntos fundamentales de la
doctrina de Acción Católica; en fórmula breve resume
la influencia indirecta que la educación de la Acción
Católica ejercerá en la vida política (5).

III.—CARTAS DE-LA SECRETARIA DE ESTADO

1) Carta **Fra le molteplici cure** del cardenal Pedro
Gasparri a los obispos de Italia (2 de Octubre de 1922).

Este documento se enviaba a los obispos de Italia
junto con el esquema del nuevo reglamento que había
de reorganizar la Acción Católica en Italia haciéndola
universal en sus fines y en sus miembros y definiendo
más su dependencia de la Iglesia jerárquica.

Contiene ya esta carta las frases que después se
han utilizado más en los tratados de Acción Católica
acerca de su propia naturaleza y extensión de sus fines.
Véase este breve párrafo: "Vuestra Señoría Ilma. y
Rdma. no ignora la extensión y la necesidad de este

---

(4) **L'Osservatore Romano**, 13 febrero, 1934.
(5) **D. C.**, t. 31, cols. 1457-1461.

apostolado, de esta participación de los seglares en la misión propia de la Iglesia. No se trata de una actividad de dirección en el orden teórico, sino de ejecución en el orden práctico; una acción ordenada, no a fines materiales y terrenos sino espirituales y celestiales; no política, sino religiosa, y por ello dependiente enteramente de la autoridad eclesiástica (6).

2) Carta **Mi sono recato** del cardenal Pedro Gasparri al presidente de la Junta Central de la **Acción Católica Italiana** (2 de Octubre de 1923).

Tiene por objeto comunicar a D. Luis Colombo, presidente de la Acción Católica en Italia, la aprobación de los nuevos Estatutos, en los cuales todo el Episcopado italiano había colaborado, revisando y anotando el esquema propuesto.

Los problemas que suscita y resuelve dan a este documento un interés, que sobrepasa con mucho las particulares circunstancias en que fué utilizado. Pocos, en efecto, han detallado tanto la unidad de dirección indispensable en obras de esta índole y la obligación general de coordinar toda acción de apostolado con la de la Acción Católica.

"Entra ahora —dice — la Acción Católica Italiana en un período de vigoroso desarrollo; los solemnes documentos pontifícios han expresado claramente cuán querida es al Augusto Pontífice y cuán gran fruto se prometía él de su actuación para la defensa y propagación de la fe, y para la restauración de la sociedad en Jesucristo.

"Por tanto, como todo católico debe sentir la necesidad y el deber de dedicarse o al menos de contribuir a esta obra de apostolado, de la misma manera debe sentir la necesidad y el deber de coordinarse, se-

_____

(6) CAVAGNA, **Pío XI e l'Azione Cattolica**, pág. 332.

gún sea posible, con los organismos de acción reconocidos, si no quiere exponerse al peligro de hacer estéril su trabajo, cuando no perturbador y dañoso" (7).

3) Carta **Il Santo Padre ha appreso** del cardenal Eugenio Pacelli al presidente de la Acción Católica Italiana, comendador Augusto Ciriaci (30 de Marzo de 1930).

Es el documento principal para el estudio de la relación entre las organizaciones oficiales de la Acción Católica y las obras auxiliares. Enumera las diversas ramas que constituyen la Acción Católica Italiana y reconoce que además de estas asociaciones existen otras que ejercitan un grande y eficacísimo apostolado individual y social, pero que, por no tener la organización propia de la Acción Católica, no pueden considerarse como específicamente integrantes de esta obra, bien que pueden y deben llamarse verdaderas y providenciales auxiliares de la misma.

Detalla lo que pudiéramos llamar el código de mutuos deberes, cuyo cumplimiento favorecerá a las mismas asociaciones y, mediante ellas, a la misma Iglesia (8).

4) Carta **Officiosas litteras** del cardenal Eugenio Pacelli al S. E. Mons. Kordac, arzobispo de Praga (30 de Noviembre de 1930).

La prestigiosa revista francesa **Documentación Catholique** ha publicado este interesantísimo documento, que no había aparecido ni en **Acta Apostolicae Sedis** ni en **L'Osservatore Romano**. El texto latino, afirma la misma publicación, apareció en **Acta Curiae Episcopalis Brunensis** con la inscripción siguiente: "Responsum ad officiosas litteras ex conventu antistitum Checoslovachiae, Pragae hábito a. 1930 de proposita fidelium

_____

(7) CAVAGNA, **ibídem**, pág. 342.
(8) CAVAGNA, Apéndice de la 2.ª edición, pág. V.

Romam peregrinatione et de modo instruendae et dirigendae iuventutis''.

La circunstancia de no haber aparecido en **Acta Apostolicae Sedis** explica la escasa difusión de esta carta, decisiva en la debatida cuestión de los límites de la educación política en los cuadros de Acción Católica.

La Acción Católica enseña aquellos principios ya propuestos por la Iglesia como fundamento de todo orden político. "Mas, si pareciere oportuno dar en esta misma materia una enseñanza más desarrollada y más apropiada a la juventud, es preciso hacerlo, no en las reuniones y organizaciones de la Acción Católica, sino en lugar diferente y por hombres que se distingan por su probidad de costumbres y por una profesión absoluta y firme de la doctrina cristiana".

El periódico **Deutsche Presse** de Praga sacaba inmediatamente las consecuencias ,ofreciendo la organización del partido popular alemán cristiano-social para esa formación ulterior, que la Acción Católica no puede dar (9).

IV.—CONCORDATOS

Giannini, en su obra **I Concordati postbellici** señala ocho puntos cardinales que servirán a la Historia para juzgar la política exterior del Pontificado de Pío XI. Entre ellos se halla su política concordataria con los nuevos Estados y la difusión mundial de la obra de la Acción Católica.

En nuestro caso estos dos puntos se unen en uno solo, ya que no sólo el Papa Pío XI ha impulsado la Acción Católica en el mundo, sino que ha querido hacerla clave de los Concordatos más importantes, elevándola así de categoría hasta introducirla, por la fuerza

_____

(9) **D. C.**, t. 25, cols. 1.547-1549.

jurídica del Concordato, en la misma legislación civil.

Todos los tratadistas de Derecho Concordatario han notado que una de las características principales de los Concordatos de Pío XI es el avance de las disposiciones del Código de Derecho Canónico.

"Después de haber estudiado —dice el P. Ives de la Briére en recentísimo trabajo— un cierto número de los textos concordatarios, puede tenerse hoy por demostrado e irrecusable este hecho positivo que hace veinte años hubiera parecido la más extravagante e increíble de las utopías: el renacimiento canónico en muchas de las legislaciones seculares de la Europa contemporánea" (10).

Cierto que no en todos los Concordatos ha sido incluída la cláusula referente a la Acción Católica. Pero no deja de ser significativo que hayan sido los Estados nuevos, como Letonia y Lituania, y los que, teniendo larga historia, han sufrido sin embargo, el cambio más radical en su estructura interna, como Italia, Alemania y Austria, los escogidos para dar carta de ciudadania internacional a la Acción Católica, haciendo de ella una institución no sólo eclesiástica, sino civil.

1) **Letonia.** Es un Estado de mayoría luterana, en el cual los católicos no son más de un quinto de la población total. El artículo 13 del Concordato letón se refiere, sin nombrarla, a la Acción Católica. Dice así: "La República de Letonia no pondrá obstáculos a la actividad, vigilada por el arzobispo de Riga, de las asociaciones católicas de Letonia, las cuales tendrán derechos análogos a otras asociaciones reconocidas por el Estado".

La timidez misma del texto, meramente negativo en un principio, su implícita referencia a la Acción Ca-

_____

(10) **Bulletin de l'Insitut Catholique de Paris,** 25 diciembre 1934.

tólica y la fecha de su estipulación (3 de Noviembre de 1922)', primer año del Pontificado de la Acción Católica, hacen más interesante este Concordato.

2) **Lituania.** País clásico en multiplicidad de confesiones religiosas. Su legislación concordada en materia de enseñanza es notable por su espíritu de equidad. En él se internacionaliza por vez primera el nombre de **Acción Católica,** explícitamente así llamada en su artículo 25, que dice: "El Estado concederá plena libertad de organización y funcionamiento a las asociaciones, que persiguen fines principalmente religiosos, que forman parte de la Acción Católica y como tales dependen de la autoridad del Ordinario".

Este artículo concordatario fué inmediatamente explicado en una carta del mismo Pontífice al arzobispo de Kaunas. La constitución de la Acción Católica, a pesar de todo, no careció de dificultades, y de nuevo el Papa se dirigió ál Episcopado lituano en carta de 27 de Diciembre de 1930, en la cual se recomienda la perseverancia en la obra por encima de todos los obstáculos. Tras estos documentos, la paz renació en Lituania.

3) **Italia.** El 11 de Febrero de 1929 se firmó el Concordato entre la Santa Sede e Italia, como anejo al Tratado de Letrán, que solucionaba la cuestión romana.

El Art. 43 de este Concordato se refiere a la Acción Católica. "El Estado italiano —dice— reconoce las organizaciones dependientes de la Acción Católica Italiana, en tanto que éstas, como la Santa Sede lo tiene dispuesto, desarrollen su actividad alejadas de todo partido político, y bajo la inmediata dependencia de la Jerarquía de la Iglesia para la difusión y aplicación de los principios católicos. La Santa Sede aprovecha la ocasión de la estipulación del presente Concordato para repetir a los eclesiásticos y religiosos de Italia la prohibición de inscribirse y militar en cualquier partido político que sea''.

La interpretación caprichosa que muchos de los afectos al régimen fascista quisieron dar a este artículo del Concordato italiano provocó los atropellos de Mayo de 1931, en los que se saquearon círculos de la Juventud Católica Italiana y se disolvieron sus organizaciones. Entonces publicó el Papa dos documentos a los que ya hemos hecho referencia, la carta al cardenal arzobispo de Milán refutando el discurso de Giuriati en la misma ciudad, y la encíclica **Non abbiamo** bisogno.

Por su parte, el partido fascista declaraba el 9 de Julio: ''De orden de su excelencia el **Duce** del fascismo, queda revocada la compatibilidad entre la inscripción en el partido fascista y la inscripción en las organizaciones dependientes de la Acción Católilca Italiana''.

El conflicto duró hasta el 3 de Septiembre. El documento que termina este enojoso incidente es como sigue:

''La Acción Católica Italiana es esencialmente diocesana y depende directamente de los obispos, los cuales eligen los directores eclesiásticos y seglares. No podrán ser elegidos directores quienes pertenecieron a partidos contrarios al régimen. Conforme a sus fines de orden religioso y sobrenatural, la Acción Católica no se ocupa de ningún modo en política, y en sus formas exteriores de organización se abstiene de cuanto es propio y tradicional de los partidos políticos. La bandera de las asociaciones locales será la nacional.

''La Acción Católica no tiene en su programa la constitución de asociaciones de profesionales y sindicatos de oficios; por consiguiente, no tiene por blanco cometidos de ordén sindical. Las secciones internas profesionales, que hay ahora y están previstas por la ley de 3 de Abril de 1926, están formadas con fines únicamente espirituales y religiosos y además procuran contribuir a que el sindicalismo constituído jurídicamente responda cada vez mejor a los principios de colaboración entre las clases y a los fines sociales y nacionales que, en un país católico, pretende el Estado conseguir con el ordenamiento actual.

"Los Círculos juveniles pertenecientes a la Acción Católica se llamarán **Asociaciones Juveniles** de **Acción Católica.** Podrán tener tarjetas y distintivos conforme a su fin religioso, y para las diversas asociaciones no tendrán otra bandera que la nacional y los propios estandartes religiosos. Las asociaciones locales se abstendrán de toda actuación de tipo atlético y deportivo, limitándose sólo a entretenimientos de índole recreativa y educativa con finalidad religiosa".

.Días después, el 30 de Septiembre, se revocaba la incompatibilidad entre las organizaciones de Acción Católica y las fascistas. La Junta central desaparecía y en su lugar se constituía, el mes de Noviembre, una oficina de relación presidida por Monseñor Pizzardo.

El 31 de Diciembre, en el Boletín oficial de la Acción Católica Italiana, aparecían los nuevos Estatutos, en cuyos artículos 16 al 19 se reglamenta el funcionamiento de la oficina central, constituida por la Presidencia General, que ocupa el comendador Augusto Ciriaci y el consiliario Mons. Pizzardo. Ambos cargos son de directo nombramiento pontificio (11).

4) **Alemania.** El Concordato alemán se firmó el 20

_____

(11) La **D. C.** ha hecho un estudio documental lleno de interés en varios números de su publicación; t. 26, cols. 451-476 y 771-896; t. 27, cols. 899-1024 y 1219-1280.

8* (Apostolado Seglar)

de julio de 1933 y se ratificó el 10 de septiembre del mismo año. Su artículo 31 se refiere a la Acción Católica.

"Las organizaciones y asociaciones católicas que tengan fines exclusivamente religiosos, culturales, caritativos y comó tales dependen de la autoridad eclesiástica, serán protegidas en sus instituciones y en su actividad.

"Las organizaciones católicas que además de los fines religiosos, culturales y caritativos, tienen otros fines, entre los cuales están los sociales. o profesionales, gozarán, sin perjuicio de su eventual inserción en las uniones del Estado, de la protección mencionada en el Art. 31, apartado 1.º, en tanto den garantía de desarrolar su actividad al margen de todo partido político".

La determinación de las organizaciones y asociaciones que caen bajo las disposiciones de este artículo se reserva a un acuerdo ultérior entre el Gobierno del **Reich** y el Episcopado alemán.

La interpretación de este artículo, como poco antes en Italia, ha producido no pocos sinsabores a los católicos alemanes, que unas veces sordamente, otras con la violencia más extremada, han visto atacados sus derechos solemnemente reconocidos.

5) **Austria.** Su Concordato, firmado en la Ciudad del Vaticano el 5 de junio de 1933, fué solemnemente ratificado el 1.º de mayo de 1934. En el Protocolo adicional al artículo 14 se lee: "A las Asociaciones que persiguen fines principalmente religiosos y forman parte de la Acción Católica y como tales dependen de la autoridad de los Ordinarios diocesanos, el Gobierno federal concede plena libertad de organización y de actuación.

"El Estado cuidará de asegurar la conservación y la posibilidad de desarrollo de las organizaciones de las juventudes católicas reconocidas por las autoridades eclesiásticas competentes, y que, en las organizaciones de juventud instituidas por el Estado, se asegure à la Juventud Católica el cumplimiento de una manera digna de sus deberes religiosos y de su educación, en sentido religioso moral, según los principios de la Iglesia".

Estaba reservado al pequeño Estado austríaco el estipular el modelo de legislación concordada en materia de Acción Católica. El Estado federal no sólo reconoce el derecho de las asociaciones de Acción Católica, sino que además se compromete a "asegurar la posibilidad de desarrollo" de tales asociaciones, concretando estos deberes a las asociaciones juveniles reconocidas por las autoridades eclesiásticas, que han sido el caballo de batalla entre la Iglesia y el Estado, principalmente en estos últimos tiempos.

Hemos expuesto el pensamiento del Pontífice codificador de la Acción Católica. Movilizar todas las fuerzas para conquistar el mundo y restablecer el reinado de Cristo; devolverle el lugar que se le ha negado en la escuela, en la legislación, en la familia, en la vida pública y privada de los pueblos; combatir por medios legales y justos la legislación anti-cristiana y reparar sus estragos; sostener y defender los derechos de Dios y de la Iglesia; irradiar en el seno de las organizaciones civiles esa luz y esa virtud de la vida cristiana, que hace grandes a los pueblos y felices a los ciudadanos; saturar la atmósfera social del esplendor del cristianismo, vida del cuerpo social, alma que todo lo vivifica, sangre que lo regenera, medicina que lo cura, ideal que lo guía, alimento que lo sostiene; ¡qué empresa, qué gigantesca cruzada para conquistar,

no un sepulcro vacío como el de Cristo en Jerusalén,
o un templo de piedra, sino las almas templos vivos
vivientes donde Cristo quiere reinar!.

La Acción Católica es la misma Iglesia, saliendo del
santuario, y reivindicando, en el inmenso campo del
trabajo filosófico, social, profesional, artístico y político, en el cual elabora la humanidad febril e inquieta
su porvenir, el honor de aportar bajo formas rejuve-
necidas y adaptadas a las actuales necesidades, toda la
riqueza de sus tradiciones seculares. Los seglares, bajo
la dirección del Papa y de los Obispos, trabajan por
infundir en la sociedad esa savia cristiana que produjo
en el mundo las bellas flores y ópimos frutos. de la
verdadera civilización.

A este inmenso movimiento se le ha llamado "La
Internacional blanca" que oponen a la "Internacional
roja".

Al grito de guerra de Marx: "¡Proletarios de todos los países, uníos!". se han organizado sus huestes
para defender y propagar sus ideales. ¿Por qué los católicos de todos los países no debíamos unirnos en la
justicia y caridad para bien de las almas y salvación
de la sociedad? Unión, acción, cooperación a los anhelos. del Pontífice debe ser el lema de todos los católicos en la hora presente.

CAPITULO VI

ORGANIZACION DE LA ACCION CATOLICA

SUMARIO: 1) Concepto de organización.—2) Organización de la Acción Católica.—3) Principios de organización.—4) Formas unitaria y federativa.—5) La organización.—6) Organismos coordinadores.

1) CONCEPTO DE ORGANIZACION.—La Acción Católica es un apostolado organizado jerárquicamente. Después de haber dado a conocer la naturaleza de este apostolado, debemos referirnos a su organización.

La palabra organización tiene un sentido propiamente biológico. Supone fundamentalmente dos cosas: diferenciación de miembros y unidad de vida.

"El ser organizado, dice Cuvier, forma como un sistema cerrado, cuyas partes concurren a una acción común por una reacción recíproca".

Los tratadistas de la Acción Católica no han perdido de vista este concepto biológico de la organización. Sobre él y aplicando rigurosamente sus consecuencias, han presentado las propiedades de la organización de la Acción Católica. Mons. Pizzardo, ante el Seminario francés, en Diciembre de 1930, define la palabra organización diciendo que, "significa unión de miembros múltiples, cada uno de los cuales tiene su naturaleza, su movimiento y su vida propia; pero todos en conjunto convergen hacia una finalidad común y concurren a la formación de un solo cuerpo, subordinado a la vez a un único principio vital''.

La sociedad también es un organismo, tiene sus miembros múltiples que, en las sociedades elementales, son los hombres; y en las compuestas, las sociedades inferiores con finalidad común. El principio vital intrínseco ordena toda la actividad del organismo a su fin propio ,dirigiéndola con la influencia propia de la causa formal; ese principio es la autoridad.

2) **ORGANIZACION DE LA ACCION CATOLICA.—** La organización es un elemento **esencialmente constitutivo** de la Acción Católica. Sin él no puede ésta concebirse, al menos tal como hoy la presentan los Pontífices, especialmente Pío XI.

''Con el mismo título que el apostolado y el elemento seglar, dice Fontenelle, la organización es un elemento esencial de la Acción Católica''.

Y Mons. Pizzardo confirma la apreciación de Fontenelle, al decir que ''la organización, no solamente tiene una importancia particular sino que es el tercer elemento esencial de la Acción Católica''.

No es necesario insistir mucho para llegar al íntimo convencimiento de la eficacia y necesidad de la organización de la Acción Católica.

''La organización, dice el Consiliario general de la Acción Católica italiana, es una exigencia de estos tiempos, responde a las nuevas necesidades''.

Y el Papa Pío XI, hablando a los dirigentes italianos de la Acción Católica, decía: ''Es preciso reducir a una unión moral, cada vez más estrecha todas las ramas de la Acción Católica, verdadero cuerpo orgánico y, por tanto compuesto de partes distintas que no se confunden, pero que concurren todas a una misma vida, tendiendo cada una a su propio fin, pero con la mira puesta en la unión de los **esfuerzos**, de **pensamiento** y de **acción**, sin la cual no son posibles éxitos halagüeños'' (28 de Junio de 1930).

Picard y Hoyois, en su excelente obra ''La Asociación Católica de la Juventud belga'', han procurado dar un toque de atención sobre una ciencia especial, aplicada ya a la dirección de las industrias y de los ejércitos y frecuentemente descuidada en las obras católicas: la ciencia de la **organización** y de la **dirección**. ''No dudamos —dicen ellos— en recomendar a los directores de las obras de apostolado la lectura y estudio de numerosas y excelentes obras publicadas recientemente sobre la organización y la dirección de las empresas industriales''. Allí se nos citan hechos impresionantes de industrias, que, puestas en peligro tras una vida próspera, han vuelto a la normalidad por la hábil aplicación de estos métodos de dirección. La obra organizada gana en eficacia. Aun suponiendo que cada uno de los elementos que forman parte de la organización no rindiera en la acción conjunta más que en la dispersa e individual, todavía la organización, señalando objetivos comunes y aplicándolos, a la vez, al esfuerzo general, multiplicaría evidentemente el trabajo útil y la eficacia.

Pero como los elementos organizados son hombres, y es en éstos tan importante el factor psicológico, viene a resultar que la organización, no solamente **aúna** la acción individual, en provecho del resultado último, sino que mejora a la vez esta aportación de cada uno, siendo nueva fuente de energía, que no podamos desatender.

''Esta organización, dice Pío XI, contribuye a maravilla a producir ese estado de conciencia y conocimiento de pertenecer a **un solo organismo,** que actuando de poderoso estimulante, alivia el trabajo común, comunica los triunfos y diluye las amarguras del desaliento" (28 de Junio de 1930).

Por eso el Pontífice ha defendido siempre con empeño, la organización misma de la Acción Católica, describiendo cuidadosamente sus cuadros y disipando las dificultades que surgieron en algunos Estados, en los que llegó a pensarse en la disolución de la Acción Católica, precisamente porque se temía a su formidable organización. "La Iglesia y la Jerarquía, dice en la carta al Cardenal Schuster, que tienen el derecho y el deber de constituir y dirigir la Acción Católica, tienen asimismo el deber y el derecho de **organizarla** del modo más a propósito para que pueda conseguir sus fines espirituales y sobrenaturales, atendidas las costumbres y las necesidades de los diversos tiempos y de los diferentes lugares".

3) **PRINCIPIOS DE ORGANIZACION.**—El apostolado de la Acción Católica es un apostolado jerárquico, y por lo tanto, jerárquicamente organizado. Sigue, pues, en líneas generales, la organización misma de la Iglesia. Por eso la Acción Católica tiene base **parroquial** y. es esencialmente **diocesana.**

Porque dentro de la organización eclesiástica las dos grandes divisiones se resumen en la **parroquia** y en la **diócesis.**

Sobre la organización parroquial y diocesana solamente se encuentra la organización universal de la Iglesia, que en razón de la mayor eficacia del apostolado, que tantos puntos de contacto tiene con la vida pública que intenta cristianizar, admite una división superior a la diócesis, formada por cada uno de los Estados, inmediatamente sometidos a una dirección pontificia.

a) **La Parroquia.** Se la ha llamado con razón la célula vital de la Iglesia. De ella arranca la organización de la Acción Católica en todas sus ramas. Aplicando a la Parroquia la definición de Acción Católica, podemos decir que la Acción Católica parroquial es "la participación de los seglares en el apostolado del párroco". La Jerarquía, por tanto, para la Acción Católica parroquial, es el mismo párroco bajo cuya alta dirección debe realizar su programa. Así lo dice expresamente el reglamento de la Acción Católica italiana, en su título III, Art. 29. "El consejo parroquial —dice — tiene carácter de órgano directivo y coordinador de la Acción Católica general de la Parroquia, en lo que concierne a la actividad parroquial, y funciona bajo la alta dirección del párroco".

El Santo Padre ha dedicado una atención expresa a la Acción Católica parroquial. En el discurso a los predicadores de Cuaresma de 1929, les señalaba el retorno a los deberes parroquiales como un objetivo inmediato, que habían de conseguir en el pueblo; y en audiencias a los fieles de las diversas parroquias de Roma, destacaba el deber de ayudar al Párroco, que incumbe a todos los fieles, felicitando muy especialmente a las organizaciones de la Acción Católica por su valiosa cooperación. Ciertamente que estas Asociaciones de Acción Católica cumplen el programa que Benedicto XV le señalaba al decir "que son los brazos dados por Dios y por la Iglesia a la mente y al corazón del Párroco".

La base parroquial de la Acción Católica puede entenderse en dos sentidos: ya positivo, ya exclusivo.

En sentido positivo, la base parroquial da a todas las parroquias el derecho de constituir las Asociaciones diversas de la Acción Católica, y concreta la obligación general de llegar a esas organizaciones. En este sentido positivo, todos los tratadistas convienen en suscribir la base parroquial. Cada Parroquia es un centro de Acción Católica.

Pero los organismos de Acción Católica ¿han de ser únicamente parroquiales? La cuestión no puede resolverse de una manera general. Ni en los principios de la Acción Católica, ni en su historia, ni en su constitución actual puede fundarse una regla de carácter necesario. Queda, por tanto, al juicio prudente de la Jerarquía, autorizar asociaciones de Acción Católica que no radiquen en alguna parroquia, y sean, por lo tanto, **extra-parroquiales**. De la misma manera pueden autorizarse Juntas y organizaciones de carácter interparroquial, cuando el Prelado diocesano, para la mejor eficacia del apostolado de la Acción Católica, lo juzgare conveniente. Algún argumento en favor de lo expuesto, puede derivarse de la última parte de la carta al Episcopado colombiano.

b) **La Diócesis.** Repetidas veces ha declarado la Santa Sede que la Acción Católica es **esencialmente** diocesana. Así consta en el documento con que se dió por terminado el conflicto, entre la Santa Sede y el gobierno italiano, el 3 de Septiembre de 1931. "Los Principios y Bases" publicados en 1934 para la reorganización de la Acción Católica en España, recuerdan el principio de San Ignacio de Antioquía: "**Nihil sine Episcopo**", que, aplicado a la Acción Católica, tiene la siguiente glosa: "No sólo nada contra el Obispo, sino nada sin el Obispo; es decir, sin su consentimiento y apoyo".

Por eso el Papa, cuando habla de la Acción Católica en sus empresas y reglamentos particulares, señala el centro disciplinador de toda esta actividad en los Obispos de la Iglesia católica. "Considerando que todo cuanto habéis propuesto —dice a la Presidenta de la

Unión Internacional de Ligas femeninas— para el ulterior y más vasto desarrollo de la Unión, el Episcopado concederá solícitamente su aprobación plena, a la vez que su apoyo benévolo''. Y al subrayar la subordinación jerárquica de la Juventud de Acción Católica, añadía: "De los consiliarios y de su obra debe poder repetirse lo que tan admirablemente decía San Ignacio: Nihil sine Episcopo. Todo se haga siempre de acuerdo y con filial obediencia al Obispo'' (3 de Noviembre de 1929).

Estas palabras no son otra cosa que la traducción natural a la Acción Católica de lo que de tiempo inmemorial repite el Derecho de la Iglesia. Por él sabemos que el Obispo posee en el orden sacramental la plenitud del sacerdocio, tiene jurisdicción completa en su propio territorio, en el cual no tiene superior jerárquico fuera de la Santa Sede. La dirección, propia y auténtica dirección, que al Obispo compete de la Acción Católica diocesana, no tiene otro límite que el expreso de la dirección pontificia.

La dirección parroquial, diocesana y pontificia actúan inmediatamente en toda la acción católica respectivamente parroquial, diocesana y general, por medio de las Juntas que son, al decir de Pío XI, "sus órganos especiales, cualificados, inmediatos, para poner en práctica sus mandatos, como lo exige la naturaleza de las cosas'' (10 de Mayo de 1926). De ellas hablaremos más adelante.

4) **FORMAS UNITARIA Y FEDERATIVA.**—En la organización práctica de la Acción Católica hemos de distinguir dos formas fundamentales: la **unitaria** y la **federativa.** La primera divide a los miembros de la Acción Católica según la división natural del sexo y de la edad; la segunda, agrupa y coordina obras ya existen-

tes; diversas entre sí por sus fines propios, armonizando su actividad y ordenándola al fin común de la Acción Católica. La organización italiana, pasaba, hasta tiempos muy recientes, por ser el tipo de la organización unitaria. Como tal la presenta Mons. Pizzardo al Seminario francés, atribuyendo el feliz éxito de esta organización a circunstancias diversas, entre ellas a la de haber sido objeto de especial solicitud por parte del Santo Padre.

Como ejemplo de organización federativa puede proponerse la incipiente de la Acción Católica en Inglaterra, que, según la carta pastoral de los Obispos ingleses para la organización de la Acción Católica, tiende inmediatamente a "coordinar", bajo la dirección de la Jerarquía, las diferentes actividades de numerosas asociaciones católicas que ella ha aprobado ya para fines especiales, a fin de llegar inmediatamente esta cooperación mutua a los mejores resultados posibles. "No tiene intención de intervenir en manera alguna en la autonomía y carácter distintivo de las diferentes organizaciones religiosas, cada una de las cuales tiene sus fines especiales y su vocación propia. Se ordena más bien a la coordinación de esfuerzos y a la acción concertada de las asociaciones católicas con un fin común".

Entre estas dos formas, no cabe dudar que la forma **unitaria** es la que más ventajas ofrece. La división por razón del sexo y de la edad es la división natural apuntada por el mismo Pío XI en las grandes Cartas sobre la Acción Católica. En la carta al Cardenal Bertram dice "que la práctica de la Acción Católica ha de ser diversa según la edad, el sexo y la condición de los tiempos y lugares". Y en **Laetum sane,** dice "que es propio de esa Acción formar como una cohorte de ciudadanos probos —hombres y mujeres mayormente jó-

venes de uno y otro sexo— que nada.estimen tanto como participar a su manera del sagrado ministerio de la
Iglesia'' (Direcciones Pontifícias. 343 al 349. Azpia-
zu).

Por. otra parte, por la organización unitaria mejor
que por la federativa se 'llega a 'la influencia que el
Papa tan gráficamente comparaba con el impulso vital
del corazón, que llega de los centros propulsores hasta
los últimos capilares, mediante ''la disciplina firme'',
que es un deber, ''deber de sentimiento, de pensamiento, de espíritu, de deseo y de acción'' (L'Action Catholique, pág. 114).

Ultimamente puede aducirse como argumento de
fuerza en favor de esta organización unitaria la com-
placencia con que el Papa habla 'de ''cuantos quieren
modelar las nuevas eflorescencias de la Acción Católica
sobre lo que se ha hecho en I_{talia}'' (Osservatore Romano. 22, 23 de Julio de 1934).

''La organización unitaria puede armonizarse con
la autonomía, dice un tratadista de la Acción Católica.
Autonomía,- en primer lugar en cada una de las ramas
que forman la gran familia de la Acción Católica; autonomía, en cada una de las circunstancias diocesanas
y parroquiales en lo que no excede los límites respectivos; y autonomía en todas aquellas secciones que se
crean dentro de los cuadros de la Acción Católica para
mejor acomodar el apostolado único a los medios en
que desarrolla.''.

''No se trata de unificar sino de coordinar, de
unir''. Es el pensamiento fundamental que repite muchas veces en sus discursos el Pontífice: ''Cuanto más
grande es el número, tanto mayor es la necesidad que
tiene de llevar consigo el aglutinante que les recuerde
siempre las grandes líneas sobre las cuales han de apoyar y unir todas las actividades en unidad orgánica:

de las unidades menores a las unidades mayores y a la unidad plenaria''.

Hasta ahora nos hemos referido a la organización general de la Acción Católica. En cuanto a la **organización de la Acción Católica chilena,** la encontrarán nuestros lectores en forma completa al final de esta obra.

Por ahora, nos referimos al tema que actualmente tratamos y dicen los Estatutos generales de nuestra Acción Católica, en su Art. 2.º: ''Para la consecución de estos fines (afirmación, difusión, actuación y defensa de los principios católicos en la vida individual, familiar y social): La Acción Católica chilena tiene por base los elementos esenciales constitutivos señalados a la Acción Católica por Su Santidad Pío XI: a) **organización** a base **unitaria, nacional, diocesana** y **parroquial**; b) **coordinación** de todas las fuerzas católicas organizadas que realizan apostolado externo. Por tanto se propone:

1) **Unir** a los católicos chilenos en diversas asociaciones específicas, adecuadas a la edad y condición social de sus miembros, donde todos, debidamente organizados y debidamente formados y preparados, pueden cumplir, bajo la aplicación de normas comunes, con el sagrado deber de apostolado, orando, trabajando y sacrificándose (S. S. Pío XI).

2) **Coordinar,** mediante la adhesión a las instituciones católicas de piedad, de cultura religiosa, de beneficencia y de carácter económico social que tengan entre sus fines algún apostolado externo.

3) **Formar un** plan general **de** trabajo para la acción organizada de los católicos en que, respetando la autonomía de las diversas instituciones, señaladas en el número anterior, se obtenga una mayor coordinación y un mejor aprovechamiento de todas las fuerzas católicas organizadas.

5) **La organización ideal.** En el título: "Organización de la Acción Católica chilena" se lee en su Art. 13: "Los católicos chilenos entran a formar parte de la Acción Católica chilena, ingresando, según sus características individuales y sociales y según los requisitos exigidos por los reglamentos correspondientes, a una de las siguientes organizaciones nacionales:

a) **Asociación de Hombres Católicos;**

b) **Asociación de Jóvenes Católicos;**

c) **Asociación de Mujeres Católicas;** y

d) **Asociación de la Juventud Católica Femenina.**

Bajo su dirección y responsabilidad cada una de estas Asociaciones podrá tener diversas **Secciones** o bien otras asociaciones según lo que se disponga en los respectivos Estatutos y reglamentos.

Estas organizaciones Nacionales constituyen la **"Acción Católica oficial de la República de Chile".** Todas las organizaciones de Acción Católica se reducen a una de estas cuatro ramas fundamentales. Las que por su afinidad con alguno de los fines de la Acción Católica pudieran cooperar a su fin genérico de apostolado, pero que por su propia organización no forman parte de la Acción Católica oficial, deben estar conectadas con la Acción Católica parroquial y diocesana en una u otra forma. Estas obras reciben el nombre de obras **adheridas.** Las conexiones de las obras adheridas suelen realizarse a través de la Unión diocesana, constituída por miembros de condición análoga a la suya. Cuando esta condición es diversa, la conexión puede verificarse por medio de la Junta diocesana correspondiente.

He aquí lo que sobre el particular disponen nuestros Estatutos: "Las obras coordinadas mediante la adhesión, a las cuales se refiere el Artículo 2.º de estos Estatutos, constituyen las "**Obras auxiliares** de la Acción Católica" oficial de la República de Chile. El "**Reglamento de Adhesión**" de dichas obras de la Acción Católica, forma parte integrante de los presentes Estatutos generales".

6) **Organismos coordinadores.** Son las llamadas Juntas de Acción Católica, que en sus tres planos, **parroquial, diocesano** y **central,** dirigen la Acción Católica. En ellas suelen estar representadas las diversas ramas de Acción Católica y tienen un fin predominantemente **coordinador.**

En contacto íntimo con la Jerarquía que constituye "**su centro disciplinador**", las Juntas ejercen verdadera autoridad dentro de los límites de su función coordinadora.

Esa dirección supone estudio y vigilancia y lleva consigo frecuentemente iniciativas comunes que den impulso a la Acción Católica general.

Por otra parte, la Junta de Acción Católica puede llevar la representación general de los católicos ante las instituciones y las personas públicas y privadas. La estrecha unión de la Acción Católica con la Jerarquía eclesiástica y la misma Iglesia hace razonable este alto honor que muchos de los reglamentos explícitamente atribuyen a la Acción Católica al detallar las funciones de las Juntas.

Así, podemos decir que, en plano parroquial, bajo la alta dirección del Párroco, corresponde a la Junta parroquial de Acción Católica el coordinar las actividades en las diversas ramas en la respectiva parroquia, dictando para ello las directivas pertinentes y la de llevar a efecto dentro de los límites de la misma las disposiciones generales acordadas por la Junta diocesana.

De manera semejante ésta cumple las mismas funciones con respecto a la Acción Católica diocesana, bajo la dirección episcopal, y la Junta ecntral bajo la dirección pontificia de Acción Católica.

La Junta, por tanto, "dirige y es a la vez dirigida", según la fórmula feliz de Pío XI. Quizás el mejor comentario de ella, lo constituyan estas palabras del Cardenal Gasparri, en la Carta **Mi sono recato** de 2 de Octubre de 1923: "Y puesto que la actividad de los Católicos organizados, en cuanto constituyen la participación de los seglares en la misión propia de la Iglesia, no es una acción política sino religiosa, no directora en el orden teórico, sino ejecutora en el orden práctico, es necesario que las varias formas de actividad encuentren en la Jerarquía su centro disciplinador. Por eso funcionan los Consejos parroquiales, las Juntas diocesanas y la Junta central con dependencia directa de la Jerarquía eclesiástica. Naturalmente estos organismos deben tener, respecto a las varias Asociaciones o ramas, funciones elevadas y de autoridad, supuesto que de esa manera únicamente todas las energías de los Católicos tendrán una dirección única y un vigoroso impulso".

Las líneas generales de organización de toda la Acción Católica se van repitiendo también en cada una de las ramas. Por ello, sin entrar ya en la descripción de sus reglamentos, hemos de pasar a tratar de los fines generales de la Acción Católica.

Nuestros Estatutos en su Art. 14, disponen acerca del tema lo siguiente: "Las cuatro Asociaciones se regirán por estos Estatutos generales de la Acción Católica en la parte que les incumbe, y por los Estatutos y reglamentos propios aprobados por el Episcopado. Para su acción interna y específica, en virtud de dichos reglamentos, tendrán sus propios organismos directivos bajo cuya dirección procederán con plena autonomía en cuanto a la consecución de sus fines propios; y sobre todo, en cuanto a la formación y preparación de sus miembros en el ejercicio de sus deberes de la Acción Católica. Para la consecución de los fines comunes de toda la Acción Católica y la coordinación de sus actividades, procederán bajo la dirección superior de la **Junta Nacional de la Acción Católica.**

Centros directivos coordinadores (Art. 15). La acción común de la Acción Católica chilena estará dirigida por una Junta Nacional para todo el país, la cual, para esa acción común, ha recibido autoridad en las diócesis o territorios por delegación del Episcopado chileno; una **Junta diocesana o territorial** en la Diócesis o Vicaría Apostólica, la cual ejerce sus funciones propias bajo la autoridad del respectivo ordinario del lugar; y una **Junta Parroquial** en la Parroquia, la cual bajo la dirección superior del Párroco, desarrolla las funciones que le están encomendadas.

Las Juntas diocesanas o territoriales se hallan bajo la directa dependencia de la Junta Nacional. Las Juntas parroquiales por medio de las Juntas diocesanas o territoriales a que están subordinadas, tienen igual dependencia. Sin embargo, la Junta Nacional ejerce sus funciones por medio de las Juntas diocesanas o territoriales, y no directamente".

Podemos resumir este capítulo sobre la organización de la Acción Católica, con aquellas palabras de Pío XI al Cardenal Segura: "Como la Acción Católica tiene naturaleza y finalidad propias, así ella debe tener una propia organización, única **disciplinada** y **coordinadora** de todas las fuerzas católicas, de modo que cada una por su parte guarde y cumpla escrupulosamente las obligaciones y los puestos que le son encomendados y todas juntamente coordinen su actividad dentro de una justa dependencia de la Autoridad Eclesiástica".

Palabras que Mons. Pizzardo, comentó de esta manera ante el Cardenal Verdier y varios Obispos franceses: "La Acción Católica propiamente dicha y de la cual nosotros hablamos, es, por decirlo así, una cosa canónicamente definida. **La organización y la coordinación** son, pues, los elementos **esenciales constitutivos** de la Acción Católica y justifican su existencia y su eficacia".

"Ahora bien, esta organización que vemos en la Iglesia y en la Jerarquía, es de orden providencial, es querida por Dios como condición del progreso del Evangelio y de la propagación del reino de Cristo. San Pablo en la primera carta a los Corintios nos da, por decir así, un comentario inspirado de la organización de la Acción Católica, semejante a aquella de la Iglesia católica: **Multa quidem membra, unum autem corpus.** "Muchos miembros pero un solo cuerpo" (I, 12, 20).

Nota.—Los Estatutos generales de nuestra Acción Católica y los reglamentos dictados para sus cuatro ramas. Junto con el Reglamento de aspirantes y de adhesión, se publican completos a fines de esta obra tomados del Boletín Oficial de la Acción Católica chilena.

CAPITULO VII

CAMPO DE ACCION DEL APOSTOLADO SEGLAR

SUMARIO: 1) El amor en acción. El amor a Dios.—2) El amor al prójimo.—3) El amor a nosotros mismos.— 4) La paz de Cristo, supremo anhelo de Pío XI.

1) **EL AMOR EN ACCION. AMOR A DIOS.**—Al hablar de la necesidad del apostolado, hemos dicho que todo el trabajo que realiza el apóstol, tiene un impulso inicial, cual es el amor a Dios y su cumplimento, el amor al prójimo.

Hoy, al referirnos al campo del Apostolado seglar, vamos a dar amplitud a estas ideas que son fundamentales en el tema que tratamos. Ese campo de acción es tan amplio como la vida cristiana. Abarca la vida pública y privada, el orden moral y el económico, la ciencia, el arte, etc. Es decir, todo cuanto tenga aliento de vida cristiana o pueda ser un vehículo para establecer en las almas el reinado de Jesucristo.

Cuando nosotros admiramos ese conjunto de obras de celo que realizan los apóstoles; esas maravillas del apostolado misional que gana mundos para Cristo; cuando vemos al hombre-milagro, al conquistador de mundos San Francisco Javier, en cuyo corazón ardió aquella chispa de amor que saltó del corazón de Igna-

cio, convertir millones para morir abrazado al signo de
la redención en las playas inhospitalarias de la China;
cuando admiramos todos esos heroísmos, todas esas virtudes que florecen en el Místico Jardín de la Iglesia,
donde se recrea el Esposo de las almas, vemos que todo
esto no es sino el amor en acción. Y todos los actos he-
roicos que inmortaliza la historia, no son sino actos de
amor, latidos de amor que realiza el hombre por amor a
la religión, a la patria, a la familia, al ideal.

Pues bien, el apóstol seglar, debe estar poseído de
ese amor, porque el fin supremo de su apostolado es
restaurar todas las cosas en Cristo, es llevar los hombres a Dios, según la palabra de Pío XI.

Pero "el que no arde, no enciende", según la hermosa frase de San Gregorio. Debemos hacer reinar a
Cristo en las almas, pero primero debe reinar en nuestro corazón. Es necesario sentir el fuego del amor en
el pecho para poder comunicarlo.

"El apostolado seglar, dice el ilustre Obispo de
Segovia, Mons. Pérez, es el aguerrido ejército de la
Iglesia. Cristo es la glorificación de Dios; Cristo es la
plenitud de Dios; la Iglesia es la plenitud de Cristo; el
apostolado seglar es el complemento de la Iglesia.

Cristo nos revela a Dios; la Iglesia nos revela a
Cristo; el apostolado seglar expande a la Iglesia. Cristo
nos da a Dios; la Iglesia nos da a Cristo; el apostolado
seglar nos lleva a la Iglesia.

Cristo sube a su Padre celestial; con Cristo sube la
Iglesia, que es su cuerpo místico; con la Iglesia se re-
monta, transfigurado, el Apostolado seglar, que es parte de su apostolado".

"Qui non zelat non amat", dice San Agustín. "El
que no tiene celo, no tiene amor". El celo por la gloria
de Dios es la primera necesidad del corazón. "**Ad ma-
jorem Dei gloriam**", fué el lema de Ignacio de Loyola

que dilató su corazón hasta abarcar los mundos. Y pudo decir: **Cor nostrum dilatatum est.** "Dilatado está nuestro corazón". Esa ha sido la característica de los santos: el celo por la gloria de Dios y por la salvación de las almas.

Ese celo es la característica de todo apostolado, y el lema de todos los apóstoles: "**Da mihi animas, caetera tolle**". "**Dadme almas y quitadme todo lo demás**".

Ese celo, es la prolongación de ese divino **Sitio, Sed tengo,** que brotó de los labios exangües de Cristo en el madero de la Cruz. Esa sed era una sed mística, una sed de almas, sed de amor. El apóstol, pues, siente su corazón abrasado por el amor de Dios. El amor se manifiesta en sus obras, el amor en sus palabras. **Ex abundantia cordis.** "De la abundancia del corazón hablan los labios". Y esas palabras inflamadas penetran en las conciencias, conmueven los corazones. Son como altísimos templos, plenos de amor y el amor irradia fuego, irradia luz, irradia calor. "Por eso decía San Bernardo "que el apóstol de Cristo acumula en el alma un depósito de amor, de ideas, de energías tales que, como el depósito de agua cuando está henchido hasta arriba, no puede contener sus aguas, brota hacia afuera, se derrama, fertiliza la campiña; así el alma del apóstol, henchida de amor a Dios, se ve como forzada a derramar de su abundancia, fertilizando las campiñas de las almas e inflamándolas también en el amor divino".

¡Qué tesoros de generosos entusiasmos hay en estas almas eminentemente apostólicas! "Si en las cosas humanas, dice un escritor inglés, el entusiasmo engendra héroes, poetas, artistas, en las divinas engendra apóstoles, engendra santos".

El amor de Dios es el resorte de las grandes obras. "Ama y haz lo que quieras", dice San Agustín.

Veámoslo en una breve síntesis histórica.

Un Gregorio Magno, queriendo estrechar a todos los pueblos y a todas las razas, para iluminarlas con la luz de la verdad y caldearlas con el fuego del amor; un Agustín que civiliza la Inglaterra; un Patricio que convierte a la Irlanda en la isla de los Santos; un Anscario que predica el Evangelio entre los hielos de las naciones escandinavas; un Cirilo y un Metodio que ganan para Cristo las naciones eslavas; un Bonifacio que ilumina la Alemania; un Tomás, un Domingo y un Antonio, a quienes Dios coloca en el promedio de los siglos para que hagan triunfar la verdad y enardezcan el corazón del mundo con el fuego del amor; un Pedro Nolasco, un Juan de Mata que tronchan las cadenas de la esclavitud durante cinco siglos; un Francisco Javier conquistador de almas y de mundos; un Pedro Claver, cubriendo con su manto de piedad a los negros moribundos y desamparados; un Francisco Solano, predicando el Evangelio entre las selvas vírgenes de América; un Vicente, un Juan de Dios, enjugando las lágrimas de los pobres, imágenes vivientes de Cristo; y él misionero que abandona patria, familia, sociedad, que sacrifica vida, tiempo, fortuna para atravesar los mares, salvar los continentes y morir, muchas veces anónimo en medio de las selvas, todos estos prodigios de apostolado nos demuestran las maravillas que produce el amor de Dios en el corazón del hombre.

Para nombrarlo cabeza de la Iglesia, su Vicario en la tierra, Jesucristo exige a Pedro triple protesta de amor. — "Señor, tú sabes que te amo". Así el apóstol debe estar enardecido por el fuego del amor.

Su lema: "**Dadme almas**"; y la leyenda que debe encender sus fervores apostólicos, las palabras del místico Diego de Estella: "La medida para amar a Dios, es amarlo sin medida".

El apóstol, que lleva el espíritu de Cristo, lleva también el espíritu del sacrificio. Es el sello que Dios pone a todas sus obras. ''El que quiera venir en pos de Mí, tome su cruz y sígame''.

Pero ''**Per crucem ad lucem**'', por la Cruz, llegará en sus trabajos apostólicos, a las claridades de la luz.

Y en medio de sus trabajos su corazón será inundado de gozo celestial.

2) **EL AMOR AL PROJIMO.**—El amor al prójimo es el complemento del amor a Dios y esos dos amores son la perfección de la ley. Y amar al prójimo es quererle toda suerte de bienes, ya espirituales, ya temporales; es librarle en cuanto esté de nuestra parte, de todos los males posibles; es desearle ya bienes materiales ya espirituales; es iluminar su mente, moralizar sus costumbres, es hacerlo hijo adicto y amante de la Iglesia y es trabajar para que consiga sus destinos eternos.

''Muchos practican, dice un escritor, la limosna corporal y olvidan la espiritual, que no es otra cosa que el apostolado Evangélico. Para la salvación de nuestro querido prójimo, como lo llama San Francisco de Sales, hay que procurar atraerlo a la verdad, a fin de que brille en su inteligencia ofuscada por el error, atraer su corazón a la virtud, desviado por el vicio. Este es el verdadero celo, la verdadera misión del Apóstol seglar. En su corazón debe arder también ese fuego del amor al prójimo.

Pío X, en la Encíclica ''**Il fermo propósito**'', hablando de la restauración de todas las cosas en Cristo, y dirigiéndose a los Obispos y al clero, les dice: ''Que tengan cooperadores y auxiliares, conforme al mandato que Dios impuso a cada uno de amar a su prójimo, y por consiguiente, no son únicamente los sacerdotes, sino todos los fieles sin excepción, quienes deben emplearse en servir los intereses de Dios y de las almas''.

Y Pío XI, en palabras que ya hemos citado, dice que hará participar a los seglares de su misma misión, que de un modo auxiliar, pero eficaz y verdadero, también ellos deben ser salvadores de almas.

Estamos en tiempos de lucha, como lo hemos establecido al principio de esta obra; lucha contra los sagrados intereses de Jesucristo y de la Iglesia; el laicismo imperante quiere borrar el nombre de Dios de las leyes, de los tribunales, de los parlamentos, del individuo, de la familia, de la sociedad; vemos a una juventud agostada por los vicios; a una niñez educada en escuelas sin Dios, sin moral, sin religión; vemos como un verdadero Paganismo se ha apoderado de todas las costumbres; vemos cómo las modas, el arte teatral, la literatura, los bailes, playas todo nos habla a los sentidos y nada a la conciencia; o vemos a esos trabajadores harapientos, gastados, sin religión, sin Dios que llevan odio en el corazón y arma en el brazo; odios profundos contra el capitalista, contra el rico, contra los que algo poseen, es decir, contra todos vosotros; mujeres viciosas, sin instrucción que en vez de engendrar la vida engendran la muerte; centenares de niños vagos, abandonados, niñas seducidas, engañadas, perdidas ya en el comienzo de la vida; cientos de matrimonios mal hechos, tabernas repletas de gente desordenada y viciosa; familias disueltas, moradas tristes, el hambre extendida por todas partes, ancianos sin recursos y abandonados; casas estrechas, infectas, repugnantes, y todavía la tuberculosis y las epidemias entrando, como en su propia casa, en esas moradas de la miseria. Esa gente no conoce a Dios, nada sabe de Catecismo, jamás ha ido al templo, talvez odia al sacerdote, no cree en otra vida y por eso quiere satisfacer acá todas sus malas pasiones. ¡Qué espectáculo! Y todo eso hay que remediarlo. Hay que moralizar, instruir, aliviar. Todos deben ejercer la caridad ya espiritual, ya corporal, todos los que sientan siquiera, un latido de amor al prójimo en su corazón. Y luego ante esa posición de lucha organizada y universal de todos los enemigos de la Iglesia, nosotros no podemos permanecer indiferentes.

Se renueva la era de mártires, y como dice bellamente un escritor "la sangre brota de nuevo de las arterias rotas de los mártires de Cristo", como ha sucedido en Rusia, en México, en España, en Polonia.

Cuando vemos que todo se derrumba, familia, Estado, sociedad, entonces es cuando los católicos debemos enrolarnos en las filas de esta Cruzada santa de la Acción Católica para luchar "**sicut bonus miles Christi**" "como buenos soldados de Jesucristo", por los sagrados intereses de Dios y de la Patria. Vamos, pues, a trabajar por la salvación de nuestros hermanos. Y si no ejercemos este apostolado; si no vamos al pueblo, y por la callejuela polvorienta del barrio popular, va a llegar un día, según aquella palabra profética de un escritor, —si ya no ha llegado— en que nos quedaremos con nuestras iglesias llenas de mujeres; va a llegar un día en que lloraremos como mujeres lo que no supimos defender como hombres, como cristianos, como soldados de Jesucristo".

3)**EL AMOR DE NOSOTROS MISMOS.**—El amor de nosotros mismos nos induce también a trabajar en las tareas del apostolado. Al consagrarnos a ellas, nos consagramos a nuestra propia santificación. "El orden esencial de la caridad, en frase de Bourdalue, exige que, en materia de salvación y de todo cuanto a ella se relaciona, nos amemos a nosotros mismos con preferencia a los demás, pues el amor propio condenable en cualquiera otra circunstancia, es sobre este punto, no sólo lícito sino que debemos arraigarlo en nuestro corazón, con fuertes amarras que nadie sea capaz de arrebatárnoslo''.

El deber de trabajar por nuestra propia santificación está íntimamente unido con el apostolado, porque el celo por la gloria de Dios y la salvación del prójimo están basados en el amor que nos debemos a nosotros mismos. ''El celo por la salvación de las almas, dice San Gregorio, es el sacrificio para precioso y agradable a Dios; y el mismo Jesucristo se encarga de advertirnos que mirará como hecha para El mismo todo cuanto hubiéremos hecho por el menor de nuestros hermanos. En una palabra: el apóstol seglar debe ser un modelo por el ejemplo de sus virtudes, de sus buenas obras y de acendrada caridad para con el prójimo.

4) LA PAZ DE CRISTO EN EL REINO DE CRISTO.— Este lema fué el que brilló como un rayo de luz y de sol en el glorioso pontificado de Pío XI. Y el actual Pontífice, siguiendo las huellas luminosas de su glorioso predecesor, ha adoptado como lema: ''**Et erit opus justitiae, pax**''. ''**Y la paz será obra de la justicia**'' (Is., 32, 17).

Deseaba el gran Papa codificador de la Acción Católica, que esa paz de Cristo, que es la buena nueva del Señor, el saludo del Señor y el testamento del Señor: ''Mi paz os dejo, mi paz os doy'', reinara en los individuos, en las familias, en las naciones. Es la gran necesidad de la época.

El mundo está hambriento, sediento de paz y de justicia, tanto en el orden individual como en el orden internacional, en el orden social.

Como el Dante, la humanidad va buscando la paz por todos sus ásperos senderos. "No hay paz en el mundo, decía Pío XI, ni paz internacional, ni paz social, ni paz doméstica, ni paz individual; en ninguna parte se ve la pacificación de los espíritus ni la bella tranquilidad de las almas".

En todas partes odios, rencores, mutuas desconfianzas, inquietudes, rebeldías. En las altas esferas de los Estados, cada día, se cierne el temor de nuevas conflagraciones, aparte de las que ya están ensangrentando el corazón de la Europa conturbada; asoman en todas partes egoísmos imperialistas, de raza, industriales, económicos, desorientados los partidos políticos o poseídos también por egoísmos estrechos, no pueden detener esa ola de inquietud que amenaza envolver la vida política de la sociedad contemporánea.

Se cumplen aquellas palabras del Profeta Jeremías: "Esperábamos la paz y nada bueno ha venido; el tiempo de la curación y ha venido el terror; el tiempo del remedio y ha venido el espanto. Esperábamos la luz, y ha venido la obscuridad; el juicio, y no ha llegado; la salud, y está lejos de nosotros".

La paz que escriben los hombres en Tratados o en jirones de papel que arrebata luego el primer soplo de codicia o quema el fuego del odio abrasador, no es suficiente. Hay que poner paz en las almas, en los espíritus y en los corazones. "No son los soldados los que hay que desarmar para que reine la paz entre los pueblos, decía Mons. Cerretti, son los espíritus y los corazones".

Pir otra parte, la paz no ha podido firmarse aun a orillas del Lago Ginebra.... La paz que necesitan los pueblos es la paz de Cristo, la paz que sobrepuja a todo entendimiento, según la palabra de San Pablo; "la paz que es obra de la justicia", en frase de Isaías; la

"tranquilidad en el orden" como la define el genio de
Agustín. En una palabra: la paz del espíritu, la paz
del corazón lleno de amor a Dios, la paz de la inteligencia que se sacia de verdad, la paz exenta de odio y
egoísmo, la paz íntima, perdurable, universal". "Esta
paz, dice nuestro ilustre orador Mons. Jara, es el único eje sobre el que giran las ruedas de la autoridad y
de la obediencia en el carro de la sociedad humana.
Porque sólo a la sombra de la paz reposa el ciudadano
de las fatigas de la vida; sólo a su sombra se desarrollan los elementos de progreso público y privado, las
cualidades intelectuales y morales, las virtudes religiosas y civiles del hombre y del ciudadano. El orador
romano había dicho aún antes del Cristianismo: "a la
paz de Numa debió Roma su religión y sus leyes, esto
es, el fundamento de su grandeza; y Salustio afirmó
que "sólo al abrigo de la paz, los más pequeños Estados se engrandecen y sin ella, los más grandes se destruyen".

Pero en la sociedad moderna, de tanto confort,
progreso y cultura, falta ese elemento de paz, de concordia y de amor.

Ha podido el hombre moderno unir pueblos, razas, continentes y hacer de todos ellos un inmenso organismo, pero es un organismo con almas discordan-
tes... y los hombres viven separados, como las hojas
otoñales arrancadas del árbol que les comunicaba su
savia vital.

Falta el amor. Por eso la gran necesidad de nuestra época es establecer el amor en los corazones y la
paz en los espíritus. Es decir, el advenimiento de Cristo que es paz y que es amor.

Y sólo la Iglesia, expansión de Cristo, prolongación de esa paz, de ese amor, puede establecerla en las
almas. Ahí están sus instituciones, sus enseñanzas so-

bre la justicia y la fraternidad; los inmensos tesoros
de su caridad; sus incomparables Encíclicas sociales,
faros de luz que iluminan los horizontes y que unen las
clases, defienden todos los derechos, elevan la condición del proletariado y, en una palabra, armoniza, organiza y legisla en forma sabia, admirable.

Por ese ideal de paz debe trabajar el Apóstol seglar. Ni sólo es la necesidad de la hora; es el lema del
gran Papa de la Acción Católica: "La paz de Cristo
en el reino de Cristo"; también lo es del gran Pontífice a quien Dios ha colocado en las alturas del Vaticano para que envíe de nuevo ese mensaje al mundo
contemporáneo: mensaje que nos anunció Cristo desde
su cuna de Belén en medio de armonías angélicas:
**"Gloria a Dios y paz en la tierra a los hombres de bue-
na voluntad"**.

Trabajar por esa paz en el seno de su familia, en
sus actividades, en su parroquia, apoyando la acción
del sacerdote, en su profesión, en sus relaciones, en la
prensa, de mil maneras, para llevar la quietud a las
almas y el amor a los corazones.

He aquí, pues, el vasto campo del apostolado seglar. El amor a Dios, al prójimo, a sí mismo y el supremo ideal que anhelamos: **"La paz de Cristo en el
reino de Cristo"**.

CAPITULO VIII

FUENTES DE APOSTOLADO Y EL DEBER DE LOS CATOLICOS

SUMARIO: 1) Una página del Evangelio.—2) Fuentes de Apostolado. Vida sobrenatural; vida Eucarística.—3) Deberes: Unión de las colectividades.—4) Acción, cooperación efectiva a todas las obras.

1) **UNA PAGINA DEL EVANGELIO.**—Hay en el Evangelio una página que encierra, como todas las de este libro divino, una hermosísima enseñanza. Es aquella que nos presenta al Maestro divino que derramaba bendiciones, y consolaba a los pobres, y acariciaba a los niños, y ponía sobre las sienes, heridas aún por el clavo de la servidumbre, la corona del reino de los cielos, nos lo presenta acompañado de tres de sus discípulos, cuando iba a dar comienzo a su dolorosa Pasión. Puesto en oración, una queja dolorida se exhala de su pecho y un sudor de sangre baña la tierra culpable. Va a buscar consuelo entre sus amigos, entre sus discípulos y los encuentra profundamente dormidos... Tres veces va a decirles: "Velad conmigo y orad" y otras tantas los encuentra dormidos. Y cuando sus enemigos se preparan para condenarlo; cuando en los labios impuros de Judas ya va a estallar el beso traidor que lo entre-

.garía en manos de sus enemigos,. sus discípulos duermen, sus ojos están cargados de sueño...

Esta escena del Evangelio se reproduce en la vida cristiana. La Pasión no ha terminado... y el mundo sigue condenando al inocente; se pide todavía la libertad de Barrabás y la crucifixión de Cristo: El mundo sigue siendo el calvario de la verdad, de la justicia y de la virtud. Y Pilatos, y Anás, y Caifás, y Herodes y Judas viven todavía en medio de los hombres, y están representados por el que entrega a Cristo, por el que vende a Cristo, por el que burla a Cristo, por el que lo entrega con un beso de paz... La Pasión no ha terminado y ahí está la Cruz plantada en medio de la tierra... Aun gotea sangre...

Aun pende de sus brazos la Víctima divina, coronada de dolor y llagada por el amor. Y cuando los enemigos se preparan para condenar segunda vez a Jesucristo, ¿qué hacen sus discípulos, qué hacen los que se llaman cristianos, y lo confiesan por Maestro y doblan ante El su rodilla?

Duermen como los Apóstoles a la entrada del Huerto. Sus ojos, están cargados de sueño...

Esos discípulos somos nosotros que estamos durmiendo el sueño aletargador de la cobardía, de la inactividad, de la indiferencia. Y mientras los enemigos destierran a Cristo del corazón, de la familia, de todos los órdenes de la vida social; mientras el enemigo nos ataca por todas partes: en la política, en la cosa pública, en la prensa, en la legislatura, nosotros contestamos a ese ataque franco, decidido y audaz, escondiéndonos cobardemente en nuestras casas y abandonando el campo al enemigo.

Dormimos; nuestros ojos, están cargados de sueño...

En presencia de esta conjuración contra todo lo

divino, nosotros, católicos, tenemos una misión redentora, sublime y social. Cruzados de la milicia de Cristo,
no podemos dormir el sueño de la apatía, de la inacción, de la indiferencia. Tres cosas nos salvarán en la
hora presente: vida sobrenatural en los individuos;
unión estrecha en las colectividades; cooperación efectiva a todas las obras. Expondremos cada uno de estos tres puntos.

2) VIDA SOBRENATURAL; VIDA EUCARISTICA.—
Lo primero, vida sobrenatural que se alimenta de la
Eucaristía.

Para alcanzar el éxito en las obras, el católico debe
sentirse animado por la vida del espíritu, sin la cual
ninguna obra es fecunda. En esta milicia, todo hombre
es un soldado; todo soldado, un apóstol, y todo apóstol
debe vivir la vida del espíritu. Trabajamos por el
reinado de Cristo en las almas. ¿Y cómo lo haremos
reinar en las almas si primero no reina en nuestros corazones? Debemos tener a Cristo para dar a Cristo. La
vida del espíritu es el fundamento de la vida de acción;
como la vida de acción, es el desbordamiento de la vida
del espíritu.

Por eso, lo primero es cumplir nuestros deberes de
católicos sin miedo ni temores. Lejos el respeto humano que degrada y envilece. ¿Cuál es el soldado que se
avergüenza de su bandera? Nuestra bandera es la
Cruz, vencedora del mundo, del pecado y de la muerte;
nuestro Capitán es Cristo, y nuestra fe, la fe de la humanidad que, postrada de rodillas ha recitado el símbolo de la fe, en lo alto de las montañas, en la soledad
de los desiertos, a la orilla de los lagos, en medio de los
océanos, en el silencio de los templos, en la paz de los
sepulcros.

Pero, desgraciadamente, hay muchos católicos co-

10* (Apostolado Seglar)

bardes, víctimas del respeto humano, de ese Nerón del Miedo... que nos mata, de que hemos hablado anteriormente. Hay muchos católicos que llevan un catolicismo postizo que se les cae en la calle pública; hay muchos que adoran a Cristo en la penumbra del hogar en el círculo de los amigos, pero que, le niegan en la vida social.

¡Hay muchos católicos-murciélagos que temen a la luz y buscan las tinieblas. Son los cobardes que huyen cuando los nuevos Judas venden al Maestro con un beso de paz; cuando los Pilatos le entregan por temor al César, que enmudecen cuando los Herodes burlan de nuevo a Cristo o las muchedumbres, ebrias de vino, de sangre y de vicio piden que sea crucificado.

No; es necesario vivir una vida integralmente cristiana, vida interior que se alimenta con la recepción de los Sacramentos. Hay que vivir la Religión, no esa religión ideal que sólo va a la mente pero que no orienta la vida del hombre; la Religión, no sólo como poesía del alma sino como virtud que eleva, que engrandece y dignifica y perfecciona. Hoy es más necesaria que nunca la predicación del ejemplo. El católico está sobre el candelero, sobre la montaña y todo el mundo lo mira y lo contempla. Debemos poner de acuerdo nuestros principios con nuestra conducta, nuestras acciones con nuestras creencias. "Hay que vivir como se piensa; de otra manera, llegaremos a pensar como hemos vivido", según la frase genial de Paul Bourget.

Vida interior y la vida interior se alimenta de oración y Eucaristía. Nuestro Señor consagró a la oración treinta años de su vida y tres al ministerio activo. Con esto nos enseña la fecundidad de las lentas preparaciones y la necesidad de la unión con Dios antes de de la acción, como dice el P. Rodríguez. Hablar de Dios: éste es el celo; hablar con Dios: éste es el recogimiento. Una cosa depende de la otra. En el recogímiento se adquiere el amor a Dios a las almas en el que se funda el apostolado efectivo... del mismo modo que el apostolado efectivo se funda en la oración comunicada.

"La meditación, dice una mujer ilustre, Isabel Leseur, prepara el trabajo de día. El estar a solas con Dios nos ayuda para estar luego en medio de los hombres distribuyéndoles un poco de nuestra provisión de la mañana. El don de sí mismo resulta más fácil pues que el alma ha hecho su provisión interior".

Un distinguido escritor, expresa a este propósito un bellísimo pensamiento: "Las almas interiores son nacidas para las grandes empresas. Cuando se recogen, se condensan, y condensándose, son brasas; cuando salen de sí, se difunden, y difundiéndose, son luz ".

"Oración y vida interior, decía Pío X a un Rector de Seminario, que después vendrá la acción".

Un santo predica bien. "Predica siempre", como se decía del Santo de Arts. En la vida de Santo Domingo se lee que este misionero incomparable se contristaba por no cosechar frutos tan copiosos en las almas que evangelizaba. Un día oyó esta palabra: "¡Siembras y no riegas...!" Comprendió el sentido del aviso del cielo, y desde entonces se entregó más a la oración.

Un sacerdote explicaba la necesidad de la oración de esta manera original: "Imaginaos las más hermosas instalaciones eléctricas. Todo está a punto: acumuladores, bombillas, alambres, conmutadores. Pero... no pasa la corriente..."

De semejante manera, puede un sacerdote tener la preparación en ciencias eclesiásticas y profanas. Hermoso aparato, pero inerte... Si no establece contacto con Dios, no circulará el flúido vivificador. Orar equivale. a cargar los acumuladores... .

El más activo apóstol precisa que sea hombre de oración. "El que permanece, en Mí y Yo en él da mucho fruto" (Joan., XV, 5).

El que ha de comunicar calor precisa que haya hecho antes provisión de calorías.... ¿Sirve el hielo para calentar?

Nadie puede dar lo que no tiene.

Las. manos levantadas, dice Bossuet, derrotan más batallones que las manos que hieren".

Vida de oración y vida eucarística. En las tareas apostólicas se necesita fortaleza, coraje, espíritu de sacrificio, abnegación, perseverancia.

Y la Sagrada Eucaristía es fuente de fortaleza, pone a Dios en nuestro pecho; comunica fuerza apostólica para entregarse del todo a la salvación de las almas. Nos da nueva vida. "Yo soy la vida" decía Jesús a sus discípulos antes de morir.

Y esta vida, esta vida interior la recibimos de Cristo; debe estar informada de la vida de Cristo; no debe expansionarse más que en Cristo; y no debe el apóstol tener otro fin que el mismo Cristo, para hacer que Cristo reine en las almas y en los pueblos. "El alimento Eucarístico, dice San Juan Crisóstomo, nos convierte, no sólo en Jesucristo por el amor, sino que nos trocamos en carne del mismo Jesucristo". ¡Sed almas Eucarísticas!

¡Qué incendios de caridad y de celo no aviva en las almas de los apóstoles seglares la caridad infinita de Jesús que en ese Sacramento alimenta a todos los fieles para que todos no formen más que un solo cuerpo con El y en El! "¡Oh qué hermoso campo sería el de la Iglesia, dice un escritor; cómo se cubrirían de doradas espigas sus hermosas llanuras, de matizadas flores sus jardines, si las almas de los apóstoles' seglares fuesen almas eucarísticas, si estuviesen caldeadas por, el Sol de la divina Eucaristía!'' Entonces sentiríamos abrasadas nuestras almas por el celo divino.

''¡Nada tan hermoso como el celo, decía San Vicente de Paúl. Si el amor de Dios es un fuego, el celo es su llama; si el amor es un sol, el celo es su rayo luminoso!''

En una palabra: es necesario que la vida oculta preceda a la vida pública. Si nos proponemos llegar a Jerusalén es preciso que antes oremos en Nazaret, siguiendo el ejemplo del ideal de los Apóstoles.

3) **DEBERES, UNION DE LAS COLECTIVIDADES.—** Lo segundo que puede salvarnos es la unión estrecha de todos los católicos. Y la Acción Católica es un organismo coordinador de todas las fuerzas, según la palabra del Papa Pío XI. La unión es la ley, la base, la condición indispensable de toda sociedad, de toda propaganda. Sin ella, nada puede existir, ni la sociedad misma. De nada sirve la aglomeración de individuos sin un vínculo que los una, sin un fin que los determine, sin una autoridad que los dirija. Serán fuerzas dispersas pero no serán fuerzas sociales.

Si nuestros enemigos triunfan, es porque tienen en su mano la fuerza del oro, rey del mundo, la fuerza del número y la fuerza admirable de la organización. Todas las conquistas del hombre moderno que orada montañas, y canaliza continentes, y domina el espacio, y embellece y fecunda la tierra; todo esto es milagro de la asociación, milagro de la unión de esfuerzos, de actividades, de trabajos.

Esta unión la predica y la manda el Maestro divino. El unió todos los corazones, proclamando la ley de la caridad. Unió los corazones, pero también unió las inteligencias, enseñando la misma verdad, constituyéndose en centro de verdad; hoy todas las inteligencias giran alrededor de Cristo, como los astros alrededor del sol.

Esta unión también la exige la Iglesia por la voz de sus Pontífices que nos llaman a estrechar nuestras filas y a participar en el apostolado, estrechamente unidos a la Jerarquía. También la exige la condición de los tiempos que vivimos y la guerra enconada contra lo más caro que poseemos; nuestra fe cristiana y los sagrados intereses de Jesucristo.

Nuestros enemigos se unen para combatirnos; nosotros también debemos unirnos para organizar la defensa; nuestros enemigos se unen para hacer triunfar sus doctrinas; nosotros debemos unirnos para hacer triunfar nuestros ideales.

Unión de inteligencias por la misma fe; unión de corazones por el mismo amor; unión de actividades por el mismo ideal, cual es el reinado de Cristo en la sociedad.

4) **LA ACCION, LA COOPERACION A TODAS LAS OBRAS.**—Lo tercero que podrá salvarnos es la cooperación efectiva a todas las obras de propaganda. Vida sobrenatural; unión organizada; efectiva cooperación: he ahí todo nuestro programa.

Tenemos buenos católicos pero muchos de ellos son inútiles para la propaganda; tenemos hombres de fe pero nos falta el hombre de acción. Esta es la raíz de nuestros males. Hay muchos católicos que suscriben los artículos de la fe, pero se olvidan de las obras de acción, de propaganda. Y así como en Gramática hay verbos activos, pasivos y neutros, hay también entre los católicos: activos, pasivos y neutros. Los pasivos no hacen nada; los activos hacen mucho pero son muy pocos en número; y los neutros, es decir, los que no son ni activos ni pasivos, forman la mayoría y lo échan a perder todo.

Y mientras los enemigos se hacen dueños de la casa y organizan sus filas, y se apoderan de la prensa, los católicos pasivos y neutros se meten en sus casas mientras retumba el cañón y se siente el fragor de la pelea. ¿Y a qué obras debe cooperar el católico, el apóstol? A todas las obras que promueve y dirige la Acción Católica. De ellas habláremos especialmente al tratar de las finalidades de la Acción Católica. Ahora sólo señalamos cuatro capítulos de acción: lo que pertenece al culto y a la religión; a la propaganda de la fe y de la doctrina; las de caridad cristiana y la defensa de los derechos de la Iglesia.

El templo es nuestro hogar, nuestro punto de reunión. Trabajad porque haya hermosas iglesias, por el esplendor de las festividades, por la frecuencia de los sacramentos. Si decae el culto, decae la religión y la piedad. Cuando el culto se realza, se reanima el espíritu y glorece la virtud. Entre las obras de propaganda, la primera es la prensa, llamada por León XIII "el apóstol de nuestro siglo".

La prensa es cátedra, es tribuna, es púlpito, es escuela. Debéis ayudarla con suscripciones, con avisos, con la acción, con la palabra. A este trabajo de prensa dedicaremos más adelante un capítulo especial.

En lo que se refiere a las obras de caridad visitad asilos, hospitales, orfanatos, contribuid a su fundación y sostenimiento.

Haceos miembros de las Conferencias de San Vicente y alentad sobre los pobres, el soplo de la caridad de Cristo.

Aliviad esas miserias físicas y miserias morales. La caridad es la gran fuerza que puede salvar al mundo. Según aquella bella frase del poeta portugués convertido, Guerra Janqueiro, el Cristianismo fué engendrado por el Amor y por el Dolor. Por eso es inmortal y no han podido destruirlo ni el furor de los tiranos, ni los dientes de las fieras, ni la espada, ni el hierro, ni los verdugos, ni toda la sangre derramada que ha sido semilla fecunda de cristianos.

Aquel sabio de la antigüedad, Arquímedes, pedía un punto de apoyo para mover el mundo con su palanca. Este punto de apoyo no lo conocía la antigüedad, pero lo conoce el mundo cristiano. Esa palanca es la caridad, y el punto de apoyo: el pecho de Cristo.

Por último, debemos defender los derechos de la Iglesia: en el orden religioso, propagando sus enseñanzas; en el orden político, ejerciendo nuestros derechos ciudadanos; en el orden social, aplicando a la vida sus sabios principios y normas que hacen la felicidad de los pueblos.

La guerra que se hace cada día contra la Iglesia es más enconada y satánica. Se atenta contra su influencia civilizadora; se niegan los beneficios que ha hecho a la humanidad y la encadenan los idólatras del Estado, los eternos lacayos del César. Como buenos hijos, debemos defender a nuestra Madre. El que pueda dar actividad personal, dé actividad personal; el que pueda dar talento, dé talento; el que pueda dar palabra, dé palabra; el que pueda dar dinero, dé dinero. Y si nada de esto posee siquiera sabrá escribir cosas útiles, o tendrá entusiasmo para dar parte de lo que traman los enemigos, o tendrá un brazo fuerte para escoltar al débil o voz para animar a los combatientes. Cada uno tiene un puesto en estas filas, en esta milicia santa. La lucha, no sólo es contra la idea religiosa sino contra el orden social; no sólo es contra el hombre-sacerdote, sino contra el hombre-magistrado, contra el hombre-militar, contra el hombre-propietario, contra el altar y el trono, contra la Religión y la autoridad que son los dós polos del mundo social. Vivimos una hora de inquietudes, de incertidumbres y hemos contemplado cón musulmana indiferencia la prédica de esos falsos apóstoles que, con los ojos en Rusia y las manos metidas en el bolsillo de los pueblos, lo incitan a la revolución social.

Por eso debemos defender el altar y.el hogar, es decir, la Religión y la Patria. ¡Cruzadas de la idea cristiana! ¡A la lucha, al triunfo, a la gloria! Lleváis en vuestro pecho la cruz gloriosa que ha inspirado todos los heroísmos, todas las epopeyas de la historia y en vuestros corazones el amor a Dios y el amor a la Patria.

CAPITULO IX

FALTA DE ACCION EN LOS CATOLICOS

SUMARIO: 1) Una clasificación de los católicos por Roberto Meder.—2) Un hospital de inválidos lleno de ciegos.— 3) Los sordos.—4) Los mudos.—5) Los paralíticos.

1) UNA CLASIFICACION DE LOS CATOLICOS POR ROBERTO MEDER.—Muchas veces hemos oído una frase sacramental que repiten ciertos católicos, y con la cual pretenden cohonestar su absoluta falta de trabajo, de acción, de propaganda. Cuando se oye esta frase hay que sonreír tristemente... porque ella nos muestra la intensidad del mal de que adolece la acción de estos católicos. ¿Sabéis cuál es esa frase típica? Es la siguiente: "Los católicos, somos los más"... Perfectamente... somos los más, y, sin embargo, nos dejamos azotar y pisotear por los menos... Somos los más... para correr... no detrás sino delante de los enemigos... Somos los más... para encerrarnos en nuestras casas, en nuestro egoísmo glacial, en nuestra enfermiza indolencia, y en medio del fragor de la pelea, arrojar las armas y abandonar el campo al enemigo. Somos los más... sí; los más apáticos, los más imprevisores, los más incapaces, los más ingobernables, los más ineptos, los más egoístas, los más cobardes, los más criticones y... los más tacaños...

Somos los más... ¿pero somos los mejores? Somos la cantidad ¿pero somos la calidad? He aquí el pecado capital de la acción de algunos católicos.

Somos el número, pero no somos la organización; somos la masa pero no somos la fuerza; somos la cantidad pero no somos el trabajo, la acción, la propaganda. ¿Y qué somos? Por desgracia...: somos la desunión delante de la unión; somos la desorganización delante de la organización; somos la pulverización delante de la concentración; y somos la tacañería delante de la generosidad, del sacrificio. ¿Acaso exagero la nota con enfermizo pesimismo?

En las actividades del apostolado religioso y social, los católicos tienen como lema aquel cómodo principio de la escuela liberal: "**Dejar hacer, dejar pasar**".

Y por eso nuestras obras agonizan y mueren; nuestras filas están rotas y desorganizadas; nuestra prensa, decaída y moribunda; nuestra acción, negativa, débil o infecunda; nuestros templos, vacíos, y el pueblo, lejos de nosotros, la política, la acción social casi toda en manos de los enemigos.

¿Sabéis por qué? Porque el mundo católico que debía ser la avanzada, la vanguardia del ejército de Cristo, se ha convertido hoy en un inmenso hospital de inválidos, lleno de ciegos, de sordos, de mudos, de paralíticos. Así los clasifica el célebre escritor alemán Roberto Meder en su célebre "Die Ganzen" que despertó enorme sensación en Europa. Veamos estos enfermos para conocer la categoría en que debemos clasificarnos los católicos chilenos.

2) **LOS CIEGOS.**—Comienzo por los ciegos. Nunca como hoy se cumple aquella frase bíblica: "Tienen ojos

y no ven''. Pero se impone la ley de los contrastes. Siglo de luz y sociedad de ciegos... El mundo marcha entre tinieblas; los hombres chocan entre sí; la sociedad va de tumbo en tumbo sin ver siquiera el abismo a donde se despeña en carrera loca y desalada. De esta ceguera participan los católicos. Llevan una venda... es un mundo de vendados...

Esa venda la ha amarrado el diablo sobre los ojos de los católicos y hace ya medio siglo que la llevan. ¿Sabéis por qué? Porque el diablo sabe hacer muy bien los nudos... Es la mano que aprieta y que abraza para mejor ahogarnos. Y lo primero que se propone la Acción Católica es dar luz a los ciegos. Sí; es necesario que los ciegos vean y caiga la venda fatal, que oculta a nuestros ojos la verdad, la realidad de las cosas.

Si leemos los libros; si desempolvamos bibliotecas; si abrimos un diario y leemos la columna editorial, vemos que el mundo, que los sabios, que los hombres, tienen abiertos sus ojos sobre un solo elemento secundario, contingente y accesorio de la vida. Son ciegos para lo que, por su importancia, sobrepuja a todo lo demás. Lo que hace dos mil años domina la historia, es Cristo y su Iglesia.

Ese drama gigantesco que llena el universo y ante el cual, pueblos y soberanos, Estados y gobiernos, artes y ciencias, política e industria comparecen a hacer su papel. Pero esta gran realidad histórica, no se encuentra ni en los libros, ni en las bibliotecas, ni en los poderes constituidos, ni en la literatura, ni en la prensa, ni en las conversaciones, ni en las actividades. Hay una terrible ceguera en el mundo; no se quiere ver la luz del sol, la luz del Sol de Justicia, del Sol de las almas: Jesucristo.

Y los católicos son víctimas de esta ceguera. No ven: he ahí los ciegos. No quieren ver: he ahí los peores ciegos. Ni esta realidad histórica, ni su conducta, ni su vida, ni su acción, ni su cristianismo. Se llamán católicos porque fueron bautizados... pero su catolicismo no les llega al espíritu.

Son católicos por atracción, por conveniencias, por connivencias... por sentimentalismo, no por convicción. Y ellos se creen muy buenos católicos, porque no ven: ni su vida, ni su actuación, ni el Evangelio que ellos encarnecen.

Descendamos a lo práctico. Se trata, por ejemplo, de la prensa. Son ciegos perfectos. Sabemos que la prensa en nuestro siglo ha pasado a ser la gran palanca que pedía Arquímedes para mover el mundo de las inteligencias.

Sabemos que el diario católico es un maestro, un predicador, un apóstol. Apóstol que llega a la inteligencia, al corazón y sale de los templos, y penetra en los hogares, y sigue al hombre por los caminos, y penetra en el interior de los bosques, y sube a la cumbre de las montañas, y multiplica la palabra y se esparce por todas las regiones y por todos los pueblos.

¡Qué apóstol! Tenemos cuarenta mil púlpitos en Francia, decía un escritor sacerdote, pero ya no se nos viene a oír y tenemos que predicar por medio de la prensa. Ella es el complemento del púlpito, enseña Ketteler.

Todo esto, el mundo lo ve, pero los católicos tienen ojos y no lo ven... Son ciegos... Sabemos que la lucha está empeñada en el campo de las ideas; que hoy no se esgrimen espadas y lanzas como en la época caballeresca; la espada de hoy es la pluma y la lucha de ideas en el campo de la prensa.

La pluma es más poderosa que la espada, dice el proverbio inglés.

Sabemos que la prensa es la reina del mundo por-

que es la reina de la opinión. Que en Chile hay tres
millones ochocientos mil católicos... ¡Qué hermoso número! Pero no se suman: se restan; no se multiplican:
se dividen. Forman, por tanto, la inmensa mayoría del
país. Sabemos también que todo este número de católicos apenas tiene en su poder 25 diarios de los ochen-
ta y tantos que se publican en el país. Que estos 25
diarios no son los mejores ni en presentación, ni en circulación, ni en situación económica y que muchos dejan
de publicarse por falta de ayuda y de cooperación. Que
por este mismo motivo nuestra propaganda es restringida, que el enemigo invade nuestro campo, y penetra
en nuestras trincheras y merma nuestras filas. Pero los
católicos están ciegos... no se dan cuenta de esta situación. Poco les importa la prensa y muchas veces, ese
caballero, ese comerciante, esa señora, ese estudiante
católico, compran, leen, avisan y alaban a la prensa
enemiga, y a la prensa católica la critican y la ayudan
con buenas palabras, con buenos deseos, con buenas intenciones... ¡Tienen ojos y no ven!

En cuanto a los problemas que se agitan en la actualidad, también son ciegos perfectos. Vemos el estado
de la sociedad, cómo agoniza y muere; cómo los hombres luchan y se despedazan por un pedazo de tierra
que no bastará a dar sepultura a sus huesos miserа-
bles. Pero he aquí lo admirable: los católicos nada ven,
no se dan cuenta de esta situación, siguen tranquilos,
en el mejor de los mundos, y los que no ven... son ciegos...

¡Ah! es necesario que esos ciegos vean, que esos
católicos repitan la plegaria del ciego de Jericó: "Señor, haz que vea". Y sólo cuando Cristo imponga su
mano omnipotente y toque esos ojos enceguecidos, sólo
entonces se abrirán de nuevo a la alegría del universo,
a los esplendores de la luz...

3) **LOS SORDOS.**—En este hospital de inválidos formado por los católicos apáticos, tibios, indolentes, que sólo se conmueven cuando les tocan la bolsa o les hablan de la hacienda, del casino... o del hipódromo, no sólo hay muchos ciegos: también hay muchos sordos. Hay un hecho establecido: en el mundo moderno se oyen con mayor dificultad que en otras edades las cosas espirituales. Es uno de los grandes castigos con que el Señor aflige a los pueblos. Esta sordera es efecto de ciertas doctrinas que reinan, hace más de un siglo. Como nunca, la Iglesia ha levantado su voz señalando esas doctrinas como máquinas destructóras de la sociedad. Y ahí están las ruinas que lo demuestran... El mundo es un montón de escombros perdidos en un caos apocalíptico, escribió Guillermo Ferrero. Los hombres apagaron todas las luces en el cielo y todas las autoridades se desplomaron en la tierra... ¡Qué colección de tronos, de dinastías, de imperios cayeron y se derrumbaron con estrépito. ¡Han pasado a incrementar los museos de la historia... Pero los gobiernos y los pueblos permanecieron sordos... En esa época, el sismógrafo del Vaticano, registraba la proximidad de inmensas catástrofes. Los Pontífices, unos en pos de otros, levantaron su voz, pero los gobiernos permanecieron sordos y la palabra de Roma caía en el vacío. Pero entonces Dios tomó la palabra y habló el año 14 por la boca elocuente de los cañones... Dios no hace la guerra; la hacen los hombres, pero se vale de ella para castigar a los pueblos prevaricadores. Pero con todo, ni los gobiernos, ni los pueblos abrieron los oídos... Y el mundo no se ha vuelto ni más piadoso, ni más honesto, ni más recto, ni más casto. Después de la guerra estalló la revolución social, escoltada por el hambre y la miséria. Y hoy, una nueva guerra vuelve a ensangrentar los campos de Europa.

Y, no obstante los chispazos siniestros de la revolución y la inquietud del mundo enloquecido, el mundo sigue sordo. La sordera es universal: sordos los gobiernos, sordos los pueblos, sordos los católicos. Los Pontífices, los Prelados, los sacerdotes, la necesidad de los tiempos, la acción y el triunfo de los enemigos: todo nos llama a la propaganda, a la defensa. Se predica en todas partes: en la cátedra, en la tribuna, en el libro, en la prensa. Ayudad vuestras obras, sostened vuestra prensa; propagadla, ingresad a la Acción Católica.

Esta es la voz de orden. Pero ¿quién oye? ¿quién reflexiona? ¿quién trabaja? ¿quién se conmueve? Son muy pocos. Cada uno vive para sí; se encierra dentro de sí mismo; cada uno se preocupa de su vino y de su pan, y muchos católicos se preocupan más de sus miserables intereses que de defender sus principios amenazados por las doctrinas anti-cristianas y anti-sociales.

Hay en el mundo una terrible sordera espiritual.

4) **LOS MUDOS.**—También es necesario enseñar a hablar a los mudos. Y es terrible la mudez en el mundo católico. Así como en el mundo, llamado un carnaval, hay muchos que llevan una careta: la careta de la virtud, del honor, de la justicia, de la honradez, hay también muchos que llevan una mordaza en los labios: la mordaza de la cobardía, de la falta del valor moral, de la timidez, del respeto humano. Pero la mudez, el silencio es la política al uso y a la moda. Silencio en el funcionario; el ansia de hacer carrera le tapa la boca... Silencio en el comerciante: mientras más calla, más clientes...

Y estos cotizan su silencio o su conciencia, como cotizan los frutos del país. Verdad que la conciencia ha pasado a ser un equipaje azaz molesto en el camino de la vida. Por eso unos, se la echan a la espalda; otros, la venden, talvez por ser un artículo de primera necesidad.

Silencio en el estudiante, cuando el profesor insulta la religión y se sitúa en la cátedra para decir disparates. Su silencio le asegura buenas notas en el examen.

Silencio en el periodista para callar ciertos escándalos.

Silencio en el político para quien la mudez es prácticamente lo mejor.

Y silencio en el católico cuando se insulta a la Iglesia y se burla a la Religión. Los católicos se han vuelto sordo-mudos...

Están poseídos del demonio mudo de que habla el Evangelio. Mudos para alabar a Dios; mudos para agradecer sus beneficios; mudos para defender su gloria; mudos para recomendar sus obras.

Poco es una palabra y con una palabra podemos ayudar nuestra causa, podemos defender nuestra prensa. Y hay que hablar como nunca; hay que desatar esas lenguas enmudecidas por la falta de sólidas convicciones; hay que crear un movimiento entre los católicos para enseñarles a hablar. Arranquemos la mordaza, desatemos nuestras lenguas y digamos con el Apóstol: "No me avergüenzo del Evangelio".

5) **LOS PARALITICOS.**—Hay también en este hospital de inválidos muchos paralíticos que han declarado la huelga de los brazos cruzados, de los brazos caídos. Pertenecen a aquella sociedad que hoy forma legión: a la sociedad de los hermanos **durmientes**... Cuando los enemigos nos atacan por todas partes; cuando se adueñan de todo; cuando invaden nuestras propias trincheras, ¿qué hacen los discípulos de Cristo? Duermen como los apóstoles a la entrada del Huerto....

11* (Apostolado Seglar)

Están cruzados de brazos, permanecen indiferentes, tienen sus miembros paralizados. Representan a aquel paralítico del Evangelio: postrado en el lecho, sin vida, sin movimiento, sin actividad. El paralítico tenía sus miembros, pero esos miembros no tenían vida, no tenían actividad.

Hay entre los protestantes una secta que se llama de los sabatistas, porque descansan el Sábado. Para estos católicos paralíticos, su vida es un gran Sábado, es decir, un **descanso** perpetuo...

Todos podrán llevar como epitafio de sus tumbas: "Don Fulano aquí reposa, y en su vida hizo otra cosa"...

Y la vida es movimiento, es actividad. "**Vita in motu**" dice el principio latino. Y a esos paralíticos es necesario llevarlos al Señor, como el paralítico del Evangelio. Cristo le ordena tres cosas: le manda levantarse, tomar sobre sus hombros la camilla y le manda irse a su casa.

Así también con estos enfermos de parálisis del mundo católico. Deben levantarse del lecho de indiferencia y de inactividad en que yacen; deben cargar su camilla, es decir, sus hábitos, sus costumbres, etc., y deben volver de nuevo a la casa del Padre, al seno de la Iglesia, a practicar buenas obras, a trabajar por el reinado de Jesucristo y por su propia santificación en las actividades del apostolado.

Tales son los enfermos del mundo católico: ciegos, sordos, mudos y paralíticos, que tan genialmente clasifica Meder en su obra citada.

¿Y sabéis cuál es el remedio para curar a estos enfermos? Sencillo y eficaz: el único remedio es que los católicos **abran** los ojos, **abran** la boca... **abran** los oídos y muevan sus miembros paralizados por la inacción. ¡Dios lo quiere! Nuestro Generalísimo es el **Trabajo** y nuestra orden del día: ¡**Adelante**!

Mañana sonará en el reloj del tiempo la hora decisiva para los destinos de la humanidad. O triunfará el Cristianismo o triunfará el Socialismo. Por lo tanto: vamos a trabajar en las actividades de la Acción Católica. Cada uno en el puesto, en la esfera de acción en que Dios le ha colocado. No esperemos que la bofetada de escarnio y el salivazo inmundo venga a manchar el rostro de nuestra Madre la Iglesia, ni que el látigo de la persecución venga a despertarnos de nuestro letargo. Vamos a ayudar nuestra causa, a sostener nuestra prensa, a defender los principios del Evangelio y del orden social cristiano.

El tiempo huye. ¡Son las doce menos cuarto! gritó un diputado socialista en el Congreso de Berna, aludiendo a la necesidad de trabajar por el triunfo de sus ideales. ¡Son las doce menos cinco!, digamos los católicos. ¡Y a trabajar, a luchar con valor y con honor por la causa santa de Dios, y nos sonreirá el triunfo, y nos sonreirá la gloria...!

CAPITULO X

EL CARACOLISMO DE LOS CATOLICOS

SUMARIO: 1) Caracolismo... Un breve tratado de zoología aplicado a la acción de los católicos.—2) Otra clasificación: la gente tranquila.—3) ¿Clase dirigente?—4) La gente negativa.—5) Incapacidad .de organización.— 6) Acción y caridad católicas.

1) **CARACOLISMO... ZOOLOGIA APLICADA.**—No es un término nuevo que hemos inventado... ¡Caracolismo...! Es una palabra muy expresiva que se refiere a la falta de acción o a la política de ciertos católicos. Pero ¿de qué se trata? ¿De las virtudes, propiedades y modo de ser de los caracoles? Sí, amable lector. De eso y de algo más se trata aquí. El caracol, como lo demuestra la ciencia, es un animal; tan comodón y egoísta que parece algo más que animal y en cuanto a prudente, es la misma prudencia hecha caracol...

El caracol sólo abandona sus cuarteles de invierno, en los cuales ha dormitado sosegadamente largos meses, cuando el sol fecundante extiende sus rayos benéficos sobre los campos cubiertos de verdor y de flores.

Pero antes de ponerse en movimiento, asómase a la

puerta de su casa para examinar el país; vuelve la cabeza por todos lados, y sólo-cuando está seguro de que no hay peligros, escudado con sus armas defensivas y levantando en alto las ofensivas se pone en marcha, por supuesto, caracoleando majestuosamente. En el sumum de la prudencia y previsión. Si advierte el caracol algún peligro, alguna 'dificultad, inmediatamente esconde sus armas, encoge su cuerpo, oculta su cabeza y· haciéndose un ovillo en un abrir y cerrar de ojos se mete en su casa. Su divisa es: ¡ni matar ni morir! ¡Vivir como se pueda!

Y cuanto más cómodamente, mejor. ¡Sublime prudencia de caracol!

Hasta aquí la historia natural y también social. El caracolismo es una plaga social moderna, ante la cual son nada las plagas de Egipto. Es una enfermedad característica de las sociedades y civilizaciones decadentes y la que suele determinar y apresurar su ruina. Y lo peor de todo es que los caracoles sociales abundan. Sobre todo entre la gente que se dice de bien. Son innumerables los individuos que en su vida pública-social proceden como perfectos caracoles. Se encasillan en sus casas de donde no salen sin antes sondear todos los horizontes y asegurarse bien de que ni el más remoto peligro puede ponerles en zozobra ni perturbarles la digestión. Aunque el mundo se hunda. Viven 'y obran con vistas hacia adentro, hacia sí mismos. Cada caracol es el centro del universo... Y todo el universo es para cada caracol... Los tiempos son malos cuando son malos para los caracoles, y son buenos, aunque sean malísimos, cuando son buenos para los pacíficos caracoles. Escondidos en sus cáscaras, no salen ni dan muestras de vida hasta que el arco-iris de la bonanza domina el horizonte social. Y entonces veréis a los caracoles sociales con su vestido de nácar, pasearse tan orondos y satisfechos, y gozar y triunfar en el círculo de sus relaciones particulares, sin importarles un ardite los problemas gravísimos de vida o muerte, que se agitan en las entrañas de la sociedad en que vegetan, ni de las consecuencias que su epicureismo pueda producir en ella.

El supremo ideal del caracolismo es: ¡Vivir bien!

Lo peor del caso es que esta total enfermedad, afecta a la gente bien, a las personas de orden y también a las piadosas; y en esos grupos sociales es donde causa más estragos el caracolismo, a pretexto de prudencia, de previsión, de ecuanimidad, de caridad mal entendidas. Hoy es deber sagrado de todo miembro social, y de todo católico, impedir la espantosa ruina de la sociedad; salvar la civilización cristiana; restaurar el orden social; acudir al remedio de las necesidades públicas y privadas, mirar, en una palabra, por el bien común. Nadie, y mucho menos los que quieren ser buenos, pueden adoptar la táctica del caracol. ¡Qué tremenda responsabilidad la de los parásitos del cuerpo social! No les valdrá en la hora de los grandes peligros, el decir que ellos cumplieron con sus deberes de sociedad, en su vida de mundo, ni el haber cumplido talvez, con los de la propia parroquia; ni les valdrá tampoco el meterse dentro de su fortaleza, aunque sea de hierro y de bronce, tapándola bien como tapa el caracol en invierno el orificio de la suya.

Siempre y en todas las varias situaciones de la vida, el cumplimiento del deber es, además de obligatorio y glorioso, lo más prudente y útil. Cuesta algún esfuerzo inicial, acaso algún sacrificio, pero ¡cuán espléndidamente queda recompensado! Ahora mismo, cabe afirmar, que a no ser por el caracolismo, años ha dominante en el mundo, la cuestión social ya no sería sino armonía de clases y compenetración de intereses; y

los cataclismos que hoy tienen como en expectación te-
rrorífica y en suspensión angustiosa la misma vida de
la humanidad, se hubieran resuelto en lluvia fecundante de toda suerte de bienes.

El caracolismo personal, por decirlo todo de una
vez, se traduce en nihilismo social. ¡No habría anarquismo si no hubiese **caracolismo**!....

2) OTRA CLASIFICACION. GENTE TRANQUILA.—

Conocemos muchos católicos celosos, activos que trabajan en obras de beneficencia. de enseñanza, de apostolado. Son modelos dignos de imitar. Pero también oímos
decir, y en parte lo creemos, como dice San Pablo, que
son demasiado numerosos los que hacen poco y aun
nada...

A la muchedumbre imponente de los tibios y apáticos, se añaden ahora los desconcertados y alicaídos
que andan con el alma en los pies. Todo se les vuelve
hablar de incertidumbre y de obscuridad de la hora
presente, sin sacar más conclusión que la de ir... a
acostarse y dormir.

Mientras los enemigos trabajan con energía, método y obstinación, hay mucha gente honrada y tranquila
que sólo piensa en buscar una posición cómoda para
descanso... ¿Hay algo más inútil, más nulo que esta
gente honrada y tranquila, que no tiene ni inteligencia
ni voluntad para organizarse y trabajar en defensa de
sus más sagrados ideales y de sus más vitales intereses;
que no tiene ni idea, ni carácter para defender la de-
cencia moral pública, el orden social, ni siquiera para
asegurar sus intereses materiales? ¡Qué fenómeno más
raro y universal!

Ha sido víctima de todas las grandes revoluciones
y matanzas sociales, desde la gran guillotina francesa
hasta las muy frescas degollinas del Soviet, pero no ha

aprendido nada... ni tan siquiera lo que saben algunos
animales cuando los atacan: es decir, juntarse en corro
al primer amago del peligro y colocarse todos con las
astas vueltas hacia el enemigo... Esta es la gente tranquila...

3) ¿CLASE DIRIGENTE?—Y, sin embargo, la gran
mayoría de la gente honrada y tranquila, pertenece a
las que se llaman clases dirigentes; porque en realidad si bien es la clase acomodada, propietaria, no es en
su masa y mayoría dirigente, sino, como todas las masas pasivas y mayorías inorgánicas, es dirigida por una
minoría activa y orgánica, que le sirve de cabeza, buena o mala, propia o extraña, pero al fin de cabeza.

. Ningún animal se gobierna por su mole... ni siquiera la ballena, ni por sus pies, ni siquiera el cien-
piés... a todos los gobierna una cabeza por pequeña
o pobre que sea. Y como la clase dirigente no quiere
tomarse la molestia y el trabajo de darse una cabeza
propia, porque le costaría demasiado esfuerzo y disciplina, resulta que siempre una pequeña minoría de parásitos listos y activos, no contentos con vivir de la
masa y cuerpo dirigente, se le trepa encima y se constituye en su cabeza dirigente.

Dios me libre de meterme, ni lo pienso en la política, pero éste es, en su quinta esencia, el resumen histórico de las cuatro o cinco revoluciones francesas, de
otros tantos pronunciamientos españoles y de ciento y
tantas revoluciones de que han gozado, en un siglo, las
repúblicas sud-americanas. Todas o casi todas ellas han
demostrado, por una parte ,la incapacidad de la masa
y mayoría inerte y pasiva para gobernarse, y por otra
parte, la aptitud y el talento innato de la minoría audaz activa y organizada para hacerse cabeza y plan-
tarse en lo alto del cuerpo social...

4) **LA GENTE NEGATIVA.**—Pero ¿por qué entre todas las masas y mayorías no hay ninguna tan inactiva e inerte como la de la gente moderada y tranquila, y por lo general honrada? El gran defecto, pecado y calamidad de la gente moderada y tranquila, no es que sea tranquila y moderada, sino que haga de la tranquilidad y moderación todo su oficio y profesión, todo su programa de vida y de acción. Es tan moderada y tranquila que es sólo eso y fuera de eso no es nada... no siendo nada, no puede, ni vale ni hace tampoco nada; ni sus contrarios la consideran para nada.

Es una verdad de hecho que no hay nulidad más completa que la del hombre que, a fuerza de ejercer su profesión de honradez, no hace absolutamente nada por la causa del bien. Es un ser puramente negativo; por eso es tan débil, tan pálido, tan incapaz y tan inútil. Sin duda no blasfema, no insulta, no mata, no roba, no miente. Pero esto, no es más que evitar el mal, y no es hacer el bien, no es más que el lado negativo de la vida, y el positivo queda todavía raso...

El que se cree bueno con sólo guardar los preceptos negativos vive en la ilusión y el engaño. Podrá guardar todos los mandamientos que quiera, pero falta seguramente al primero y más grande de todos, que es amar de corazón y de obra a Dios y al prójimo, y por consiguiente, hacer algo por la causa de Dios y de las almas. Para agradar y servir a Dios hay que observar todos los mandamientos y no sólo los negativos.

Ahora si el hombre honrado, después de examinarse sobre el mal que debe evitar, se examina sobre el bien que debe hacer, y se pregunta: ¿qué hago yo en servicio de Dios y de mi prójimo, qué obra, qué trabajos? tendrá que dejar la contestación en blanco. No hace el mal y no baja de cero; pero no hace el bien; no sube de cero... En cero está clavado y es, hablando cristiana, moral y socialmente, un cero a la izquierda.

No es ni vale nada, ni delante de Dios, ni delante de los hombres, ni siquiera delante de los adversarios que lo miran con el más absoluto desprecio. Pero hay algo más y peor, y es que basta ser nulo para ser malo. Para ser bueno, no basta evitar el mal, sino que es preciso hacer el bien. ¿Qué diría Ud. de un sirviente o empleado, que no fuera insolente ni ladrón, pero que no hiciera nada? Lejos de tenerlo por bueno, lo despediría sin demora por malo.

Este es el gran defecto y miseria de tanta gente que no hace el mal pero tampoco el bien; no sirven al demonio pero tampoco a Dios, ni emprenden por El ninguna obra ni trabajo.

No se examinan sino los preceptos negativos, pero Cristo nos ha de examinar en el último día, sobre los preceptos positivos de amor a Dios y al prójimo, ya sobre las obras de caridad y misericordia, como lo dice El mismo en el Evangelio.

Nos tomará cuenta, no sólo por el mal que hemos hecho, sino por el bien que hemos dejado de hacer... ¡Ay de nosotros si hemos enterrado el talento en una vida de pereza y egoísmo!

5) **INCAPACIDAD DE ORGANIZACION.**—Abstenerse del mal es lo que explica la inacción y nulidad de esta gente tranquila. Incapaz de acción, es incapaz de organización, aun para su propia defensa. Y es que para organizarse es preciso disciplinarse, hay que reconocer bandera, jefes ,filas y sacrificar algo del amor propio, de la libertad, del egoísmo y tener espíritu de trabajo y sacrificio. Todo lo cual supone amor a Dios y al bien y no simplemente honradez negativa.

La gente resuelta y de desorden tiene aptitud para organizarse; la gente tranquila, no la tiene. Porque

aquella va movida por el motor de la humana actividad que es el interés. Impelidos por la necesidad, la
ambición o la codicia, los partidarios y los jefes persiguen siempre un fin tan interesante como interesado,
en busca de negocios, empleos y ascensos en toda escala.

Se unen y organizan porque sin la unión no po-
drian nada para el logro de sus fines. Los partidarios
trabajan en la firme creencia de que los jefes se interesan por ellos.

Esta unión es la fuérza, la gran fuerza.

En Francia, treinta mil masones bien organizados,
dominan hace más de cuarenta años, más de treinta
millones de católicos sin organización. Sólo en los últimos tiempos los católicos se mueven para sacudir el
yugo masónico. Y el movimiento es admirable y
grandioso.

Pero la gente tranquila no tiene el grande y supremo estímulo del interés material para unirse y organizarse y de ahí viene su enorme inferioridad. La
gente tranquila, por lo mismo que vive sencilla y paci-
ficamente, economizando, no siente el aguijón punzan-
te de la necesidad y del hambre, y por lo mismo que es
honrada es delicada para elegir los medios y poco pe-
chadora para buscar los fines de interés y de ambición.

Pero si otros se dan el trabajo de organizarse por
interés temporal ¿por qué los moderados y los tranquilos, sobre todo los católicos, no serían capaces de hacer otro tanto por el interés de la religión, y de la moral pública, por el interés supremo de Dios y de las
almas?

¿Por qué el interés eterno de nuestra alma, de
nuestra familia, de nuestra nación ha de ser menos poderoso para estimularnos a la acción y a la organización que los frágiles intereses temporales?

Basta ser cristiano, basta saber lo que es mi alma,
para hacer los pequeños sacrificios de amor propio que
requiere la acción y la organización católicas. De ahí
que las asociaciones y obras católicas deben renovar su
celo, su abnegación, su actividad frente a las dificultades e incertidumbres presentes. Cualesquiera que sean
las circunstancias exteriores en que es preciso trabajar... las necesidades profundas y extremas de las
almas son siempre las mismas.

6) **ACCION Y CARIDAD CATOLICAS.**—En primer
lugar, las almas y no sólo los cuerpos tienen hambre de
verdad. No somos cristianos, si, a la medida de nuestras
fuerzas, no trabajamos en dar a las almas el pan de la
verdad, si no les damos a conocer a Jesucristo verdad
y amor por esencia.

La enseñanza, la escuela, el catecismo, el folleto,
la conferencia, la misión; todos estos medios son buenos y eficaces. Pero que nuestra caridad no sea sólo
material sino espiritual. Sin duda hay que dar pan al
cuerpo hambriento, porque el estómago vacío no tiene
oídos. Pero el que se limita a dar la moneda, el pan o
el vestido, no sospecha lo que es caridad cristiana. A
través del cuerpo, hay que alcanzar hasta el corazón,
hasta el alma, mucho más pobre y necesitada que el
cuerpo. El que sólo da pan y dinero da bien poco y no
remedia nada sino por un momento. Porque el pan se
come y el dinero se gasta en un momento. El que da al
alma la verdad da mucho más que una fortuna perece-
dera, porque le da un alimento inmortal, la vida, la
verdadera, la que no ha de morir. Poner una verdad en
el alma es sembrar una semilla divina que, por propia
eficacia, ha de brotar a su tiempo y que no necesita
sino de su propia naturaleza para florecer y fructifi-
car. ¿Cuándo comprenderán esta excelencia divina de

la caridad tantos señores y señoras caritativas que tienen la mano abierta a la caridad material pero que olvidan la espiritual? Darán limosnas a los pobres pero
no se acordarán de darles catecismo. Gastarán cientos
y miles de pesos en dar a los desamparados pan y re-
cetas de boticas, pero nunca se les ocurrirá en gastar
una insignificancia en una hojita volante para combatir la hoja impía o inmoral que lo engaña y pervierte.

Y así puede suceder que mientras los pobres comen
el pan de la buena compasiva señora, están leyendo
el papel de propaganda irreligiosa que les enseña que
la religión es patraña y que la misma caridad que a
ellos los alimenta, es una humillación para el hombre.
Los católicos son, indudablemente, los que hacen más
caridad, pero son también los únicos que con sus limosnas casi no consiguen partidarios de sus ideas cristianas entre los pobres que socorren. Que venga una
revuelta o trastorno social y los bienhechores recibirán
las primeras pedradas de sus protegidos.

La caridad protestante, al contrario y la caridad
laica en general es sumamente propagandista y hace
tantos propagandistas, generalmente, cuantos son sus
protegidos. ¿De dónde proviene, desde el punto de vista de la propaganda la esterilidad de la caridad católica y la fecundidad de las otras? De que la otra emplea siempre la limosna o ayuda material, como vehículo de las ideas, como instrumento de propaganda. Ojalá
que los hijos de la luz comprendieran e imitaran un
ejemplo que, no por venir del adversario, deja de en-
cerrar una gran lección. Demos a nuestra caridad toda la luz y todo el vasto horizonte de nuestra fe. No la
tengamos tan corta que se limite al cuerpo. Extendá-
mosla hasta las profundidades del alma humana, que
es un abismo inmenso de pobreza y de miseria y que
sólo Dios podrá llenarlo. Esta página tomada de A. M.

y reproducida una Revista en la Unión Católica de
Concepción, trata con sumo interés, originalidad y
franqueza, un tema de tanta trascendencia.

CAPÍTULO XI

LA IGLESIA Y LAS GLORIAS DE SU APOSTOLADO

SUMARIO: 1) Una frase de Papini y una profecía de Bignon.—2) Un cuadro trágico de la sociedad.—3) El único
remedio. La acción de la democracia cristiana.—4) Las
glorias del apostolado. Grandes figuras. Una página de
Mella y una frase de Pío X.

1) **UNA FRASE DE PAPINI Y UNA PROFECÍA DE
BIGNON.**—Tenemos necesidad de Ti, Señor. Tú solamente puedes comprender la inmensa necesidad que
hay de Ti en esta hora trágica del mundo. Todos te
buscan, aun aquellos que no te conocen. El hambriento
cree buscar su pan y tiene hambre de Ti; el sediento
cree beber el agua y tiene sed de Ti; el enfermo anhela la salud y su mal es tu ausencia. El que busca la
verdad te busca a Ti que eres la única verdad; el que
persigue la belleza te busca a Ti que eres la belleza
ideal; el que busca la paz también te busca a Ti que
eres la única paz que puede sosegar los corazones inquietos. Necesitamos de Ti, aunque sea una palabra
tuya, un centellear en el firmamento, una luz en la mitad de la noche, un fulgor en el crepúsculo. Queremos
ver esos ojos que traspasan la roca del pecho y llagan
al corazón, que curan cuando miran con enojo, que ha-

cen sangrar cuando miran con ternura. Tenemos necesidad de Ti; el mundo sufre, está hambriento, sediento de verdad, de belleza, de amor y su mal es tu ausencia...

Estas palabras, de uno de los más altos valores li--
terarios y científicos de Europa, Giovanni Papini, son
como el gemido que exhala el mundo moderno, que
busca a Cristo, que lo lleva presente y vivido como un
faro en el mismo vaivén de sus eternas inquietudes.

Todo lo ha probado este siglo: ha probado la crueldad y la sangre ha derramado sangre; ha probado la
voluptuosidad y le ha dejado en la boca un sabor de
podredumbre y una quemadura más dolorosa; ha probado la Ley y no la ha obedecido; ha probado la ciencia pero ni los nombres, ni los números, ni las clasifi-
caciones, ni los tecnicismos han podido calmar su hambre rabiosa; ha probado la riqueza y se encuentra más
pobre; ha probado la fuerza y ha despertado más débil. Hoy le propone Cristo la prueba del amor, la que
nadie ha intentado pero la única que puede salvarlo.

"Como nunca necesita de la palabra de Dios y de
su aplicación en la hora presente, porque el mundo os-
cila y tiembla entre la balanza de la vida y de la muerte", escribía el pensador Bignan al Papa Pío X desde
el Congreso de Ginebra en 1912.

Fueron palabras proféticas; nosotros hemos asistido a su cumplimiento. Poco después temblaban de espanto las entrañas de la humanidad al ver el sepulcro
de millones de hombres que el monstruo de la guerra
cavó en el corazón de Europa convulsionada y desangrada. Termina la guerra y estalla la revolución social
y Europa se convirtió en un montón de escombros hu-
meantes, en frase de Guillermo Ferrero.

2) **UN CUADRO TRAGICO DE LA SOCIEDAD.—**
¿Acaso estoy exagerando la nota con enfermizo pesimismo? La mitad de la tierra sufre del mal político; Asia enferma; China en guerra o revolución; la India, en fermentación. En Turquía, Persia, Afganistán, las ideas e ingerencias políticas de Europa han incubado fuerzas revolucionarias. En Europa cayeron imperios formidables, instituciones seculares, saltaron cetros, rodaron coronas. El mundo está enfermo, poseído de un delirio de catástrofe. No ha bastado el diluvio de sangre que ha cubierto en los últimos años la mitad de la tierra; ese diluvio no ha apagado aún la efervorescencia de los espíritus. Y este es sólo el prólogo del verdadero drama que se avecina. Violencias, dictaduras blancas o rojas; revoluciones sociales, guerras de revancha, de doctrinas, gases tóxicos, enjambres de aeroplanos capaces de extirpar poblaciones en pocos segundos: ¿no es esto lo que en esta hora trágica contemplan nuestros ojos conturbados? El mundo está intoxicado por el delirio ideológico de la destrucción y de la fuerza; está enfermo y su mal es la ausencia de Dios.

Marcha entre tinieblas porque se ha separado de Aquél que es el Camino, la Verdad y la Vida; de Aquél que para hablar a los hombres se hizo inteligencia, se hizo corazón, se hizo Evangelio, se hizo amor. El hombre ha materializado su vida; se ha vuelto de cara a la tierra; se precipita frenético sobre este momento que pasa y quiere saciar, en este polvo vil, su sed de infinito y su hambre de eterno. Quiere saciar esa sed de infinito que le devora las entrañas en el hilo de la fuente y se olvida de los raudales del manantial. De ahí el reinado del egoísmo que se ha entronizado en el corazón de la sociedad y que es la causa del hondo malestar que aqueja al mundo contemporáneo. Todo el

arte y la cultura no han enjugado una lágrima... De
ahí el vicio y el error que tienen sus apóstoles y un
trono en los corazones; de ahí que esos conceptos-de
paz, de justicia, de fraternidad, de amor son hoy con-
ceptos-dioses, como los llama Stirner: el hombre los ha
hecho huir al cielo. De ahí las luchas sociales, consecuencias del materialismo de la vida que amenazan sepultar a esta sociedad decrépita que caerá al peso de
sus infortunios o se ahogará en el océano de sus lágrimas si no retorna de nuevo a los principios salvadores
del Evangelio.

3) **EL UNICO REMEDIO.**—4) **ACCION DE LA DE-
MOCRACIA CRISTIANA.**—¿Cuál es el remedio? Cristo. Es la única esperanza, el único Médico que puede curar nuestras llagas, la esperanza suprema del
mundo. Su doctrina es llamarada de luz y calor de
vida, fuente de belleza y perfección social. Y como estamos en el siglo de la democracia, el único remedio es
la acción de esa Democracia que nació con Cristo en
Belén y con él trabajó en el taller de Nazaret. Que es-
cuchó atónita la proclamación de sus derechos en el
Sermón de la Montaña, donde los pobres, los humildes,
los que sufren fueron llamados bienaventurados; esa
democracia que aprendió sus deberes en la escuela del
Maestro; que enjugó su llanto de cuarenta siglos al
oír la parábola del rico epulón y del pobre Lázaro; que
abrió su corazón a la esperanza al oír que los últimos
serían los primeros en el reino de Dios, y que ese pobre
esclavo, sobre cuyas espaldas había caído implacable
el látigo de la tiranía, también podría llevar sobre su
frente, aun herida por el clavo de la servidumbre, una
corona de estrellas en el cielo...

El reinado de Cristo en las inteligencias, en los corazones, en las almas: es el único remedio, la suprema

esperanza, el único faro que brilla en medio de la tempestad.

Tal es la mentalidad de los grandes pensadores modérnos, llámense Papini, Le Bon, Bourget Barres, Maurrás, Lemaitre, Bazin, Psicari y Hervé el furibundo socialista que, quemando lo que habia adorado, ha escrito: "El espiritualismo es la salvación de Francia y la redención del mundo". "El espiritualismo es una pieza necesaria en el mecanismo social", dice Cambó.

El sentimiento religioso es algo eterno en el espiritu; resuelve los grandes interrogativos de la vida y es la base inconmovible del orden social. La sociedad descansa sobre la religión, la autoridad, la propiedad y la familia. Removed esas bases y vacilan sus cimientos....

He aquí la misión que tenemos los católicos y los hombres de orden: infundir de nuevo en medio de las muchedumbres la levadura del Evangelio y defender el orden social cristiano. Todo un programa luminoso de acción-social católica.

Defender nuestros ideales por las obras de Acción Católica; propagarlos por medio del apostolado cristiano.

Mantener, defender, propagar. Este es el ideal del católico de hoy que debe trabajar dentro del templo y fuera del templo. Dentro del templo debe ser columna que sostenga el edificio de Dios; fuera del templo, espada, escudo, cimera para defender su causa sacrosanta.

Ya no podemos guardar nuestra fe en el secreto de nuestro hogar; debemos salir con esa antorcha a iluminar las inteligencias y a encender los corazones. Somos hijos de la luz, dice San Pablo y debemos caminar como hijos de la luz. Vamos a esgrimir el arma de la verdad y el arma de la caridad. El que coopera al apos-

tolado de la Iglesia coopera a la acción de Cristo en la
sociedad; y el que coopera a la acción de Cristo trabaja por el mejoramiento intelectual y moral de esta sociedad que, tendida a orillas del camino, bajo un cielo
nebuloso y triste, está esperando que el buen Samaritano venga a curar las heridas de su espíritu.

4) **GLORIAS DEL APOSTOLADO. UNA PAGINA DE
MELLA.**—¿Qué es el apostolado? Es la acción de Cristo en el mundo. ¿Qué es el apóstol? El eco de su voz,
su imagen hecha viviente, la prolongación de sus latidos divinos. Los apóstoles han salvado a la humanidad.
A las sociedades no las salvan los políticos sino los santos y más influencia ejerce en el mundo un corazón
santo que una inteligencia privilegiada y genial. ¿Qué
ha sido de aquellos grandes hombres que conmovieron
al mundo con la fama de sus hechos: Alejandro, César,
Napoleón? Sobre sus fosas se extiende hoy el manto del
olvido, el polvo de los siglos, y sobre la memoria de
muchos de ellos la condenación de los hombres y los
anatemas de la historia. Pero el pobrecillo de Asís sigue ejerciendo todavía poderosa influencia en los destinos de la humanidad. Fué llamado un loco y ha enloquecido divinamente a los hombres y sigue atrayendo
como un imán gigantesco, todos los corazones.

El apostolado es como la prolongación de esa sed
divina de almas, de esa sed mística de amor que sintió
Cristo en el madero de la Cruz. Cristo es el primer misionero que trajo la misión de salvar al hombre, de enseñar la verdad, de tronchar las cadenas de la esclavitud de la culpa. El Evangelio lo presenta recorriendo
los campos y las ciudades, y las orillas del mar, en sublime faena apostólica, perdonando a los pecadores,
enseñando a los rudos, aliviando las miserias de los
hombres, hablando de las cosas divinas y consolando

todos los dolores de aquella humanidad que ponía sus angustias bajo su sandalia.

Esa misión redentora no termina con Cristo; El se ha prolongado en su Iglesia que es la efusión de su amor; ha establecido un sacerdocio con el encargo de enseñar la verdad y le confía la misma misión que había traído del cielo. "Como mi Padre me envió, así Yo os envío a vosotros. Id y enseñad a todas las naciones".

E irrumpió su Paráclito en doce pechos humanos que hicieron caer de rodillas al mundo ante la Cruz. Fueron los Doce Apóstoles, sobre cuyas cenizas reposa hoy la cúpula más grandiosa de la tierra. Establecieron en el mundo esa caridad de apostolado que es la donación del hombre en cuanto inteligencia, en cuanto sentimiento, en cuanto vida exterior, dice Lacordaire.

Apostolado que no conoció China encerrada en su mutismo secular.

Ni la India replegada en la envoltura de sus castas.

Ni Grecia, Patria del arte, pero que no tuvo ni apóstoles, ni misioneros, ni mártires.

Ni Roma que no tuvo de universal sino su ambición.

Y esa palabra anunciada por el apóstol, voló de un extremo a otro de la tierra, con más rapidez que las águilas romanas, que las águilas francesas, sin que el vapor haya estado ahí para prestarle alas, ni la industria para perforar las montañas a su paso.

Y estuvo en Jerusalén, en Antioquía, en Corinto, en Efeso, en Atenas, en Alejandría, en Roma, en las Galias; fué más lejos que César, llegó hasta los escitas, cautivó el corazón del mundo.

Y cuando Vasco y Colón adivinaron mundos en medio de las olas desconocidas, también vino con ellos la palabra de Cristo. Y la India, la China y el Japón fueron evangelizados. Y desde los algos del Canadá hasta los confines de América, allá donde se abrazan dos océanos, llegó la palabra de Cristo. Ella habitó las florestas, los ríos, las cavidades de las rocas, las orillas de los lagos, las cumbres de las cordilleras, sedujo al caribe, al iroqués, al inca, al araucano, amó y fué amada por mil razas perdidas en medio de los continentes. ¿Quién es ese hombre? Es el apóstol que va transfundiendo la vida del espíritu en las almas y guiando a los hombres a las alturas del cielo. Como Cristo, pasa aliviando todas las miserias: limpia al leproso, resucita a los muertos a la vida de la gracia, toca los ojos cerrados a la luz de la verdad y donde penetra la fe como un rayo de sol en las crueldades de una celda.

La familia de ese hombre, es la humanidad; su paternidad, las almas; su anhelo, la gloria de Dios; su enseñanza, el Evangelio; su pendón, su bandera, la Cruz.

A la luz de la fe, es Cristo en la tierra; a la luz de las civilizaciones, su conservador; a la luz de la hoguera, un mártir; a la luz de la lámpara del santuario, una víctima; a la luz de la historia, un triunfador; a la luz de la ciencia, un maestro; a la luz de la Teología, un salvador; a la luz de la vela que sostiene el moribundo, el guía, el amigo, el ángel.

Ése hombre sacrifica las más hondas afecciones del corazón y atraviesa los mares y continentes sin más arma que su breviario, sin más anhelo que predicar la verdad, sin más gloria que la de morir muchas veces anónimo en medio de las selvas, de los desiertos, para decir con el apóstol ideal: "Y sobre la huesa mía, en el mundo feliz, sólo un lamento, vendrá a gemir bajo la noche umbría: el gemido del viento"...

El mundo fué salvado por el ideal de los Apóstoles:

Cristo; y hoy sólo será redimido por los apóstoles de Cristo.

Lo dice el ilustre orador español Vásquez Mella en una bellísima página. Un día prendió la llama del apostolado en el pecho de doce pescadores, rudos, sin ascendiente, sin más fortuna que sus redes pero que hicieron caer al mundo de rodillas ante la locura de la Cruz.

Y cuando el cadáver de Roma que se creía eterna fué repartido entre los bárbaros, surge la era de los mártires y de los santos que convencen al paganismo con el admirable heroísmo de su virtud.

Y después de tres siglos de lucha, la Iglesia sale, triunfante, de las catacumbas para reinar en el corazón de los hombres y de los pueblos. Cuando el enemigo enarbola el estandarte de la negación y de la impiedad, acuden los Cirilos, los Ciprianos, los Gregorios que defienden la verdad y aniquilan el poder de las tinieblas.

En el sigol I ese apóstol lo forman millones de mártires que escriben con su sangre en las arenas del Circo el sublime Credo de la fe cristiana.

En el siglo II es Justino, llamado por su elocuencia el Cicerón cristiano.

En el siglo III, el mártir de los mártires, Lorenzo, ilumina su siglo con las llamas candentes de su tórmento.

En el siglo IV, cuando las sombras caen sobre el mundo, brillan la elocuencia y santidad de San Basilio y Crisóstomo.

En el siglo V, cuando Roma yace bajo la noche de la barbarie, aparecen a iluminarla San Agustín y San Jerónimo.

En el siglo VI, para levantar los nuevos reinos, Santa Clótilde y San Leandro.

En el siglo VII, cumbre de la edad visigoda San Isidro y Alcuino.

En el siglo VIII, San Bonifacio ilumina la Alemania.

En el siglo IX, San Eulogio y San Odón invaden el mundo con su orden Cluniacense.

En el siglo X brilla como un faro Silvestre segundo.

En el siglo XI, cuando el cesarismo echa cadenas a la Iglesia, aparece San Gregorio VII, uno de los más grandes caracteres de la historia, que muere en el destierro por haber amado la justicia y odiado la iniquidad.

En el siglo XII, al grito de ¡Dios lo quiere! aparece San Bernardo conmoviendo las naciones de occidente.

En el siglo XIII, el más grande de los siglos cristianos, que dió al mundo las cuatro maravillas: La Suma, las Partidas, el Arte gótico y la Divina Comedia, junto a un Domingo y un Francisco, está un Buenaventura y un Tomás de Aquino, el más santo de los sabios y el más sabio de los santos.

En los siglos XIV y XV, cuando la Iglesia parece que se iba a desgajar con el cisma de occidente, brilló Santa Catalina de Sena y San Vicente Ferrer.

En el siglo XVI, cuando la Reforma ataca el principio de autoridad, aparecen los prodigios de obediencia San Ignacio de Loyola y Santa Teresa de Jesús.

En el siglo XVII, cuando el Jansenismo helaba las almas, aparece el apóstol de la caridad San Vicente de Paúl.

En el siglo XVIII, siglo de la crítica y del sensualismo, el gran moralista San Alfonso de Ligorio.

En el siglo XIX, siglo de la Democracia proletaria, el beato José de Labre.

Y en el siglo XX, cuando el mundo necesita de
una luz que resplandezca en medio de las sombras, Dios
pondrá en la cima del Vaticano al gran Papa de la Eucaristía, Pío X, para que con los rayos del Sol de las
almas calentara el corazón del mundo...

El apostolado, decía este ilustre Pontífice, es la
primera de las obras.

Cooperemos a ese apostolado de la Iglesia y habremos contribuído a salvar a esta sociedad que necesita soplos de Evangelio, hálitos de caridad, el contacto
amoroso del pecho de Cristo.

CAPITULO XII

APOSTOLADO DE LA MUJER

SUMARIO: 1)—a) Actuación de la mujer en la sociedad. Todo reclama ❧ apostolado. Su necesidad.—2)—b) Diversos apostolados: la oración, la palabra, el ejemplo, apostolado religioso, social.—3)—c) La mujer en el Evangelio. Su brillante actuación. Ha sido heroína, mártir, apóstol. Su actuación en la moderna sociedad.

1)—a) **ACTUACION DE LA MUJER EN LA SOCIEDAD.**—En las nuevas transformaciones que se preparan en la sociedad, la mujer cristiana tiene una nobilísima misión que cumplir: ella debe guiarla por la senda del Evangelio y por los caminos de la luz... No podéis permanecer sentadas junto a los sepulcros y llorar sobre sus ruinas. Para llorar y gemir hay ya bastantes corazones desgarrados. Vosotras debéis velar junto a las cunas y salvar a la nueva sociedad.

Así hablaba Montalembert a la mujer francesa y así es necesario hablar a la mujer cristiana, hoy que el enemigo ha desplegado el estandarte de la negación y de la impiedad y pretende arrancar a Cristo de las conciencias, de los corazones, de las almas.

Cuando el enemigo que amenaza al mundo es la fuerza, dice un ilustre orador, llámese Atila o Mahomet, Dios dice a los guerreros: ¡combatid! Cuando el enemigo es la herejía, llámese Arrio, Lutero o Voltaire, Dios dice a los genios: ¡tomad la pluma y luchad! Pero cuando el enemigo amenaza a Jesucristo, a la Iglesia, a la sociedad, el espíritu de Dios sopla sobre las almas para decirles: ¡salid al encuentro del enemigo cargados con los tesoros de la caridad y triunfaréis por el amor!

¡Oh mujer cristiana! personificación de la caridad y del amor. Levantad vuestros ojos y tended la vista por el vasto campo del apostolado religioso y social.

"La mies es mucha, pocos son los operarios".

El egoísmo hiela los corazones y mata las, almas. La sociedad sufre en su opulencia, se agita, cual enfermo en lecho suntuoso. Está perdida por el corazón, porque se ha separado del que es la luz, del que es la vida, del que es el Amor.

Esto reclama el apostolado fecundo de la caridad.

La sociedad marcha entre tinieblas, porque se ha separado de Jesucristo que es la Verdad. El enemigo ha pasado sembrando la cizaña del vicio y del error que tienen sus apóstoles y un trono en los corazones. Esto reclama el apostolado del ejemplo, el apostolado de la verdad. El campo social ha caído en manos del hombre enemigo de que habla el Evangelio. Se destierra a Cristo del individuo, de la familia, de la sociedad, de la vida, pública, del templo de las leyes....

Esto reclama el apostolado de la defensa, el apostolado de la conquista. ¡Qué hermosos apostolados! **Levate oculos vestros...** ¡Levantad vuestros ojos! "La mies es mucha; pocos son los operarios"...

El hombre tiene hambre y sed de justicia, hambre de paz y de amor, porque no conoce a Aquél que es la justicia, que es la paz y que es el amor. El hombre se ha vuelto de cara a la tierra, se ha materializado. Y todo lo ha probado esta sociedad: la crueldad, la sangre, la voluptuosidad, la riqueza, la fuerza... Hoy le propone Cristo la prueba del amor, la que nadie ha intentado y la única que puede salvarlo...

Es necesario llevar a Cristo a las inteligencias, a los corazones, a las almas; es necesario ser apóstoles, el eco de su voz, su imagen hecha viviente, como la prolongación de sus latidos divinos.

El católico de hoy no puede guardar su fe en el secreto de su conciencia o en el seno de su hogar. Debe salir con esa antorcha a iluminar las inteligencias y a encender los corazones. "Somos hijos de la luz y debemos caminar como hijos de la Luz", dice San Pablo.

Debemos esgrimir esas dos armas que han obtenido más victorias que las huestes napoleónicas: el arma de la verdad y el arma de la caridad. Y la mujer es la personificación de la caridad. Ella debe difundir en su vida, sus irradiacoines de amor.

Si el hombre es idea, ella es el sentimiento; si el hombre es inteligencia, ella es el corazón. La mujer debe ser apóstol, se debe al cristianismo. El ha colocado en su frente, la triple corona de Virgen, esposa y madre. ¡Oh mujer, aprende a conocer tu grandeza y los destinos que te ha confiado Dios! Tu misión comienza con Jesucristo que te redimió en el orden espiritual y en el orden social; tu misión recibe un bautismo de sangre en el calvario donde está de pie una mujer como personificación del amor y como ideal del dolor; y tu misión recibe la unción de la gracia en el cenáculo, donde una mujer, la Virgen María, es el alma del colegio apostólico.

2) — b) **DIVERSOS APOSTOLADOS: PALABRA, ORACION, EJEMPLO, ETC.**—La mujer, pues, se de-

be al cristianismo, debe ser apóstol. Y ahí tenéis diversos apostolados en que podéis ejercer vuestra actividad. El apostolado de la palabra, de la oración, del ejemplo, el apostolado religioso y social.

El apostolado de la palabra. Poco es una palabra, podemos ser apóstoles, podemos hacer el bien, podemos llevar las almas a Dios y ganarlas para Cristo. Una palabra en el seno del hogar. ¿No hay en vuestra familia un alma extraviada, un corazón indiferente? Una palabra en el seno de la amistad. ¿No tenéis entre vuestros amigos un espíritu que vaya buscando luz, que vaya buscando la verdad? Pues basta una palabra, muchas veces, para arrojar la semilla, para encender la luz y para volver al buen camino a muchos hijos pródigos. Los que no se rinden con la palabra del sacerdote o con la enseñanza del buen libro, no resisten las insinuaciones cariñosas de la amistad.

Una palabra en el seno del pueblo. ¿No podéis enseñar, no podéis corregir? ¿No podéis hacer el bien a esos pobres que no conocen a Dios y que llevan una vida materialista? Muchas veces podéis llegar vosotras a donde no puede llegar el sacerdote, podéis hacer oír vuestra voz ahí donde no se oye la voz del ministro del Evangelio. Podéis ser apóstoles, cooperadores del sacerdote en la salvación de las almas.

¿Y qué decir de los centros obreros, de las fábricas? ¡Cuánto bien puede hacer en ellos un alma encendida en las llamas del apostolado! Apostolado de la oración. La oración atrae la gracia y la gracia salva y vivifica. ¿No podéis orar? ¿No podéis pedir en vuestras plegarias por la difusión de la verdad, la extensión del reino de Cristo?

Santa Teresa desde su celda convirtió tantas almas como los misioneros que predicaban a Cristo en medio de las selvas.

El apostolado del **ejemplo**, el más elocuente, el más necesario de los apostolados. Vuestra vida debe ser una predicación constante. Los hombres son persuadidos, más que por la palabra, por el ejemplo. Debéis vivir vida de fe y en conformidad con los principios de vuestra fe. No como tantos cristianos que tienen fe de cristianos, pero que llevan vida de paganos; que sirven a Cristo en la penumbra del hogar y le niegan muchas veces en la vida social.

Esos cristianos hacen mayor mal a la religión que la acción de sus propios enemigos. Los primeros cristianos vencieron al paganismo con el ejemplo de su vida. Arrancaron al paganismo esta frase que es toda su apología: "Ved cómo se aman". Y los paganos fueron convencidos, más que por la virtud de los milagros, por los milagros de la virtud...

El apostolado religioso, sea de prensa, de catequesis, de cristianización de las familias, el apostolado de la educación, de la caridad, el apostolado social en sus diversas formas, acción en los talleres, fábricas, etc.

Sobran los apostolados, pero faltan los apóstoles, **Messis quidem multa**... Pero la mujer cristiana puede ejercitar su celo y su espíritu de piedad en estos apostolados. **Ora et labora**. Trabajo, acción, perseverancia. Sobre todo perseverancia. Muchas veces todo termina en comenzar... Somos impulsivos, nos falta la constancia. Poco es una gota de agua, pero la reunión de ellas forman los océanos; pequeño es un grano de arena, pero el conjunto forma las montañas gigantescas...

3)—c) **LA MUJER EN EL EVANGELIO. SU BRILLANTE ACTUACION.**—Para que os animéis a trabajar en las obras de apostolado, os diré cuál fué el papel de la mujer en el Evangelio.

Una mujer, Santa Isabel fué la primera que entonó el cántico de glorificación al Mesías redentor, cuando pronunció aquellas palabras a la Santísima Virgen que la visitaba: "Bendito es el fruto de tu vientre".

Una Mujer, la mujer ideal, la Virgen María, al contemplar las maravillas que en ella había obrado el Omnipotente, entonó el sublime cántico del **Magnificat** que es el modelo de lirismo en todos los siglos: Una mujer, la profetisa Ana anuncia al Mesías salvador; una mujer, la Samaritana lleva a Cristo a todos aquellos que tenían sed del agua viva que salta hasta la vida eterna. La mujer acompaña a Cristo en el camino del Calvario; la mujer está junto a la Cruz; llevan aromas en vasos de alabastro para perfumarlo, pero también llevan el perfume del amor en el vaso inmortal de su corazón; una mujer, la Virgen María es el alma de la Iglesia.

La mujer ayuda a los apóstoles en la predicación del Evangelio. Petronila, Praxedes, Prudenciana, Lidia, Maxila, Matea, Efigenia.

Más tarde, la mujer con Helena levanta santuarios y descubre la verdadera Cruz; con Clotilde convierte reinos y hace caer de rodillas al fiero sicambro que adora lo que ha quemado y quema lo que ha adorado.

Forma el corazón de los reyes con Blanca y Berenguela de Castilla; santifica el trono con Isabel de Hungría, de Portugal, con Brígida de Suecia, con Margarita de Escocia; llega a la cumbre de la santidad y de la belleza con Teresa de Jesús, se convierte en heroína de la religión y de la patria con Santa Juana de Arco y descubre mundos en medio de las olas desconocidas con Isabel la Católica.

La mujer en el cristianismo ha sido apóstol, ha sido heroína, ha sido mártir.

Cuando Cristo entró entre palmas en Jerusalén, aquel pueblo le batía palmas de triunfo y le alfombraba de flores su camino, diciendo: ¡Hosanna! ¡Bendito el que viene en nombre del Señor!

Al día siguiente, ese mismo pueblo pedía que fuera crucificado.

¡Que su sangre caiga sobre nosotros y sobre nuestros hijos!

Y Jesús camina hacia el Calvario, herido, despedazado, más que por las heridas, más llagado todavía por el amor. Iba rodeado de enemigos; sólo le cruzan miradas de odio. Y en medio de tanto odio ¿no habrá algunos ojos compasivos? ¿Unos labios que alaben, un corazón que compadezca?

¡Ah, sí! Esas miradas, esos labios, ese corazón fueron vuestros ¡oh mujer cristiana! Los discípulos huyen; Pedro renegó de él, pero una mujer se acerca, la Verónica, le ofrece un lienzo para enjugar su rostro y las lágrimas de aquellos ojos:

"Ojos llorosos que piedad inspiran,
Ojos sin ira que el perdón predicen...
Ojos que tristes, al mirar, suspiran
Ojos que tiernos, al mirar, bendicen"...

Las mujeres le acompañan, llorando. El Maestro les dice: "No lloréis por mí, llorad por vosotras y por vuestros hijos"... Y hace veinte siglos que ese pueblo llora, con sus gemidos ha arrullado al mundo y juega con las hebras de su llanto...

La mujer cumplía en esos momentos los grandes designios de Dios. Era el alma religiosa de la patria que lloraba la condenación del inocente, la muerte del Justo.

Ese drama sangriento todavía se está representando en medio de la humanidad... La Pasión no ha terminado... el mundo sigue condenando al inocente, se sigue pidiendo la libertad de Barrabás, la crucifixión de Cristo; el mundo sigue siendo el calvario de la verdad, de la justicia, de la virtud...

Y la mujer, hoy como ayer, debe acompañar a Cristo en el camino de su dolor; hoy como ayer, es el alma religiosa de la patria que llora la muerte del Justo; hoy como ayer, debe ser apóstol del Evangelio y esparcir la semilla de la caridad que es la soberana de las almas. Tal es vuestra misión ¡oh mujer cristiana! En el origen de todas las cosas grandes hay siempre una mujer... ¡Sed apóstoles! Cristo es vuestro ideal, vuestra enseña, la Cruz que "es algo más que un dolor que en el mundo se desploma: es el símbolo que toma la grandeza de un amor"...

CAPITULO XIII

APOSTOLADO DE LA JOVEN CATOLICA

SUMARIO: 1) La joven y el apostolado. Cualidades.—2) El sentido social y la mujer.—3) La joven y la acción social.—4) La formación social y su necesidad.

1) LA JOVEN Y EL APOSTOLADO. CUALIDADES.

—La juventud generosa, sembradora de los grandes ideales, como la llama Bazin, posee admirables cualidades para el apostolado.

El entusiasmo que caracteriza a la juventud que bien encauzado y dirigido puede llevar a las realizaciones más sorprendentes, es la primera de estas cualidades.

Ese entusiasmo es en las obras de apostolado, lo que la savia a las plantas, causa y principio de las más espléndidas floraciones y de los más deleitosos frutos.

¿Qué puede ser imposible a un corazón de veinte años? Donde otras más maduras demuestran el "savoir faire", la joven, llevada de energía, de vigoroso empuje, es como un resorte poderoso que galvaniza todas las energías, multiplicándolas.

La mujer, en sus actividades, aun las más idealistas, persigue un fin positivo y práctico. Por eso en el apostolado, obra divina el corazón femenino, ha de encontrar necesariamente su satisfacción plena y su más dulce encanto..

El apostolado requiere corazones rebosantes de amor ansiosos de sacrificios. Y el corazón de la joven, ante todo, quiere amar. Tal inclinación, si permanece dentro del orden, a la altura debida, no tenemos por qué ocultarla. Dios mismo es amor. Y en virtud de esta deliciosa propiedad divina, el Creador se movió a dar la existencia, a dar la vida por todos los seres de la creación.

Al sacrificarse por los demás, la mujer se siente elevada, dignificada. El apostolado, con sus caminos de espinas, le ofrece ocasiones innumerables de elevarse, de engrandecerse.

En el fondo del alma femenina se revela el sentimiento de la maternidad. Niña aun se le ve arrullando a su muñeca. Es como la tendencia innata de su ser. La mayor parte de las jóvenes llegarán a esa maternidad dentro del matrimonio cristiano. Y a esa misión maternal las prepara el apostolado, calmando de antemano su legítima impaciencia. Porque, dar a las almas la vida sobrenatural de la gracia, contribuyendo a su conversión o colaborando por medio de la instrucción, de propaganda y de tantas otras maneras a que se conserven y permanezcan en esta vida sobrenatural ¿no es ser madre en espíritu y en verdad, de una manera misteriosa pero real y sublime e inefablemente fecunda?

Y entonces, se puede decir que es dos veces madre: porque es dar la vida del espíritu, velar y proteger a aquellos que no son carne de su carne. La joven irradia simpatía, como la flor su perfume. Eso constituye su centro de atracción. Pero esa cualidad o puede elevarla a los amores sublimes o arrastrarla hacia el abismo. Y en virtud de esa cualidad maravillosa la joven se encuentra en situación privilegiada para la obra sublime de la conquista de las almas por medio del apostolado.

Ya hemos hablado del sentido del apostolado que no es sino la continuación en el mundo de la obra que vino à realizar en la tierra el mismo Dios: la salvación de los hombres. ¿Qué joven dotada de un corazón noble y generoso, de un alma cristiana no ha sentido santa emulación al contemplar la misión divina de los sacerdotes, su poder, su grandeza, su divina aureola?

¿No sería posible hacer participar de tan divina misión a la mujer? Y no sólo es posible... sino que la Iglesia, por la autoridad suprema del Pontífice, invita a la mujer a colaborar en obra tan excelsa y tan divina al llamarla a la Acción Católica.

¿Qué joven no acudirá a este honroso llamado? Ya hemos hecho notar que la actividad apostólica es el elemento central de la Acción Católica. Todos debemos responder a este llamado del Vicario de Cristo.

Hay multitudes que todavía están asentadas en las tinieblas, esperando la luz que las despierte a la vida. Hay muchedumbres de seres que jamás han conocido el don de Dios o no hán sabido conservarlo y apreciarlo. Jesucristo nos llama por la voz del Pontífice, confía en nuestra generosidad; está como inmovilizado en la Cruz, esperando que le llevemos almas. Tengo sed de almas... Apaguemos esa sed divina llevándole almas.

Haciéndole conocer, haciéndole amar. Haciendo que nuestra vida sea una vida plena de hermosos bienes. **"Dies pleni"**. ¡Qué diferencia entre una vida superficial de una joven entregada a bagatelas y frivolidades, y la vida llena y fecunda de una joven-apóstol!

La juventud es flor de la vida y ¡qué dicha si se la puede ofrecer al Señor con todos sus perfumes, como todos sus encantos!

Lejos los pesimismos. El campo es inmenso y variado. "La mies es mucha".

Y podéis ejercer el trabajo de apostolado en todos los órdenes de vuestra vida. En el templo, en el hogar, en la escuela, en las relaciones sociales, con vuestra oración, con vuestra modestia, con vuestro ejemplo, con vuestra palabra.

"Si no puedes ser una estrella del cielo sé lámpara de tu casa".

La juventud debe huir de las exhibiciones de la vanidad. Sería una desgracia convertir las obras de apostolado que deben ser para Dios en pedestal de la propia vanidad.

No se debe confundir la actividad con el movimiento. Obras, trabajo, perseverancia. El éxito no está en nuestras manos sino en las manos de Dios. Pero busquemos ese éxito con la labor humilde, abnegada, sacrificada, con la oración fervorosa.

Y Dios nos dará en recompensa el Paraíso. Quien salva un alma salva su propia alma, dice el Apóstol.

Todo debe encender en mi alma el fuego del apostolado: el amor que debo a Dios; no puedo ser indiferente a su gloria. "El que no tiene celo, no tiene amor". El amor al prójimo. ¿Qué hago por mis hermanos? De ellos debo preocuparme, como nos dice el libro divino.

Y luego el llamado de la Iglesia, nuestra propia santificación. Trabajando por Dios, cooperando a su obra salvadora, me santifico.

Mons. Gay expresa este pensamiento: "Trabajo, sufrimiento, sacrificio, no retrocedáis por nada, nada es demasiado; el crucifijo inspira la tentación de decir que nada es bastante".

Y dad una mirada: veréis las almas alejadas de Dios; la sociedad que desconoce a Jesucristo; las multitudes que van hacia el abismo en brazos del vicio y

del error. Todo esto reclama apóstoles. ¿Llevo dentro
de mí la esperanza de un mundo nuevo? Tú debes ser
uno de sus constructores.

Algunos datos sugestivos que nos indican la necesidad del apostólado. En toda la extensión de la tierra
hay cerca de mil quinientos millones de vivientes. De
ellos, dice un escritor, mil millones de paganos... Las
dos terceras partes del mundo... El tercio que resta,
una mitad, católica; la otra, cismática o protestante.

¡Mil millones! ¿Me doy cuenta de lo que son mil
millones?

Mil millones de minutos desde el nacimiento del
Salvador, llevan hasta el 18 de Abril de 1902... ¡Mil
millones de paganos!

Significa esto que si desfilasen en hileras de cuatro por segundo, debajo de mi ventana, yo emplearía
ocho años... y cincuenta y seis días viéndolos pasar...
¿Y puedo vivir en ociosidad? ¿Y la pesadilla de la salvación del mundo no hurga en mi alma? ¡Qué inmensa
mies! ¿Y si yo me convirtiese en uno de los obreros del
campo divino?

Todo reclama el apostolado, todo te lo pide. Amor
a Dios, al prójimo, llamado de Iglesia, defensa, conquista. Escuchad la invitación. Las almas esperan. El
mundo tiene necesidad de apóstoles, el campo de obreros. ¿No iréis a segar la dorada mies? **Da mihi ani-**
mas... "Dadme almas": debe ser tu ideal, tu programa, la acción de tu hermosa vida, iluminada por la luz
de dieciocho primaveras...

2) **EL SENTIDO SOCIAL Y LA MUJER.**—Las costumbres y las leyes abren cada vez más a la mujer de
nuestros días, las esferas dilatadas de la cultura intelectual, de la acción social y de la misma vida cívica.

Este ha de ser título especial que le obligue a

utilizar estos nuevos medios de influencia, para promover en todas partes el respeto de la familia, el cuidado de la educación cristiana de los hijos y la protección de la pública moralidad. Ante todo ¿qué son obras sociales? Hay quienes llaman obra social aún a la limosna callejera, por el hecho de que con ella se hace un bien a la sociedad, y hay quienes llaman sociales a ciertas obras u organizaciones. Duval expresa que una obra es una rueda de la función y sólo alcanza a las profesionales. La obra caritativa se ejerce siempre al margen de la función y sólo alcanza a los individuos. La obra social es democrática y hace a todos sus miembros partícipes del gobierno. La obra caritativa es autoritaria y no reconoce en sus administradores ningún derecho a la dirección.

La obra social toma del ahorro y de la ayuda recíproca los medios y fuerzas necesarias para su fin, su prosperidad; la obra caritativa para dar a los menesterosos recurre a los que poseen. Socorre sin enseñar la previsión. La obra social es una célula orgánica y viviente de la sociedad que nace espontáneamente y sin tutela; la obra caritativa es un paliativo universal, destinado a atenuar el mal funcionamiento de las células previsión. La obra social es una célula orgánica y viticia social, que le fija los límites de que no puede pasar; la obra caritativa no es efecto de la justicia ni tiene otros límites que los de la bondad.

Pongamos ejemplos. Si cuidáis de que jóvenes caritativas confeccionen prendas de vestir para darlas a los niños pobres; si enviáis a la sierra o al mar a los niños enclenques de nuestras grandes ciudades; si a vuestra costa y con vuestra dirección fundáis una escuela doméstica; si edificáis casas baratas, higiénicas y cómodas; si introducís en vuestro pueblo la industria del encaje y distribuís el trabajo entre algunas obreras; si procuráis al obrero más salud por medio de mayor higiene, más alegría por medio de más arte, mayor paz, mayor moralidad; hacéis obras benéficas.

Pero ¿fundáis un sindicato que esté dirigido por sus socios, que defienda sus intereses, que perciba sus cuotas a fin de repartirlas en caso de paro? ¿Establecéis una mutualidad profesional y familiar que socorra a los socios con fianza para llenar sus arcas no necesite acudir a la generosidad de ricos filántropos? ¿Establecéis una lechería cooperativa, dejando enteramente a los agricultores los beneficios, la dirección y la administración? ¿Juntáis familias cristianas para que, sin intermediarios, compren directamente los comestibles y los repartan entre sí, en las mejores condiciones? ¿Formáis, en fin, una caja de paro que únicamente los obreros sostengan y administren? Si todo esto hacéis, realizáis obras de **organización social.**

Las obras sociales se caracterizan, según otros, por la **previsión**; sostienen al que está en pie para que no caiga, le ayudan a levantarse si está caído, y le ayudan a hacerse capaz de bastarse a sí mismo y cooperar al bien general; provocan la cooperación de los socorridos; excitan su esfuerzo personal; no los llevan, sino que más bien les muestran el camino para que anden por sus propios pies; ayudan a ayudarse. La obra social previene la necesidad para que no sobrevenga; la benéfica, la remedia cuando ha sobrevenido. La primera podría compararse a la higiene; la segunda, a la medicina. Ya conocemos lo que es la obra social. ¿Cómo ejercitarse en su apostolado, en su acción?

3) **LA JOVEN Y LA ACCION SOCIAL.**—No creáis haber cumplido con vuestro deber cuando hayáis dado limosna al pobre que se oculta o perece en el camino. Venir en su ayuda, consolarlo, curarlo es cosa lauda-

ble y meritoria. Mas, ponerlo al abrigo de su necesidad, prevenir el mal alejando sus causas, es cosa mejor aún.

Siempre habrá pobres, enfermos, ancianos abandonados y siempre serán necesarios asilos abiertos de la caridad para recogerlos. Pero habrá menos, si se tiene más cuidado en proporcionarles, cuando trabajan condiciones de retiro que los pongan, en su ancianidad, al abrigo de la necesidad; y así se prevén para sus hijos condiciones de vivienda que les permitan cuidar de la vejez de sus padres.

Siempre habrá pobres, víctimas de sus malas pasiones, de su falta de sentido práctico, de su prodigalidad; pero habrá menos si se gasta una parte de nuestro dinero en ayudarlos en seguida, en desarrollar al principio las instituciones y las obras susceptibles de curarlos, ya defenderlos contra ellos mismos, de hacerlos cobrar el hábito y el gusto del orden, del trabajo y de la limpieza. El interesarse activamente en una organización de asistencia por el trabajo, en una sociedad de casas baratas, de escuelas de enseñanza familiar y doméstica, es en todo caso, más sabio y más útil que extenderse a recriminaciones amargas y sin fin contra la incapacidad del mundo obrero, para llegar a ser sobrio, económico y trabajador.

Y si es meritorio aliviar en la montaña o en la costa a los niños enfermizos es más meritorio todavía el interesarse activamente en mejorar la misma vivienda.

Dignos de aplauso son los que contribuyen a la fundación de un dispensario anti-tuberculoso o a un sanatorio popular; pero sería mejor si comenzasen por no obligar a trabajar en condiciones higiénicas deplorables, focos propicios a la tuberculosis.

Estas observaciones han de tener presentes la jo-

ven de hoy, si desea comprender y llenar sus deberes
del día de mañana, si quiere que su caridad sea algo
distinta de una vana apariencia. El apostolado social
de la mujer no significa abandono del hogar. Tal apostolado no será sino un apostolado familiar ampliado a
la vida del taller, de la fábrica, de la oficina, de la Escuela, de la Municipalidad, del Estado.

La mujer hace demasiado poco en su hogar cuando
encerrándose en él, consiente que se propague el incen-
dio en las casas vecinas con inminente peligro de la
propia. La educación de los hijos es la obra primordial
de las madres. Sin duda.. Pero ésta no será completa
mientras el ambiente social y profesional, en que esos
hijos han de vivir, de tal manera se encuentra corrompido que constituya un inminente peligro para su salud
física y moral.

Por tanto, incumbencia de las madres es el sanea-
miento de ese ambiente que amenaza las vidas que han
engendrado.

La vocación maternal coincide también con el deber social. La humanidad es una inmensa familia. Hay
que esclarecer ignorancias, sostener debilidades, etc.
Una predestinación orienta a todas las mujeres a esa
maternidad amplificadora que no es otra cosa que el
deber social.

El título de católico es un motivo más que nos debe
empujar al apostolado social. Somos miembros de un
mismo cuerpo místico, dice San Pablo.

Y demostraremos si somos miembros vivos de ese
cuerpo, si sentimos los dolores de los otros miembros
vivificados por la misma sangre. Si nos desentendemos
de esos miembros, ofendemos a Cristo cabeza de ellos.

Quien no abarca el Cristianismo con todas sus consecuencias, no es cristiano en espíritu y en verdad. La

actual situación reclama una intensa labor social. Para
esta labor necesaria y urgente, necesita la mujer una
caridad más universal e ilustrada, un celo más activo
y consciente, una educación cristiana y social más integral y más en armonía con las exigencias de la vida
moderna.

4) LA FORMACION SOCIAL Y SU NECESIDAD.—
Para realizar el apostolado social, debe educarse la joven en el sentido social. Hay un sentido artístico, un
sentido moral, un sentido cristiano y también un sentido social: El sentido social es el de los intereses colectivos, el sentido de la solidaridad y de la interdepen-
dencia de los hombres, que nos hace actuar contra el
egoísmo y en beneficio de un individuo. para ayudarle
y socorrerle, hacemos una obra de caridad individual.
Si consideramos los problemas de la vivienda, de la higiene, de la educación infantil, de la criminalidad juvenil, etc., hacemos una obra de caridad familiar.

Pero si nuestra vista se levanta sobre las miserias
humanas y abarcamos a la sociedad entera, para remediar sus necesidades y miserias, y nos interesamos por
los problemas del salario, de la profesión, de las condiciones del trabajo, de la legislación y sobre todo, si
nos esforzamos por hallar en la asociación, en la mutualidad, en la cooperación, en el sindicato, es decir,
en una organización más perfecta de la sociedad, el remedio principal de los sufrimientos que la torturan, entonces la caridad se llama **social**. Y quien tenga caridad social posee el sentido social.

El sentido social es cristiano por excelencia. El
verdadero hombre social y regenerador de la humanidad es Jesucristo. Su doctrina social será siempre la
fuente pura e inagotable a donde irán a beber todos

los espíritus generosos que sientan los nobles anhelos
de salvar la sociedad.

El sentido social es espiritualista y desinteresado,
caritativo y pacífico, y ennoblecedor como era el espíritu de Cristo. Por eso, quien posee el sentido social,
siente sobre el yo egoísta, el nosotros fraternal; porque tiene presente que Jesucristo nos ha enseñado a
decir: "Padre nuestro", el pan nuestro dánosle hoy;
y no "Padre mío, el el pan mío dame hoy".

·   El sentido social es el discernimiento prudente de
lo que la justicia o la caridad cristiana imponen o acon-
sejan a la sociedad y a nosotros mismos, en las relaciones mutuas de los hombres. Quien quiera formar a la
juventud en el sentido social debe procurar formar en
su corazón el espíritu de sacrificio, basado en convicciones religiosas; debe hacerle conocer el verdadero
concepto de la sociedad, que es el concepto cristiano;
hágale reflexionar sobre el estado actual de la sociedad, con sus instituciones modernas y miserias materiales y morales; acostúmbrele, no sólo a remediar los
males presentes, sino también a prevenir los que amenazan para mañana; haciéndole ver que más importante que dotar un asilo de ancianos es organizar Cajas de vejez, más trascendental que levantar magníficos hospitales es procurar una legislación que mire por
la higiene del trabajo y la vivienda; y, en fin, ensé-
ñele a preferir aquellas obras, aunque más lentas y menos aparatosas, y por consiguiente menos halagüeñas a
la vanidad, son, con todo, de un influjo mucho más
eficaz y duradero para el mejoramiento de la sociedad.

"Quien no sienta lo social, dice Palau, ni perciba
agudamente los males de la sociedad; quien no se sienta solidario y responsable de esos males como miembro que es del cuerpo social; es un individualis-
· ta, un perfecto egoísta que vive para sí, y que talvez

subordine hasta la misma acción social a su particular interés, ese tal que no se dedique a la sociología ni a obras sociales; no hará más que daño y deshonrará la bandera mil veces bendita del catolicismo. Católico social e individualista, son dos conceptos que mutuamente se excluyen" (V. Feliz).

CAPITULO XIV

APOSTOLADO DEL JOVEN CATOLICO

SUMARIO: 1) Ideal de un hombre de acción.—2) El joven católico y su posición en el apostolado.—3) La formación religiosa, moral, profesional, intelectual y social.— 4) Ideales de la juventud.—5) Compañero de viaje.— ¡Juventud: adelante. Os pertenece el porvenir!

1) IDEAL DE UN HOMBRE LA ACCION.—Es hora de trabajar, es la hora de los grandes trabajos. Trabajemos. La impiedad ha asestado rudos golpes a la Iglesia y a sus obras. Es el tiempo de restaurarlas. Por todas partes han pesado los destructores; que se presenten los reconstructores. Faltan jefes y faltan obreros. Dorada está la mies en el trigal divino: hay que segarla.

Se necesitan hombres de decisión, hombres de acción que arrastren, que enseñen a triunfar de los obstáculos. Esos hombres existen. ¿Cuáles son ellos? El hombre de acción es aquel que está dotado de una actividad ardiente, vigorosa; de una voluntad fuerte; impaciente de obrar, de querer. Es el hombre de claro espíritu que ve prontamente el fin que hay que alcanzar; el hombre de espíritu justo y práctico que aprecia de un golpe de vista los medios apropiados; es el hombre de tacto y oportuno que conoce bien el medio y el momento; que sabe contemporizar para esperar la hora y se sobresalta desde que suena aquella. Es el ser que no obedece a otra palanca que a la verdad, la justicia y el derecho; que no tiene otro amor que el bien y la honradez; es intrépido, que no duda jamás, porque conoce la verdad, la justicia y el bien siempre invencibles.

He aquí el hombre de acción. He aquí el hombre que arrastra a los demás hombres y que les hace producir un fruto, que no parecían capaces de rendir. La mirada de hombre se baña en la luz; mira y sabe ver. Ve la obra que hay que ejecutar. Es difícil, casi imposible. Pero entonces, dominador, calla y observa. Leemos en Víctor Hugo: "Dondequiera que iluminan los rayos del mediodía, si la roca forma una pequeña hendidura, allí va el trabajador, cargado de sacos y espuertas de tierra, y en esta tierra, en Provenza planta un olivo; y en el Rhin planta una cepa".

De la misma manera el hombre de acción observa donde hay una empresa que acometer. Ve las hendiduras sobre las cuales podrá echar sacos de tierra. Ve el sol que prestará su calor. Ve el olivo que podrá plantar aquí, y la cepa que podrá plantar allá. Ve al mismo tiempo la fatiga que producirá este esfuerzo y de antemano siente la pesadumbre; pero el bien general le reclama y acepta entonces el sufrimiento.

Ve que nada puede hacerse sin sufrimiento, sin sacrificio. Ve todo esto y se atreve. Y acepta el peso del trabajo de las responsabilidades. Se atreve y comienza. Da un paso; Dios da ciento. Sobreviene una dificultad; Dios la resuelve.

Extiende la mano y Dios ejecuta la obra. Hay que tener fe en Dios. ¿Hay que reconstruir? Entonces se atreve a reconstruir. Hay que atreverse a todo cuando se trabaja por la verdad, la justicia y el derecho. Tanto mejor si se sucumbe. San Pablo sucumbió y esa es su gloria.

Si el crimen es vergonzoso, no lo es el cadalso, dice Corneille.

Por cada uno que sepa morir se presentarán dos. Los ejemplos de heroísmo hacen nacer valientes. Sí, es preciso reconstruir. La impiedad no ha dejado más que ruinas. Nosotros, en lugar de ruinas edifiquemos un monumento.

"Señor: habéis abierto vuestras manos y han caído los soles, en las inmensas extensiones del espacio, como cae el grano de las manos del labrador; Padre, que habéis derramado rosas a manos llenas en los jardines y estrellas en la noche", dice bellamente Ernesto Hello. Padre: a vuestras obras devastadas enviad alas de voluntad enérgica, de clara inteligencia que reconstruyan en un plan más hermoso, más majestuoso aún que el primero, todo lo que ha sido destruído.

El Padre de familia nos llama a trabajar. Si saliese todavía a la plaza pública vería cuántos obreros no hacen nada bueno ni nada útil, y los enviaría a trabajar. Hacen falta brazos, pero ¡no falta Dios!

2) EL JOVEN CATOLICO Y SU POSICION EN EL APOSTOLADO.—Os he mostrado al hombre de acción. En ese ideal debe plasmar la juventud católica sus actividades de apostolado.

¡Juventud, vida, acción! eso sois vosotros.

Flor de vida, de esperanza, preparáis el porvenir. Ese porvenir depende de vosotros. Se ha dicho que en la guerra que hundió tronos y borró fronteras, triunfó la juventud. Y entonces ella se ha formado conciencia de su fuerza, de su personalidad; es capaz de cámbiar la faz del mundo.

Pero hay juventudes arrastradas por los caballos del deportivismo o por los alados corceles del espíritu, en frase de un escritor.

Los primeros, rodean al joven de un ambiente de materialismo qué aprovechan los enemigos de la Iglesia para disminuir sus fuerzas espirituales. A esos jóvenes se les puede decir la frase de parábola: "¿Qué estáis haciendo aquí todo el día ociosos? Porque en el campo católico son fuerzas desaprovechadas e inútiles. Junto a esa juventud vive otra, espiritual y trabajadora, porque tiene un ideal espiritual, sólido, inmutable como lo divino.

'Todos los otros ideales van cayendo uno a uno; los años los desmoronan. Pero el ideal del joven católico fundado en la peña viva de la Iglesia de Jesucristo, vive perenne y es eterno".

Y a esa juventud nos dirigimos.

"La Acción Católica juvenil es, en concreto, toda la Acción Católica", decía un ilustre purpurado italiano. Y él mismo lo comentaba. "Hay que convenir que los jóvenes de la post-guerra, de lo muchísimo que hacen, mucho lo hacen bien. Parece ser que sus facultades, sus iniciativas, su comprensión que antes estaban como dormidas y atadas, se hayan despertado y soltado. Queda, es cierto, el defecto de la edad y la falta de experiencia, pero es un defecto que se corrige todos los días". Y continúa el Excmo. Sr. Nuncio en Madrid: "La Juventud católica es, en concreto, toda la Acción Católica".

Y al decir, el Excmo. Sr. Nuncio en Madrid: "La Acción Católica es, en concreto, toda la Acción Católica", no quiso significar la inactividad e ineficacia de tantas organizaciones adultas, pero es repetir la palabra del Cardenal Gibbons": Que si la organización de adultos ha de ser el cerebro pensador, la juventud re-

14* (Apostolado Seglar)

presenta el brazo y toda la energía desplegada en la lucha''. Además el joven siente ansias de lucha, sed y oye la palabra de Cristo: ''El que tenga sed que venga a Mí y beba''. Y el joven va, y bebe del agua que brota de la peña que es Cristo.

¿Y cuál es el campo de la Acción Católica juvenil?

En la asamblea de Chaleroi de la Acción Católica de la juventud belga, se definía así: ''Su campo es el que por manos divinas fué confiado a la misma Iglesia. No traspasará sus fronteras, pero tampoco perderá un palmo de terreno. Allí donde la religión es combatida, allí se toma ella el encargo de formar escuadrones de combate''.

¡El campo de la Iglesia! Palabra audaz, propia para entusiasmar a una juventud que contempla la mies que amarillea.

Pero hay que guardarse de un error, dice Mons. Tedechini, que puede infiltrarse fácilmente como se infiltró en otras partes, donde tanto perjudicó a la Acción Católica que la mató; error que consiste en creer que el fin predominante de la Juventud católica pueda ser profesional. No; vuestro fin primario, substancial, esencial y hasta único, en razón de su importancia, no puede ser sino espiritual, es decir: la formación espiritual, religiosa y moral de los jóvenes; y después, como complemento, la intelectual, social y profesional. Juventud Católica es Acción Católica; lo mejor de la Acción Católica''. ''Acción Católica es la que se rige con principios católicos, tiende a la formación católica y está bajo la dependencia de las autoridades católicas, Asociaciones que no tengan estos principios no estos fines, ni esta dependencia, no son asociaciones católicas, ni forman parte de la Acción Católica; serán cuando más asociaciones inspiradas en los principios católicos, pero de ellas no responde ni las puede hacer suyas la Autoridad católica''.

3) LA FORMACION RELIGIOSA Y MORAL, PRO-FESIONAL, INTELECTUAL Y SOCIAL.—El fin primario de la juventud católica es formarse y formarse espiritualmente. Tener una conciencia cristiana exquisita, según la palabra de Benedicto XV. El ideal es que se formen conciencias cristianas, libres de errores, que mantengan siempre recta la bandera de la fe. Se ha dicho que formarse es el arte de las artes; porque formar el hombre no es modelar el corazón y pulir el entendimiento, sino modelarlo todo. Inteligencias formaba Sócrates en sus silencios y discursos; las formaban los peripatéticos en sus paseos de estudio... pero hombres no los formaban. Y así los vicios reinaban en los corazones de sabios e ignorantes.

''Hay que formarse espiritualmente, dice Tedeschini, según tres espíritus que os llevarán como en alas de gracia: el espíritu de fe, el espíritu de oración y el espíritu de sacrificio''.

Formarse en el espíritu de fe porque ésta es una asociación católica que nada tiene de humana en su esencia, en su constitución, en sus medios y en sus fines.

Formarse según el espíritu de oración, porque es lo que necesitamos y para lo que no tenemos fuerzas equivalentes, por ser un don de orden superior a nosotros, y ese orden es el orden sobrenatural y de la gracia divina, que hay que pedir y sólo se pide orando.

Formarse según el espíritu de sacrificio, porque el apostolado, la constancia, la vida en Cristo, son alejamiento de todo lo que es mundo; son reacción contra todas las tendencias del exterior, de las compañías, del medio ambiente humano que nos rodea.

Luego la formación moral. Inútil un fundamento a
la educación moral fuera de la religión. Ya la época en
que se fundaba la moral en "los predicados de la
conciencia universal" y otras frases por el estilo, des-
apareció. La moral se ha de apoyar en la religión o no
existe. Y esa moral que supone el vencimiento continuo
de las pasiones siempre en continua rebeldía, supone
asimismo la formación de un carácter entero y varonil,
fin supremo y universal de toda educación. Sin esfuerzo continuo, cual es el exigido por la religión cristiana, que ve en nosotros los dos hombres, el hombre
pecado y el hombre de la gracia, no hay carácter; como tampoco le hay sin que todas las actividades se
concentren y giren alrededor de un ideal sólido y eterno, que no puede ser otro que Jesucristo.

Acerca de la formación intelectual, social y profesional, dice Mons. Tedeschini: "Formación cultura, intelectual, porque no es lícito a nuestros jóvenes católicos ignorar nuestro patrimonio religioso, nuestra doctrina, la constitución y la historia de nuestra Iglesia,
nuestras glorias artísticas, nuestros santos y nuestros
héroes, nuestros escritores, nuestros ascetas, místicos,
navegantes, descubridores, conquistadores y coloniza-
dores; para poder con estos auxilios, como con la ar-
madura fortísima de todos los siglos, defender lo que
tenemos de más sagrado e invulnerable: la honra y los
méritos de nuestra Madre la Iglesia, y de la que también es nuestra Madre: la Patria católica.

Formación social después y en la ciencia social;
esta arte, clasificada en nuestros tiempos como nuevo,
pero arte antigua como antiguo es el Evangelio; arte
que abarca todos los problemas que la edad nueva suscita y todas las dificultades que agitan a la masa social; arte con la cual lograremos saber orientaciones en
la confusión babilónica de los que con sus intentos pre-

tenden dar nuevos derroteros al mundo; nuevo rumbo a la sociedad, nuevo decálogo a los derechos y a los deberes; y nueva solución a todos los problemas que nos mantienen en una situación de espanto, de angustia y de temor: todo eso comprendido en la enseñanza sencilla, clara y universal de la Iglesia, única Maestra de todas las cuestiones referentes a los individuos y a los pueblos; odiada por la vana ciencia social del mundo, que a sus luminosas verdades ha sustituído perniciosos errores; Maestra que aunque no fuese más que con la "Rerum Novarum" ha enseñado con tanta luz y tan concentrado esplendor, que todas las mariposas de los sistemas de todos los tiempos tendrán que girar en torno de ella, y acabar por caer en su ámbito, si quieren, al fin, en algo acertar".

Formación profesional, en fin, porque, compuestos de alma y cuerpo y nacidos para vivir en este mundo, justo es que cuidemos de nuestros legítimos intereses y los cuidemos con la ayuda tan poderosa de la Iglesia y la cooperación de las organizaciones invencibles que en ella se inspiran; y justo es que como se pedía a Cristo el alimento del alma y el alimento del cuerpo, pidamos a la Iglesia, defensora de todo lo justo, amparo en nuestros derechos y guía en nuestra reivindicaciones; lo cual la Iglesia, aunque fundada para los espíritus, suele, sin embargo, prestar con tanto éxito, cual si sólo hubiera sido instituída para nuestro bien temporal".

4) **IDEALES DE LA JUVENTUD.**—"Feliz el hombre que teniendo un ideal logra sacrificárselo todo" dice Pasteur. Por desgracia, en nuestro siglo ya no se conoce la pasión por el ideal. En la mayor parte de la juventud contemporánea parece dominar la vulgaridad y la medianía; arrastran una existencia vacía, tanto de

sentimientos como de ideas y jamás sacan su vida de las hondonadas donde se arrastra. No sólo carecen de ideal eşos jóvenes sino que se burlan de él.

Estas injurias contra el ideal son verdaderas injurias contra la inteligencia, decía Foullié. Seguramente la ostra... no tiene ideal; pero tampoco tiene ciencia ni filosofía. Desde el punto y hora en que se realiza labor inteligente, se distingue, se clasifica, se aprecia y se calcula.

El resplandor ha desaparecido de los ojos de la generación contemporánea, escribía Daude. "Un viento de cementerio sopla sobre nuestro siglo; se aspira la muerte desde un extremo al otro de Europa".

No; un cerebro de veinte años necesita un ideal, grande y noble para entregarle el alma con todas sus potencias, capaz de haceros dignos de cumplir vuestra misión; porque sólo él puede hacer de vosotros hombres de voluntad enérgica, de carácter sólido y duradero como el granito de las montañas y firme como el acero.

. Es necesario mostrar a la inteligencia lo que debe pensar, a la voluntad lo que debe querer; es necesario dar un objeto preciso a la vida. Tener un ideal es tener una razón para vivir, ha dicho Bourgeois. Es también un medio para vivir una vida más amplia y más elevada.

Tened siempre ante vuestros ojos un ideal; contempladlo, estudiadlo, dejaos absorber por él; amadlo con pasión, con verdadera locura. Entonces, desplegadas todas las velas emprended confiadamente la navegación. Es el único medio de ser algo y ser alguien en el mundo. "Un hombre no vale nada si no profesa una ardiente devoción al ideal", escribía el Presidente Roosevelt, en "La Vida intensa".

Por eso ¡tened un ideal! ¿Cuál debe ser? Aquél de

que habla el ilustre político español **Francisco Cambó**: "Unicamente con la restauración de los valores morales y con la convicción de que el hombre en esta vida es algo más que estómago y médula, puede salvarse la sociedad. Y el ideal que ha de salvarla es un ideal patriótico para la vida presente y un ideal religioso para la vida futura".

¡Qué bellas palabras! Un ideal patriótico, un ideal religioso.

Tened ese ideal. No sólo debéis tener un ideal: también debéis colocarlo muy alto en las luchas que os aguardan. Habéis comenzado el combate, larga es la jornada, lleno de polvo está el camino; abrasador es el sol. Pero recordad el grito del poeta americano: ¡Excelsior! Siempre más arriba. ¡A la cumbre, al ideal!

Colocad muy alto vuestro ideal en medio de tantas cobardías morales, de tanto apocamiento de caracteres, de tantos transfugios miserables.

Hoy vemos desgraciadamente a una juventud que apenas pasa los umbrales del colegio, se olvida de su fe y vuelve la espalda al sacerdote que puso a su servicio inteligencia, voluntad, corazón, toda su vida; hoy vemos a una juventud que tiene miedo de vivir, miedo de sus convicciones religiosas... ¡Oh el Nerón del Miedo! de que ya hemos hablado. Poned muy alto vuestro ideal en medio de las cobardías morales, más alto que los astros.

Un ilustre Prelado francés felicitaba al gran sabio Leverrier por el descubrimiento del planeta Neptuno y le decía estas palabras: "De este modo habéis colocado vuestro nombre a la altura de los astros". "Monseñor, contestó Leverrier: espero colocarlo algo más arriba"...

Más arriba que los astros: colocad a esa altura vuestro ideal. Y defendedlo en las luchas morales que tenéis que sostener. El mundo vive de mentira, vive de la esclavitud. Hay cadenas para la inteligencia, para el corazón, para las actividades, para la conciencia. El mundo es un mundo de esclavos que arrastran la cadena. Sed almas libres. ¡Hay en el mundo algo que brilla y algo que quema; lo que brilla es el lujo, la belleza, la riqueza, el poder, la carcajada; lo que quema: la pasión, la envidia, el remordimiento, el orgullo. ¡Qué lucha debéis sostener! Sólo vuestro ideal religioso os hará triunfar, sólo la religión sentida y vivida. Que ese ideal sea el mentor que os acompañe como a Telémaco en la travesía de los mares, si no queréis señalar la primera etapa de vuestra vida con un naufragio moral,

Finalmente haced de ese ideal un apostolado, cooperando con la Jerarquía en las nobles actividades de la Acción Católica.

Esto es hermoso: siendo apóstoles del bien, evangelistas de la verdad, sacerdotes del ideal. Subid a esa cumbre y llena quedará vuestra vida.

5) **COMPAÑERO DE VIAJE. ¡JUVENTUD, ADELANTE, OS PERTENECE EL PORVENIR.**—Hay una hermosa página en el Evangelio. Los discípulos de Emaús se dirigen a su castillo y se les aparece un hombre de dulce fisonomía. — "¿Qué pláticas tratáis entre vosotros —les dice— y por qué estáis tristes?" Cleofás le dijo: — "¿Eres forastero en Jerusalén puesto qué no sabes lo que allí ha pasado en estos días? — ¿Qué ha sucedido?, preguntó el desconocido. Y ellos respondieron: — A Jesús Nazareno que fué un varón profeta, poderoso en obras y en palabras delante de Dios y de todo el pueblo, los sumos sacerdotes y nuestros príncipes le entregaron para ser condenado a muerte y le crucificaron. Nosotros esperábamos de El la redención de Israel y he aquí que han pasado tres días

desde que han acontecido estas cosas... Todo ha terminado y ya nada hay que esperar. El Maestro a quien tanto amábamos está muerto para siempre. — ¡Oh necios y tardos de corazón —replicó el desconocido.— ¿Así comprendéis lo que los Profetas han dicho de vuestro Cristo? Pues ¿no era necesario qué Cristo padeciese estas cosas y así entrase en su Gloria?...

Y caminando... llegaron a Emaús; las sombras ya obscureían los lejanos horizontes y entonces los discípulos dijeron: — "Quédate con nosotros, porque se hace tarde y está ya declinando el día".

Y entrando al castillo, fueron a la mesa, y, al partir el pan, conocieron que era el Señor... Y entonces dijeron los discípulos: — ¿Por ventura ¿no ardía nuestro corazón dentro de nosotros cuando en este mismo camino nos hablaba y nos explicaba el sentido de las Escrituras?"

Esta admirable página del Evangelio parece arrancada al libro de nuestra propia vida. Todo va bien cuando el Maestro está a nuestro lado. Hay luz, hay paz. Pero hay horas en que Jesucristo parece ocultarse...

Entonces el día declina rápidamente y una mortal tristeza se apodera de nosotros. Y entonces las pasiones nos atenazan, la ley divina se cubre de sombras, el cielo se cubre de nubes; nuestros ojos no ven al Maestro. Otras veces cae la noche negra y fría. ¿No nos desconciertan las injurias de que Jesucristo es objeto, así como los sufrimentos de su Iglesia? El mundo entero se ha levantado contra ellos. "Nosotros también esperábamos la redención de Israel". Pero parece que Cristo-Rey se ha eclipsado para siempre.

En estas horas tristes debemos decir con los discípulos de Emaús: "Quédate con nosotros, porque ya se hace tarde y el día declina"...

¡No nos abandonéis! Peregrinos del camino de la eternidad, necesitamos sentiros a nuestro lado. Caminad con nosotros; sostenednos en la lucha; curad nuestros pies ensangrentados en los guijarros del camino; consolad nuestro corazón entristecido... cuando las espinas de los zarzales le arranquen a jirones sus amores y sus ensueños...

"Quédate con nosotros, Señor" porque ya ha caído la tarde de la vida, han caído las sombras sobre el mundo, las sombras del vicio y del error; porque ya viene la noche, el frío glacial del egoísmo que reina en el corazón de esta sociedad. Quédate con nosotros que necesitamos de tu palabra orientadora, palabra de luz y de amor que guíe los destinos de esta sociedad donde reina la inquietud, que presida los destinos de los pueblos que buscan anhelantes la paz que brotó de tus labios, la justicia y el amor que palpitan en tu Corazón divino... "Quédate con nosotros, Señor" ¡porque han caído las sombras sobre el mundo, la negra noche del Dolor... sobre las almas!... ¡Juventud Católica!: ahí tenéis a vuestro compañero de viaje.

Y ahora os diré con el Conde de Mun: ¡Juventud! Adelante... os pertenece el porvenir. Trabajad en el apostolado de la Acción Católica; consagrad a Dios las primicias de vuestra vida, todo el perfume de vuestro corazón; y entonces, un día, los que ya hemos descendido de la cumbre de la Juventud, tendremos la gloria de vivir la hora de las grandes almas...

CAPITULO XV

EL APOSTOLADO DE LA FAMILIA

SUMARIO: 1) La crisis de la familia.—2) La gran desolación.—3) Sus peligros.—4) Sus remedios.—5) El apóstol
seglar y la educación.

1) **LA CRISIS DE LA FAMILIA.**—Los tiempos presentes son de una perversidad moral que causa espanto. Podemos repetir la frase bíblica: "Toda carne ha
corrompido su camino" (Gén., VI, 12). Esto tiene pre-
ocupados a moralistas, estadistas y gobernantes y a
todo hombre que piense seriamente. Los grandes centros de población se hallan tan corrompidos o acaso
más que Babilonia, Corinto y Roma. Y en los mismos
pueblos pequeños, aunque quedan restos de pudor
cristianos, se van aminorando por la facilidad de las
comunicaciones que los pone en contacto con el resto
del mundo.

La inmoralidad es un verdadero cáncer social que
el mismo progreso y refinamiento de la vida moderna
ha venido a agravar. La inmoralidad reina en todos los
espectáculos, en los cines, teatros, modas, playas, diversiones, bailes, paseos, cabarets, música-halls, café-
concerts, y donde se pasea el escándalo y la desnudez
y donde se exhiben todas las formas de pasión.

Este problema de la corrupción es un problema universal porque la inmoralidad es una tromba devastadora que lleva al abismo a las sociedades, corrompe a la juventud y extingue las fuentes mismas de la vida y amenaza los cimientos del orden social.

La fiebre de placer se ha hecho como la segunda naturaleza de esta moderna sociedad; ella ha entrado en el período de la descomposición. Estas consecuencias se dejan sentir en la familia. Ella ya no es "el principio de la ciudad y como el semillero de la República" en frase de Cicerón; la familia está en crisis y es una crisis honda y aterradora.

Ha desaparecido de la familia aquella vida tradicional de nuestros antepasados; hoy se ha convertido el hogar en un hotel a donde se va a comer y a dormir. Es un montón de ruinas destruído o asaltado por el materialismo, por el Socialismo y la impiedad. La corrupción es uno de sus enemigos más formidables. Ella hace decreeer el número de los hogares, de los hijos; lleva al amor libre, trae las nefandas leyes del divorcio, del matrimonio civil, que llevan a la poligamia sucesiva; unión sin Dios, unión sin amor; madres sin hijos...; hogares desolados, ruinas sin cuento. La misma vida moderna arroja del santuario del hogar a los esposos y a los hijos a la calle, al teatro, al cine, al salón de baile, de patinar, al salón de té. Las prácticas cristianas se han desterrado de la familia; ya no es Jesús el que preside estas bodas como en Caná; es la pasión. El hombre ha cerrado las puertas del cielo y sólo mira los goces materiales.

2) **LA GRAN DESOLACION.**—Podemos, pues, contemplar la gran desolación y miseria de la familia actual. Las mujeres huyen del matrimonio, prefieren la unión libre, sin ninguna ley moral, sin ningún freno, sin más

ley que su capricho, su pasión. El vicio, la inmoralidad ambiente va acrecentando el número de los "sin hogar" dignas parejas de los "sin patria". Pero el vicio no sólo lleva la desolación al hogar; también los deja anémicos. Porque malgastando el hombre su vida en los desórdenes, en los vicios, en la lujuria ¿qué fuerzas podrá transmitir a sus hijos? ¿Qué vigor, qué savia de vitalidad va a dar si él la ha dejado toda en el regazo del sensualismo? Y esas pobres criaturas son remedos de vida y muchas veces tienen que maldecir a sus padres que les transmitieron la muerte en lugar de la vida porque el vicio envenenó su sangre y mató las energías de su vida.

Y si a esto añadimos la educación superficial, el reinado del alcoholismo, la molicie, las excitaciones al placer, el lujo, las novelas eróticas, las cintas del cine y tantos otros factores de corrupción, tendremos el cuadro completo de la desolación de los hogares modernos.

3) **SUS PELIGROS.**—Otros peligros se divisan en la familia moderna y uno de ellos es la natalidad. Este es el hecho, un hecho evidente y claro, que confirman las estadísticas: el reinado de la inmoralidad, las leyes del divorcio han traído la disminución de la natalidad.

"Tenemos más ataúdes que cunas", dice Pinard.

El descenso de los nacimientos sorprende a los estadistas. "Francia pierde cada seis meses una ciudad de 28 mil habitantes", decía Bertillón. Y Leroy Beaulieu ha demostrado que si no se remedia este mal, el año 2012, en Francia no quedará un francés de origen...

La causa de este descenso se debe, según Bertillón Mercier y otros autores, al maltusianismo y al divorcio.

Este descenso de la población se nota en todos aquellos países que han facilitado el divorcio que se multiplica cada día. En Estados Unidos hay más de doscientos mil divorcios al año; en Francia más de treinta y dos mil. El aumento vegetativo de la población de Francia es de 2,4, el más bajo del mundo; y Francia es un país divorcista por excelencia; el de Estados Unidos es de 9,2, inferior a Italia que es de 12,4, a Colombia de 15,8 y a nuestro país que es de 12,6.

Todas las estadísticas demuestran que el divorcio lleva a la inmoralidad, a la disminución de la natalidad, aumento de la criminalidad, hijos ilegítimos, fomenta el amor libre y el paganismo en las costumbres.

Es ley de la historia que la vida y grandeza de un pueblo depende del número de sus habitantes y de la moralidad de las costumbres. Cuando un pueblo es insuficiente para ocupar y defender su territorio, no tarda otro en apoderarse de él. Esta es ley de la historia y no hace más que repetirse. Cuando en Roma las mujeres no querían tener hijos, llega un día en que la Señora del mundo no tiene soldados para defenderse de los bárbaros.

Hoy dominan en el mundo las teorías maltusianas que han invadido el santuario del hogar. Estas teorías dominan aun en aquellos países que han tenido exceso de población como Alemania.

Después de la guerra, en Alemania y Austria se nota un descenso de nacimientos y, según las estadísticas, son cerca de un millón de niños que no vienen a la vida por efecto de estas teorías que han adquirido un alarmante predominio.

Ante este mal que hoy deploramos, podemos repetir aquellas airadas palabras de Bossuet en "De la Politique Sacrée": "Sean malditas de Dios y de los hombres las uniones cuyos frutos no se desean y cuyos anhelos consisten en que sean estériles". Hoy existe aquel error que antematiza un escritor con estas palabras de fuego: "Cuando estas palabras puedan ser verídicas escritas sobre una nación; esa nación está perdida hasta la médula de los huesos. Cuando los hombres temen el trabajo o la guerra justa; cuando las mujeres temen a la maternidad, ellos tiemblan al borde de la condenación y convendría que desaparecieran de la superficie de la tierra en la que son con justicia objeto de desprecio para todos los hombres y todas las mujeres dotadas de almas elevadas, fuertes y animosas".

La causa de este mal hay que buscarla en la falta de religión, en el egoísmo, en la relajación de las costumbres familiares, en el progreso alarmante de la inmoralidad, en el divorcio, en los avances del feminismo moderno que agrava más y más el malestad social, en esa nefanda literatura anti-concepcionista que pone al alcance de todos los procedimientos y teorías maltusianas, literatura de burdel corruptora de almas, asesina de la humanidad.

¡Más sepulcros que cunas! Esta es la situación de la familia moderna. Y hablando de Francia, donde la población decrece continuamente, dice un escritor: "Este es el principio del fin. **Finis Galliae...** Así deben desaparecer de la escena del mundo los pueblos que han hecho trizas las leyes fundamentales de la vida".

4) **SUS REMEDIOS.**—Para remediar estos hondos males que lamentamos en la familia, debemos señalar algunos remedios morales.

a) **Vida de fe.** La fe nos revela un mundo desconocido, nos llena de santo temor y amor de Dios. "Si creyereis veréis la gloria de Dios" (Juan, II, 40).

La fe que nos muestra a Dios en todas partes envuelve al hombre en una atmósfera sobrenatural; le lleva a Dios a rogarle, a alabarle, a temer sus justos juicios y castigos. La fe nos hace conocer a Cristo y en

‚su conocimiento está la vida eterna. La fe llevará a
Cristo a nuestra vida, a nuestros hogares, a nuestros
amores como lo llevaron los esposos de Caná. Y cuando Cristo reina en el hogar, reina también la paz, la
pureza y la armonía.

Pero cuando desaparece la fe viene el materialismo, la vida pagana. Y entonces: "Los hombres se han
corrompido y se han hecho abominables por seguir sus
pasiones, no hay quien obre el bien, no hay uno siquiera" (Psal., XIII, 1).

b) **Prácticas de piedad.** No basta creer; es necesario practicar. La fe sin obras es muerte, dice Santiago.
La vida cristiana es vida de oración, de plegarias, de
prácticas piadosas. Es necesario llevar a los hogares
esas prácticas cristianas olvidadas y que pueden resti-
tuir la pureza a las familias. El cumplimiento de los
deberes religiosos; el Rosario en familia; la devoción
a María; las oraciones de la mañana y de la noche, etc.
"La tierra está desolada porque no hay ninguno que
piense en su corazón" (Jer., XII, 11).

Estas prácticas avivarán la piedad y formarán la
vida cristiana tan necesaria en las familias.

c) **Huir de los peligros.** La vida cristiana es santificadora, todo tiende en ella a purificar los corazones
y preservarlos del pecado. El Apóstol nos describe como debe estar vestida nuestra vida de buenas obras:
"Todo lo que es conforme a la verdad, todo lo que res-
pira pureza, todo lo que es justo, todo lo que es santo,
todo lo que os haga amables, todo lo que sirva al buen
nombre, toda virtud, toda disciplina loable: ésto sea
vuestro estudio" (Phil., IV, 8).

Y nada caracteriza mejor al discípulo de Cristo
que la huída del mundo en el cual reina esa triple concupiscencia de que habla el Apóstol San Juan. "Vosotros no sois de este mundo" dice San Juan. La vida

pagana consiste en seguir las máximas del mundo, las diversiones, las voluptuosidades y glotonerías, las embriagueces y lujurias. Mas la vida cristiana consiste en sacrificar las pasiones y concupiscencias para seguir a Cristo''.

El verdadero cristiano mortifica sus pasiones, emplea su vida en buenas obras, obras de caridad, de compasión, de limosna, de celo, de apostolado, de propaganda.

Si lamentamos la vida pagana sin Dios, sin religión, sin Cristo, nosotros santifiquemos el hogar y que reinen en él Jesús y María como en un trono en nuestros corazones y en nuestros hogares.

¡Qué campo de acción tiene en la familia el Apóstol seglar!

5) **EL APOSTOL SEGLAR Y LA EDUCACION.**—El Apostolado seglar tiene un extenso campo que desenvolver en el apostolado de la educación cristiana. El que conquista este campo, conquista el mundo; porque la educación es el troquel donde se forman los hombres del mañana que son los hombres del porvenir.

"Lo presente es hijo de lo pasado", ha dicho con gran sentido social Leibnitz, y padre de lo porvenir. El mundo se reformaría si se reformase la educación. Cuando se quiere corromper a los pueblos han empezado por corromper la educación. Las generaciones salen vivas y formadas del molde de la educación; y cuando el molde es el de la impiedad, del laicismo, de la inmoralidad, ellas salen ateas, corrompidas y sensuales. Por eso la fuerza de una educación discreta y perseverante es una fuerza incontrastable sobre todo si el objeto de la educación es un ser blando y tierno, porque entonces se puede moldear como la cera y darle la figura y forma que se cree más conveniente.

15* (Apostolado Seglar)

La educación es de mayor importancia que la instrucción. La primera se dirige principalmente al corazón; la segunda a la inteligencia. Eduquemos el corazón y después instruyamos la inteligencia.

El corazón es el gran enfermo del siglo. Por eso hay que dirigirlo hacia el bien por medio de una sólida educación. ¿Queremos que la sociedad sea cristiana, que piense en católico y que obre en conformidad con los principios del decálogo? Apoderémosnos de la escuela, conquistemos la cátedra, trabajemos por apoderarnos de la enseñanza y entonces, la sociedad será de Jesucristo.

Trabaje el Apóstol seglar por llevar a Dios a las inteligencias; en eso consiste la instrucción; llevar a Dios, amor y regla suprema a las conciencias; en eso estriba toda la obra educativa.

Tenga puestos sus ojos en los centros de enseñanzas y a ellos debe dirigir todos sus esfuerzos. Institutos, Universidades, Academias, pero de una manera especialísima a las escuelas de los niños; ellos son y representan las futuras generaciones, y si las conquistamos para Jesucristo, habremos salvado al mundo.

Lleve su influencia a la Asociación de Padres de familia, a la Juventud escolar; ejerza el Apóstol seglar una severa censura e inflexible crítica contra los quebrantos y males de la enseñanza, ya en el periódico, en la tribuna, en el parlamento, a fin de que llegue a los poderes públicos, buscando siempre que se respeten los derechos de la Iglesia y de los padres de familia a educar a sus hijos en las enseñanzas netamente católicas. La educación es la base de la grandeza de los pueblos. Y en el problema de la educación debemos ponernos en guardia contra los avances de cierta pedagogía que tiene por única finalidad formar hombres medianamente instruídos pero no hombres buenos. Que disciplina la inteligencia pero que descuida la voluntad; que da cierto barniz de cultura general, pero que no enseña al hombre a usar de su libertad, que no forma su carácter ni modela su corazón.

Es el gran error de nuestros días. Se confunde la instrucción con la educación. "La instrucción consiste en la adquisición de conocimientos científicos; la educación en la adquisición de las virtudes, dice un ilustre pedagogo. La primera, cultiva y enriquece el entendimiento; la segunda liberta y ennoblece la voluntad; la primera hace hombres sabios; la segunda hace hombres buenos" (Foester).

"La cultura de la inteligencia, dice Smiles, ejerce poca acción sobre la conducta moral. Vemos hombres ilustrados, literatos, artistas que no tienen en manera alguna buena conducta y que son derrochadores y viciosos".

"La educación sin moral, dice un estadista argentino, es un arma para que el criminal perfeccione sus métodos de delincuencia. Es una linterna en manos del ladrón"... "Educación, dice Julio Simón, es un espíritu que ilumina a un espíritu, es un corazón que forma un corazón".

De todo esto se infiere que la educación debe basarse en los principios de la moral y de la Religión que es la única que impera en el interior del hombre, que le enseña a usar de su libertad y a obrar en conformidad a su razón.

La educación religiosa la creo hoy más necesaria que nunca", decía Víctor Hugo en el Parlamento francés en 1848.

Estas palabras podemos suscribirlas todos los que vivimos la edad contemporánea.

ˉ CAPITULO XVI

APOSTOLADO DE LA CARIDAD

SUMARIO: 1)—a) Necesidad de la caridad. La mujer y la
caridad. Caridad con el prójimo. La beneficencia.—2—b)
El Evangelio y la caridad. ¿Cuál debe ser nuestro don?;
c) Limosna del corazón, limosna de la fe, limosna de las
manos. La sonrisa del corazón.

1).—a) **NECESIDAD DE LA CARIDAD.**—Justicia y
caridad no son simplemente impulsos subjetivos y psi-
cológicos; son también principios éticos fundamentales que regulan la dominación objetiva de la vida social; santos deberes de conciencia, lo mismo para los
gobernantes que para los gobernados, para reyes como
para vasallos. La sociedad no sólo marcha con la justicia: necesita también de la caridad, del amor. Están
ajustadas las piezas de una máquina; movedla y sal-
tará hecha fragmentos, porque le falta el aceite que
suaviza los movimientos de las piezas y hace marchar
en perfectas condiciones el mecanismo. Están ajusta-
dos los derechos de la sociedad; pero sin el óleo suave
de la caridad y del amor, saltarán también hechos
fragmentos los organismos particulares de la sociedad.
Hoy día se pretende buscar sólo en la justicia el remedio a los males sociales, y tanto se pregona la justicia

que se llega al menosprecio de la caridad. Esto es una grave equivocación. Si ante todo debe reinar la justicia entre los hombres, hemos de estar persuadidos de que mientras el mundo exista, aun reinando la justicia, siempre será necesaria la caridad. Causas múltiples engendrarán perpetuamente necesidades que la práctica de la justicia no podrá remediar; he ahí una misión exclusiva de la caridad. Siempre habrá pobres, enfermos, pequeños, impedidos que necesitan del amor, de esa caridad cristiana que es el amor con que amamos a Dios por sí mismo y al prójimo por amor a Dios.

Este sentido de la caridad se verá todavía más claro si la comparamos con la justicia.

La justicia a nadie quita lo suyo; la caridad da espontáneamente de lo propio; la justicia, cuando da, sólo da lo que otro tiene derecho a exigir; la caridad de de lo que otro no tiene derecho a exigirle. La justicia, más bien paga; la caridad da generosamente, se da a sí misma.

La caridad es necesaria y su infracción puede ser grave menosprecio a la ley divina. "Nuestro deseo, sería, dice León XIII, que consideraran los ricos que no están exentos de procurar la suerte de los pobres, sino que a ello estén obligados. Porque en la sociedad, no sólo vive cada individuo para sí, sino también para la comunidad; de esta suerte, lo que unos no pueden hacer por el bien común, súplanlo con la larguezas los que puedan. La superioridad misma de los bien recibidos, de la que ha de darse estrecha cuenta a Dios, que los ha otorgado, demuestra la gravedad de esta obligación, como también la declara el torrente de males que, a no prevenirse con tiempo, acarrearían la ruina de todas las clases sociales, resultando de aquí que el que desprecia la causa del pueblo, se acredita

de imprevisor respecto de sí como de la sociedad"
(Graves de Communi).

La mujer ha sido hecha para sentir. Sus fibras
delicadas y sensibles deben modular, al soplo de la
caridad, acordes divinos.

Ha sido constituída la reina, el corazón del hogar.
Y en el cristianismo ha sido apóstol de la caridad, la
virtud reina.

Ella puede ejercer en la sociedad una gran influencia con la práctica de esta virtud que se ha olvidado en el mundo.

La mujer que forma el corazón de sus hijos, que
educa las generaciones del porvenir.

La beneficencia, el socorro al desvalido, será
siempre una manifestación de sentimientos generosos
de corazones nobles, elevados si va animada por un espíritu sobrenatural, será una obra de misericordia que
tiene divinas recompensas.

Y así debemos ejercer la beneficencia, la limosna en favor de los pobres, de los desgraciados. Pero
debemos remover, al hacerla, un obstáculo que hay en
el corazón femenino: el **sentimentalismo.** Es un impulso instantáneo a veces semi-consciente que la mujer
siente al alivio del dolor o de las miserias humanas.
Como todos los impulsos del corazón, si no son con-
trolados por la inteligencia, pueden tener hasta efectos
contraproducentes. ¿Qué corazón femenino no se conmueve ante los desgraciados que alargan su mano en-
tumecida o en los días de invierno, cuando se ve a
esas madres con sus criaturas tiritando de frío? Y, sin
embargo, puede suceder que la limosna entregada a
esos pobres contribuya más que a remediar su miseria,
a fomentar el vicio.

Por eso la limosna debe ser bien ordenada. No

sólo deben remediar momentáneamente la necesidad, sino arrancar la miseria del cuerpo social.

Y así, muchas veces, es preferible dar esa limosna a organizaciones u obras de beneficencia donde se supiera que quedaría garantizado su empleo.

Hay que distinguir también entre las necesidades meramente materiales y las que trascienden a cosas más elevadas. Hay males que se presentan perpetuamente y otro de raíz dañina que se puede extirpar.

Debemos hacer el bien, pero cuanto más eficaz y más universal, es más divino. Orden en la caridad. Muchos católicos, muchas señoras se interesan por los pobres, los enfermos, los desamparados, los que luchan con la miseria y con la muerte; pero hacen muy poco por los que luchan por la vida, por el pan cotidiano, por la libertad de sus hijos, por la seguridad, libertad y nobleza de su trabajo. Hay que cumplir también los deberes con la sociedad, con las clases sociales, es decir, que la beneficencia debe estar sabiamente organizada.

2).—b) **EVANGELIO Y CARIDAD.**—Abramos el Evangelio y veamos qué nos dice acerca de esta virtud fundamental.

El Doctor interroga: Maestro ¿cuál es el mandamiento más importante de la ley cristiana? Y Jesús responde: Amarás al Señor tu Dios con todo tu corazón, con toda tu alma, con toda tu mente. Este es el primero y el más importante de los mandamientos. El segundo es semejante a éste: Amarás al prójimo como a ti mismo. En estos dos mandamientos está cifrada la ley y todos los Profetas''.

Y ahí tenemos enunciada por labios divinos cuál es la fórmula de esta ley: amad; el objeto, el término

de esta ley: el prójimo; la medida de esta ley: como a
nosotros mismos...

Amar a Dios y al prójimo es, pues, la primera y
la última palabra de la ley cristiana.

Desgraciadamente el hombre se ha olvidado de
este precepto fundamental. Un gemido sordo descubre
a toda la tierra el enfriamiento de los corazones. Por
eso la caridad, no sólo es un precepto de la ley cristiana, sino una necesidad social. Hay un abismo que la
llama: el egoísmo que reina en el corazón de la sociedad. El egoísmo es como su respiración; la caridad es
su aspiración. Y para ese egoísmo, el único remedio es
una efusión abundante de caridad, la acción de la caridad cristiana.

c) **Cuál debe ser nuestro don.** "Ama como a ti
mismo": he ahí la fórmula de esta ley divina.

Amar es dar; pero no sólo es dar: es darse. Siendo la caridad el amor del corazón, la ley de la caridad
es el don de sí mismo.

Y ¿qué somos nosotros? Inteligencia, sentimiento,
vida exterior.

Como inteligencia debemos dar la verdad; como
sentimiento, el amor; como vida exterior: la limosna, el alivio, las obras de caridad.

He ahí las tres limosnas: la limosna de la verdad,
del corazón y la limosna de las manos. "Amad como a
vosotros mismos"...

En primer lugar, la limosna de la fe. Bajo esos
harapos hay un alma, un corazón que es el nuestro,
porque es el alma y el corazón humanos.

Debemos dar la limosna del espíritu, de los consejos, de las palabras, de los consuelos, porque ese pobre ha sido, muchas veces, despojado de los únicos bienes que le quedaban: la fe y la esperanza divinas.

Debéis dar luz a esas inteligencias, energías a esas

voluntades y resignación a esos corazones. Tal es la limosna de la verdad.

Después la limosna del corazón. "Amad"... Esos pobres tienen más hambre de amor que de pan; están sedientos de bienestar y de paz.

Es cierto que hay que vencer resistencias; ese pobre, a veces ingrato, cubierto de harapos, es para nosotros como una momia que nos causa horror. Y tener que descender desde tan alto hasta tan abajo... Hay que vencer desistencias. Pero demos a esos pobres el abrazo de la caridad, el beso del amor.... y triunfaremos.

Finalmente, la limosna exterior, las obras de caridad. Consagrar parte de nuestra vida a aliviar las miserias humanas. Tened presente que después del Tabernáculo no hay lugar más próximo al cielo que la casa del pobre. Si lo visitamos Dios nos dará en retorno el paraíso. **Beatus qui intelligit super egenum et pauperem...** (Psl., XL, 2).

Después de estas visitas nos sentiremos mejores, se iluminará nuestro espíritu, sentiremos una especie de transformación. Si estábamos tristes, inquietos, agitados, se llenará de gozo nuestra alma, porque hemos aliviado los dolores y enjugado las lágrimas del pobre que es otro Cristo. Porque dice el Evangelio: "Lo que hicisteis por uno de estos pequeños hermanos míos, conmigo lo hicisteis". Y ya no pensaremos en nuestros dolores al contemplar esas miserias de alma y cuerpo; no nos apegaremos a la vida y talvez derramaremos lágrimas, lágrimas hermosas que serán para nosotros las más bellas perlas de nuestra corona en el cielo.

"La caridad cubre la multitud de los pecados", dice el apóstol San Pedro (I. 4, 8).

No olvidemos aquellas palabras: Todo el que te busca te va a pedir algo. El rico, tu conversación; el

pobre, tu dinero; el que sufre, un apoyo moral. Todos
te van a pedir algo. Y tú tienes la inmensa dicha de
dar, aunque sea una palabra, una mirada, una limosna. En esto podemos parecernos al Padre celestial,
que es donación perpetua, que es regalo perpetuo. De-
biéramos caer de rodillas y decirle: "Gracias, porque
yo también puedo dar, Padre mío. No olvidemos que el
mundo es un mundo de hambrientos.

Todos tenemos hambre: hambre de verdad, hambre de paz, hambre de pan. Y todos, por consiguiente,
podemos ejercer la caridad.

El hambre de verdad va atormentando a los ca-
minante; el hambre de paz, de felicidad va desga-
rrando nuestros pies andariegos; el hambre de pan es
la que más nos conmueve, es más dramática, y es la
menos digna de conmovernos. Aprende a conocer el
hambre del que te habla; pero recuerda que fuera del
hambre de pan, hay hambres que se ocultan; tanto
más inmensas, cuanto más escondidas.

Practiquemos, pues la caridad; demos a los pobres de Cristo lo que ha sido llamado: la sonrisa del
corazón.

CAPITULO XVII

EL APOSTOLADO DE LAS IDEAS

SUMARIO: 1) Importancia de las ideas.—2) Importancia de
la prensa.—3) Cómo debemos trabajar.—4) La Asociación.—5) La siembra.—6) La visita.—7) Asambleas.—
8) La recomendación.—9) Periódicos leídos.—10) Examen de conciencias.

1) **IMPORTANCIA DE LAS IDEAS.**—El genio de la
revolución se ha paseado triunfante por todos los puntos del horizonte, dejando en pos de sí una huella trágica de espanto y de sangre, de desolación y de muerte,
de luto y de lágrimas. Y esa agresión permanente y
organizada contra el orden social, es la realidad más
pavorosa de nuestra historia.

Si buscamos la causa, la encontramos en el triunfo
y predominio de las ideas que han pervertido la inteligencia y encendido el odio en el corazón de las multitudes.

Las grandes rebeliones de la historia, Protestantismo, Filosofismo, Revolución, no son sino consecuencias de las doctrinas que las prepararon.

¡Abajo el Catolicismo! exclamó Lutero en el siglo XVI. ¡Abajo Jesucristo! exclamó Voltaire en el siglo XVIII. ¡Abajo la Religión! repite el siglo XX que

ha consagrado la apostasía social. ¡Y abajo la religión, la autoridad, la propiedad y la familia! repite el Socialismo hijo de la noche pero que resplandece hoy a la luz del mediodía. ¡Cavete posteri! ¡Guardaos, oh posteridad!

Y ahí tenemos las lecciones de la historia, escuela de la vida. El siglo XVI contempló el primer acto de esta espantosa tragedia y Europa tembló en sus cimientos. El siglo XVIII contempló el segundo acto y se ahogó en sangre; el siglo XX asiste al tercero, y si no retorna a los principios salvadores del Evangelio, se hundirá en el sepulcro de sus vicios o en mares de sangre y de lágrimas. Esto nos muestra a la luz de la historia la fuerza avasalladora de las ideas. Ellas han producido las más hondas catástrofes que han convertido a la sociedad en un degolladero, en un prostíbulo, según la frase de Taine.

El hombre se ha separado de Dios, y ha caído sobre sí mismo; alejado de su centro, se ha convertido en centro de sí mismo.

Y esa idea socialista, que ha evolucionado en pasión, y esta pasión, que se ha transformado en conjuración contra el orden social, constituye, hoy por hoy, el evangelio de los pueblos.

Las ideas son impulsivas, y el más poderoso medio de destrucción que pueda inventar el hombre no tiene la fuerza de una idea.

Las ideas engendran los hechos, y todo hecho no es sino la transformación de una idea en sistema, en principio, en doctrina.

En presencia de esta situación ¿qué debemos hacer los hombres de orden?

Debemos salvar al mundo, salvar a la sociedad, por la difusión de las ideas cristianas, por el restablecimiento del orden social-cristiano, que lleve ideas salvadoras al seno de esta sociedad que se paganiza, que se ha alejado de Dios y cifrado todas sus aspiraciones en los estrechos horizontes de esta frágil vida humana.

2) **IMPORTANCIA DE LA PRENSA.**—Las ideas tienen tres órganos de propaganda: la cátedra, la tribuna y la prensa. Pero la prensa es también cátedra y tribuna, es púlpito, es escuela, es el cetro de la soberanía popular, el cuarto poder del Estado la llama Ratazzi; la escuela primaria de la sociedad, la reina del mundo, porque es la reina de la opinión, dice Gouthe Soulard.

· ˙Es el libro del pueblo, y todo se pone a su servicio: el vapor y la electricidad mueven sus máquinas, el telégrafo la informa; el teléfono la ayuda, la fotografía la ilustra, el ferrocarril la esparce por doquiera. Sus diversas formas: diarios, periódicos, folletos, piezas de teatro, opúsculos, grabados, invaden el mundo.

˙ "El mundo tiene el cerebro de papel, dice Majon. No tiene otro libro que el papel, ni mira por otros ojos que por los del papel, ni forma otro juicio que los del papel, ni habla otra cosa que lo del papel, ni usa otras formas que las del papel".

La prensa multiplica la palabra, universaliza el pensamiento, lo precipita, y con el movimiento de las ideas, el movimiento de las pasiones, y con el movimiento de las pasiones, el movimiento de las cosas.

Los hombres cristianos, los hombres de orden, debemos apoderarnos de esta arma formidable de la prensa, y combatir al enemigo que nos espera para esa lucha en el campo de las ideas.

Se ha dicho que la señal del cristiano es la Santa Cruz. Y la señal del cristiano, en la época moderna, es el periódico católico.

3) **COMO DEBEMOS TRABAJAR.**—El más hermoso

programa en favor de la prensa se debe al incomparable Winhorts, ilustre jefe del Centro católico alemán. Sus tres iren se han hecho famosos: **aboniren, inseriren, correspondiren**...

Debemos ayudar a la prensa con subscripciones, con avisos, con informaciones.

He ahí todo un programa para el apostolado de la prensa, el más importante de los tiempos modernos.

La prensa lo es todo. Sin ella, todo es nada. Hablemos de las subscripciones. La base de toda administración periodística es la subscripción y el anuncio. La razón es clara: la subscripción es venta segura y pago adelantado y economía de la retribución a vendedores, intermediarios y agentes. Para el lector, le cuesta más comprar un periódico que subscribirse a él. Se ha calculado que 20.000 subscripciones valen más que vender 200.000 ejemplares. Paul de Casagnac, en un documentado estudio publicado en 1901, tomando por ejemplo un periódico de 50.000 ejemplares de circulación, de los cuales 10.000 se repartían entre subscriptores y 40.000 entre compradores, demuestra que los 40.000, a razón de ocho décimas de céntimo, cada uno, dejaban una utilidad de 14.000 francos anuales, mientras que los primeros, es decir, los 10.000, proporcionaban 18.000 francos. De donde se sigue que si en lugar de 40.000 compradores, tuviera 40.000 subscriptores, en vez de 14.000 francos, percibiría 72.000. Son, pues, concluía el periodista francés, amigos míos, 97.000 francos los que dejáis inconscientemente a los repartidores, gente que no conocéis, que suelen ser adversarios de vuestras creencias. Ahí tenéis la importancia de la subscripción.

Los socialista salemanes, que leen su principal periódico, el "Worvaerts", están todos subscritos, y Jaurés, en su diario "L'Humanité", en 1905, dirigió un

vibrante llamamiento a sus partidarios para que en vez
de comprar el diario, se subscribieran, y como sabía
que hablaba a hombres que no retroceden ante ningún
sacrificio por su ideal, poco después se gloriaba de que
en la lista de subscriptores había algunos millares de
nombres nuevos.

4) **LA ASOCIACION.**—Vamos a señalar las maneras
prácticas de trabajar por la prensa.

Lo primero es la Asociación. Las fuerzas aisladas
son fuerzas perdidas si les falta la unidad de acción.
Solo eres nada, dice Vives, como el grano de arena, como la gota de agua; pero unido, asociado a los demás,
serás poderoso e invencible como el dique formado con
el bloque y los granos de arena, como la impetuosa corriente del río formada por las gotas de agua que llo-
vieron los cielos.

Los hombres de orden, los cristianos, debemos estar asociados para trabajar por los ideales de redención, que debemos defender. Tenemos un gran camino
recorrido, lo que nos falta son detalles de organización,
unificar e intensificar nuestra acción. Si muchas veces
están decaídas nuestras obras, si nuestra prensa no se
propaga lo bastante, la responsabilidad es de todos. No
olvidemos aquel principio que ha enseñado la sabiduría de los siglos: "Vis unita fortio". "Las fuerzas uni-
das ganan en potencia".

5) **LA SIEMBRA.**—Unidos y asociados para defender
las buenas ideas, debemos comenzar por difundirlas en
las conciencias. El buen propagandista debe hacer un
estado de prensa en su pueblo, los malos periódicos,
malas revistas y malos libros que circulan; si hay un
centro de ellos. Si se lee la prensa buena, si se pudiera
propagar más, los medios para hacerlo, etc.

Se puede comenzar esta siembra por su casa, por su familia, dependientes, relaciones, etc. Hará una lista de nombres que pudieran leer el buen diario. Hay que comenzar por el periódico gratuito; se envía según lista a las personas que pueden subscribirse o ayudar a la prensa.

Pueden preceder algunos anuncios importantes, que son tan eficaces.

No hay anuncio perdido por completo. Si hoy es indiferente, mañana dejará de serlo. El que anuncia hace entrar el sol por sus puertas. Y con el sol, el oro. Anuncio y prosperidad son la misma cosa.

El anuncio es como la lluvia, que cae en los campos; ninguna gota se pierde. Si no produce en el acto, dispone el terreno para dar fruto.

Estos envíos se pueden repetir algunas veces. A nadie le falta diarios o periódicos para este efecto. Este es el período de siembra. El propagandista mira en torno suyo, y mira las personas que pueden subscribirse. Por lo tanto, comience por sembrar el terreno que le rodea, cultive la vida que tiene a su lado.

6) **LA VISITA.**—Es otro medio eficaz de propaganda. Se elige un sector, un barrio, una casa conocida; se habla de la importancia de la prensa, del deber de cooperar a ella, se lee alguna noticia importante del periódico, alguna narración que pueda interesar, una verdad que pueda mover, que pueda vencer resistencias. En fin, hay mil maneras.

El hombre de propaganda sabe ingeniarse y aprovecha para el bien las menores circunstancias.

La mujer que tiene tanta fuerza de voluntad, tanta reserva de amor y perseverancia, juega aquí un papel muy importante. El triunfo es completo cuando la mujer pone su corazón al servicio de una causa.

La mujer francesa ha trabajado de una manera muy eficaz en la prensa.

Una señora del gran mundo, Mme. Chartire, obtuvo la autorización de la Prefectura y la placa de vendedora para vender diarios católicos los domingos a la puerta de las iglesias. La señora Boursire habló de la obra de la prensa al alcance de todos, organizada por la señora Taine. Cuenta esta liga con 40.000 miembros activos, distribuye 50.000 ejemplares, y sirve a 10.000 subscriptores directamente. La Liga Patrióticia de Damas Francesas distribuye 60.000 ejemplares de buenas lecturas, en casas de bebidas, negocios, y ha organizado la propaganda en los campos.

Cuántas mujeres pueden desprenderse de un gasto inútil, de una gala, de una joya, y ganar para Cristo un mundo de inteligencias y corazones, como Isabel ganó, desprendiéndose de joyas, un nuevo Mundo, que fué la perla más hermosa de su corona de Reina.

Cuando apareció en París el periódico "Vie Nouvelle", la juventud católica se encargó de la venta a la puerta de los Templos, en los grandes bulevares, en los puntos más concurridos anunciaban la nueva publicación, y antes de acabar el día, se habían agotado los ejemplares.

Nosotros, por falta de arraigadas convicciones, por un respeto humano que nos hace temblar, por indiferencia y apatía, nada de esto hacemos cuando está en nuestra mano el triunfo de nuestras ideas por medio de la prensa.

7) **ASAMBLEAS.**—Otra manera de allegar subscripciones y de mantener vivo el fuego del entusiasmo, son las asambleas periódicas, las fiestas, actos literarios, donde se hable de la prensa, de la propaganda, del apostolado.

En estas ocasiones,- se deben repartir ejemplares del periódico, prospectos, circulares, etc. Estas asambleas despiertan siempre nuevos entusiasmos y avivan las actividades dormidas. No olvidemos que uno. de nuestros males es la falta de constancia. Todo se nos va en fogosas arremetidas, pero muy luego viene la pereza, la negligencia, la flojedad, el desaliento. y nuestros entusiasmos se resfrían. Nuestro lema debe ser aquel del héroe de la antigüedad: "Labor et constantia", "Trabajo y constancia". "Semper in eidem", "Siempre en lo mismo".

8) **LA RECOMENDACION.**—Otro medio para allegar subscripciones es la recomendación. Poco es una palabra y con una palabra podemos ayudar a nuestro periódico.

Lo malo es que entre los católicos y la gente de bien hay muchos mudos. La conjuración del silencio se ha hecho una verdadera política. .

Otros pertenecen a la cofradía de los brazos cruzados, a los hermanos durmientes. Todos llevan como lema el de la Escuela liberal: "Dejar hacer, dejar pasar". "No se sacrifican por nada, no hacen nada, no propagan nada". Decía el ilustre escritor Roberto Maeder: "No cambiará nuestra situación, no obtendremos el triunfo sino cuando los católicos se resuelvan a abrir la boca, a abrir los ojos, a abrir los oídos y a mover los miembros paralizados".

Pero he aquí "tristitia rerum", la "Tristeza de las cosas".

No se leen nuestros periódicos, no se compran, no se alaba a nuestros periodistas. Y el periódico se escribe para ser leído. Muchos leen con gusto el periódico anticlerical, neutro o indiferente, y no el periódico católico. No se compra y, por lo tanto, no se contribuye a su sostenimiento. No se alaba a sus escritores, al contrario, se murmura de nuestros diarios y se critica a sus escritores. Debemos trabajar por medio de la recomendación. No debemos murmurar de nuestro diario, es un amigo, y de un amigo no gusta publicar los defectos. Recomendémoslo y defendámoslo cuando sea combatido. Alabemos sus buenas cualidades y pasemos por alto sus defectos. Si se comenta alguna noticia, advirtamos que la conocíamos por nuestro diario. El periodismo es el oficio más sacrificado, el peor remunerado y el más severamente criticado. El periodista está en la brecha y el que está en la trinchera combatiendo, necesita ser alentado.

Lejos las críticas y hagamos algo práctico por nuestra prensa.

¿Que el periódico tiene mala presentación, mala redacción, mala organización? ¿Y quiénes son los culpables, sino los mismos católicos? Si ellos no lo compran, ¿cómo podrá sostenerse? Si ellos no lo propagan, ¿cómo podrá tener una magnífica presentación? Si ellos nada hacen por la prensa, ¿cómo podrán sus directores mantener un tren de empleados, de redactores, de agentes, de corresponsales? Son los mismos católicos los que contribuyen a que el periódico no tenga una información más completa, una mejor presentación.

Medios prácticos de recomendarlo: Leerlo en voz alta; llevarlo por la calle desdoblado, de manera que se vea su título; pedirlo en diversos círculos de recreo a que asistamos; comprarlo en quioscos, librerías, agencias, estaciones; pedirlo en voz alta a los vendedores; comentar en los círculos las noticias que se publican.

La guerra europea hizo famosos, en Estados Unidos, a los hombres, en cuatro minutos. "Four minutes man". Se presentaban en los sitios de mayor concurrencia, llevaban un distintivo especial, y de improviso se quitaban el sombrero, sacaban el reloj y pronunciaban un discurso patriótico de 4 minutos, llamando a los hombres a la guerra, exaltando el espíritu patriótico, predicando la economía para que la nación pudiera proveer a los combatientes. Después buscaba otra tribuna, y fueron muchos los que se enrolaron en el ejército oyendo al hombre de cuatro minutos.

Algo así debe ser el buen propagandista, hombre de 4 minutos en el sentido de no dejar pasar la menor oportunidad sin hablar de la causa, del ideal, del periódico católico.

9) PERIODICOS LEIDOS.—Esta es la obra incomparable para la propaganda. Lejos de nosotros el inutilizar nuestros periódicos o arrojarlos al canasto de los papeles inútiles. Un periódico representa un esfuerzo de voluntad, un desgaste intelectual y físico; es el impulso de un corazón, la luz de una idea caldeada por el fuego de los entusiasmos generosos. Es el fruto de muchas vigilias, el resultado de muchas observaciones, el desgaste de muchas energías, y no podemos reducir todo esto a cenizas. El periódico es un amigo que viene a nuestra casa, tan cortés, que nada nos dice sin que se lo preguntemos; tan leal, que nunca tergiversa la verdad; que nos da buenos consejos; que nos recuerda nuestros deberes; que nos instruye en las ciencias, en las artes, en las letras; que nos divierte con narraciones históricas, novelas, etc.

Y a un amigo no se le trata mal, ni se le echa de la casa. No seamos avaros y no queramos el bien para nosotros solamente. Los diarios son como las monedas: se han hecho para circular. La primera idea sobre la obra de los periódicos leídos fué propuesta por Hipólito Taine, en carta escrita al Director de "Le Temps", en 1872. "Todas las mañanas, el panadero nos lleva el pan a la casa —dice;— dadle el periódico, con el encargo de transmitirlo después al tendero, para que éste se lo pase al carnicero, al peluquero, etc., advirtiéndole a cada uno el día en que habrá de recibirlo. Poco importa al campesino que las noticias no sean frescas; con el mismo interés leerán el periódico el día 3 o 7 que el primero''.

¿A quién se deben enviar estos periódicos? A los que no pueden subscribirse o no lo hacen por pereza o respetos humanos; a aquellos que se hallan en peligro de perder la fe o están apartados de la Iglesia. En las cárceles, presidios, hospitales, casas de corrección, centros obreros, fábricas, escuelas. ¡Cuánto bien puede hacer un periódico que lleva los consuelos de la religión, las esperanzas de la inmortalidad a esos que están suspirando por un rayo de luz para su alma en las lobregueces de su celda! Si alguno se opusiera a esta propaganda, a esta obra, decidle aquellas palabras: ''El carcelero que no le deja entrada a la celda o al calabozó, es doblemente cruel y verdugo; priva a ese ser libre que está preso, de la sola felicidad que envidia en la tierra: la de oír hablar a un alma y responderle''.

Esta obra puede comenzar en el mismo hogar, cuando no se lee el buen periódico; en el círculo de las relaciones, amigos, etc. Se les puede dar a los niños del catecismo para que los lleven a sus padres; a las sociedades de San Vicente, para que los distribuyan a domicilio; se pueden colocar en buzones de las Juntas de prensa, para que los distribuyan; enviarlos a los hospitales, cárceles, etc.

A esos pobres enfermos y encarcelados se les suministra, así, con el pan del cuerpo, el pan del alma, y a la luz que calienta el hogar, podéis dar la luz que ilumina las conciencias.

No hay que olvidar que esos pobres tienen a veces

más hambre de verdad que de pan. En esos diarios se puede escribir: "Después de leído este ejemplar dése a quien pueda leerlo con provecho". En España, Francia y otros países ha tenido magníficos resultados esta propaganda de los diarios leidos. En un pueblo, de Francia infestado por las malas lecturas, un buen católico tuvo la idea de enviar el diario "La Croix" a cada uno de los dos mil cuatrocientos cafés y tabernas que existían.

Naturalmente, todos recibieron lo que nada costaba, a excepción de cuatro que no tardaron en seguir el ejemplo de los demás. El periódico entró como huésped inoportuno, primero, como amigo deseado después. Después de algún tiempo se suprimieron estos envíos por falta de dinero; pero muchos de los establecimientos mencionados se vieron obligados a subscribirse por su cuenta para complacer a los clientes acostumbrados a la lectura de "La Croix". Hermoso resultado de la propaganda.

No olvidemos esta obra trascendental de la propaganda. Hagamos pasar de una a otra mano la antorcha encendida como en las danzas clásicas, de una a otra inteligencia la luz del periódico. Cuánto bien puede hacer.

No olvidemos que la lectura durante horas vacías que pasó el capitán Ignacio de Loyola, esperando curarse de las heridas que recibió en Pamplona, hizo de un hombre mundano un gran santo, que hoy brilla como astro en el cielo de la Iglesia.

10) **EXAMEN DE CONCIENCIA.**—Después de todo lo que hemos dicho sobre la propaganda, debemos hacer un examen de conciencia, como lo hacen los católicos alemanes.

Y si encontramos mucho en el debe de la indiferencia y dejación y poco en el haber del trabajo y de la propaganda, debemos enmendar la plana y abrir el libro que sea el libro de la vida.

Para ello pueden servirnos las cuatro operaciones, que son la base de las matemáticas. Sumar, restar, multiplicar, dividir. Nunca restemos nuestras actividades; nunca dividamos nuestros esfuerzos; multipliquemos nuestros trabajos, y sumémonos para que nuestra acción sea eficiente y bienhechora. Y después del examen viene el dolor y el propósito. He aquí un capítulo de propósitos prácticos:

- ¿Cómo es posible dar nuestras monedas al enemigo con las cuales forjarán mañana las cadenas con que han de oprimirnos? Trabajemos con entusiasmo en la obra de la prensa. Lo haremos con sacrificios: pero no olvidemos que si hoy sembramos entre lágrimas mañana recogeremos con alegría. El labrador sabe que se perderán muchos granos comidos por las aves, secos por las lluvias o ahogados por las espinas. Pero no omite la siembra, porque entonces está seguro de que nada podrá recoger. Sembremos la semilla de la idea cristiana en las conciencias, en los corazones, en las almas. Seamos cruzados de la idea y vamos a esgrimir la espada de la pluma, más poderosa que la espada de los conquistadores.

CAPITULO XVIII

FORMAS DE APOSTOLADO

SUMARIO: 1) Ideal de la Acción Católica: Restaurar todas las cosas en Cristo.—2) Formas de Apostolado: Apostolado de la conversación y del ejemplo.—3) Apostolado del dinero.—4) Apostolado del talento.—5) Apostolado del carácter.—6) Apostolado del libro.—7) Apostolados al por menor y al por mayor...—8) La mujer y el apostolado.

1) **IDEAL DE LA ACCION CATOLICA: RESTAURAR TODAS LAS COSAS EN CRISTO.**—El Cristianismo encontró delante de su cuna tres poderes formidables: el poder de la fuerza, de la inteligencia y el de la religión. Acaba de nacer y la fuerza quiere ahogarlo en su cuna y en su sangre; la inteligencia de sus enemigos esgrime contra él las armas vedadas del sofisma, y la religión pagana defiende sus dioses, halaga las pasiones, deifica los vicios y presenta a los cristianos como enemigos jurados del imperio.

Aquellos fueron tres siglos de luchas y de triunfos, de combates y de victorias. Y cuando el Paganismo se gloriaba de haber borrado del mundo el nombre cristiano, Constantino izaba en el Capitolio el estandarte glorioso de la Cruz vencedora.

Y cuando aquel viejo imperio caía bajo el peso dé

sus propias iniquidades, porque había edificado sobre
la arena movediza de sus pasiones, el Apóstol San Pablo propuso a los cristianos de su tiempo este programa salvador: "Restaurarlo todo en Cristo".

Hay que restaurarlo todo en Cristo, hoy que un
nuevo Paganismo quiere arrancar del corazón de la sociedad el último vestigio de la fe cristiana; como aquellos, los paganos de hoy han deificado los vicios, rin-
diendo culto a la diosa razón, a la Venus de la lujuria,
al Marte de la venganza, al Júpiter de la soberbia. En
presencia de este nuevo paganismo debemos repetir la
frase salvadora de San Pablo que hizo suya el gran
Papa Pío X. "Restaurarlo todo en Cristo". El mundo
moderno ha apostatado de Cristo, lo ha desterrado de
todas las actividades: del individuo, de la familia, de
la sociedad, que son los tres elementos de toda civilización.

No sólo los individuos: los pueblos; no sólo los pueblos: los que mandan, los que gobiernan, se han separado de Cristo. Impera la apostasía de las naciones.

Por eso hay que cristianizar, hay que restaurarlo
todo en Cristo, supremo ideal de la Acción Católica.
Para esto es necesario el trabajo, la acción, el apostolado.

2) **FORMAS DE APOSTOLADO: CONVERSACION Y
EJEMPLO.**—Al apostolado han sido llamados por la
Iglesia todos los seglares para que colaboren con la jerarquía. Y todos pueden ser apóstoles: el hombre o mujer, el niño o adulto, el noble o el plebeyo, el burgués
o el proletario, la señora o la criada, el militar o pai-
sano, el artista, el jornalero, el empleado, todos, cualquiera que sea la condición en que Dios los ha colocado en la sociedad. Desde esta manera pueden ser apóstoles, desde la humilde anciana que reza por las inten-

ciones del Papa hasta el sabio que escribe obras en defensa de la Religión.

Veamos algunas formas de apostolado. El apostolado de la conversación, desde luego. Muchos dicen: yo no sé hablar, no soy elocuente, no sé componer discursos. ¡Ojalá se hablara menos y se hiciera más. ¡Por lo tanto, no os hace falta hablar bien ni ser elocuente, ni pronunciar discursos. La conversación puede ser un gran apostolado. Se hablan tantas cosas inútiles, tantas cosas perversas. ¿Por qué no hablar cristianamente? Por la conversación se propagan las ideas y las ideas dominan el mundo. Bien sabemos que no sólo de pan vive el hombre: vive de ideas, de máximas, de verdades. Y hoy la lucha es de ideas, ya por la palabra, o por la pluma. Si esa persona tiene alguna autoridad cuánto bien puede hacer su conversación oportuna y prudente; cuántos males puede evitar, cuántas ideas puede despertar en la mente de los que le oyen y cuánto bien puede hacer a sus súbditos.

La conversación es un precioso medio de propaganda. Luego el apostolado del ejemplo, el más elocuente de los apostolados. Ya hemos hablado de él en el apostolado de la mujer. Ahora sólo algunas ideas sumarias. Cada católico puede ser un ejemplo viviente de la religión que profesa y un apologista de sus ideas. El que vive santamente es un gran maestro, dice San Gregorio. Si realiza su ideal religioso, ya en su vida privada como en su vida pública, ya en su vida profesional como en su vida de relaciones, contribuirá al apostolado lo mismo que aquel que escribe obras de apología en defensa de la religión.

Los primeros cristianos vencieron al Paganismo con la predicación del ejemplo. "Ved cómo se aman" exclamaron los paganos. Y esa frase ha quedado consignada en la historia.

El ejemplo mueve, el ejemplo arrastra y persuade más que cien discursos y disertaciones. Nuestro Señor predicó con el ejemplo durante treinta años en Nazaret. Ejemplo de vida interior, de trabajo, de crecimiento espiritual. "Os he dado ejemplo" nos dice el Evangelio. "Que brillen vuestras obras para que glorifiquen al Padre que está en los cielos".

El cristiano puede predicar siempre y con el ejemplo hacer hermosa obra de apostolado.

3) **APOSTOLADO DEL DINERO.**—Por el dinero, el cristiano puede ser un apóstol. Si sois rico, comprad ese título. ¡Qué cantidades se gastan por lograr algún título de nobleza! o un puesto en el parlamento, etc. ¿No hemos de pagar otro tanto para lograr el título de apóstoles de Dios, por lograr un puesto entre los **seniores** del Apocalipsis, por lograr un asiento, un trono en el reino de Dios?

Lo que otros gastan en programas gastadlo en repartir libros buenos; con lo que otros gastan en comprar electores, comprad vosotros pobres para convertirlos; con lo que otros costean mil vanidades, construid una iglesia; las propinas que dais en los casinos, dadlas a las conferencias y patronatos. Lo que gastariais en una recepción, gastadlo en una misión; en vez de sostener un periódico liberal, sostened un buen periódico o fundad un círculo de obreros. Y en vez de dar dinero a un cacique egoísta dadlo al párraco para los pobres de su parroquia y sus obras de apostolado.

Haced el bien con vuestro dinero; sed pobres de espíritu y tendréis por recompensa el reino de los cielos.

4) **EL APOSTOLADO DEL TALENTO.**—Si Dios os ha colocado en esa cumbre, haced del talento que os ha

dado, haced de él un apostolado. Poned vuestra carrera al servicio del apostolado y del bien espiritual.
¡Cuánto puede hacer un abogado discreto, un médico
inteligente, un ingeniero cristiano, un oficial celoso!

En manos del médico puede estar, muchas veces,
la salud del cuerpo y del alma. Puede curar las enfermedades físicas y morales. Y el abogado, médico de las
enfermedades jurídicas y llagas sociales, y rompimien-
tos domésticos, de injusticias, de fraudes, de engaños,
tiene muchas ocasiones para evitar pecados, evitar lazos de iniquidad, estorbar compromisos de infierno,
aconsejar, reprender, corregir, obligar...

Y con su ejemplo, con su conducta puede hacer
buenos cristianos, puede predicar la honradez, la justicia, la delicadeza, lo mismo que un sacerdote. Y luego un profesor en su cátedra, un industrial, un ingeniero cuánto bien puede hacer entre sus discípulos,
obreros o dependientes. Ya mostrando severidad con
los de mala conducta; ya prohibiendo ciertas conversaciones, ya fomentando actos religiosos, ya admitien-
do visitas del sacerdote, ya despidiendo a los malean-
tes, ya alentando y premiando a los buenos y trabajadores. Poned vuestro talento al servicio del apostolado.

5) EL APOSTOLADO DEL CARACTER.—Este es uno
de los pedestales más altos en que puede estar colocado el hombre. El carácter, feliz alianza de cualidades
de entendimiento y corazón. Estos hombres llevan a
cabo grandes empresas. El inventa recursos, funda
nuevas asociaciones, sostienen las que existen, da vida
a las que languidecen y dondequiera pone su mano,
hace brotar una corriente de vida.

Si entra en política, dice un escritor, es Windhorst.

Si está en el gobierno, es García Moreno.

Si escribe en la prensa, es Luis Veuillot.

Si atiende a los obreros, es León Harmel.

Si se fija en los pobres, es Ozanam.

Estos son tipos de apóstoles, los que salvan un pueblo, los que conducen, los que libran del vicio, de la inmoralidad. Si Dios os ha dado esos dones, ponedlos al servicio del apostolado. "Cuando Dios da poca raíz y poca savia es que quiere formar una yerba del prado; cuando da profundas raíces y abundantes savias, quiere formar un cedro del Líbano", dice un escritor.

Habéis nacido para cedros; no os quedéis en brisnas del mezquino heno...

6) **APOSTOLADO DEL LIBRO.**—El libro tiene una importancia trascendental en la vida de los individuos y de los pueblos. Es el pan y alimento del alma y de la inteligencia. Si es bueno, produce salud, bienestar y gozo; si es malo envenena y mata. Los libros buenos, de sana doctrina, son vehículo de las ideas que hacen florecer la religión y la piedad. Son como elocuentes predicadores que van por todas partes anunciando la buena nueva, la buena doctrina, dan orientaciones, iluminan, fortalecen, forman santos, apóstoles y genios.

"Mucha ciencia lleva a Dios, decía Bacon, y poca ciencia aleja de El".

En los libros se forjan los grandes caracteres, las voluntades férreas, los grandes estadistas y economistas. El gran Ribot llevaba y leía todos los días la Santa Biblia; el Presidente de Francia leía el Evangelio; el Conde de Mun, en sus viaje llevaba siempre los Ejercicios de San Ignacio. Franklin tenía siempre la Biblia a la cabecera de su cama.

Alfredo Musset, hastiado de todos los placeres y vanidades del mundo, encontraba consuelo en la lectura del Evangelio, cuyas sagradas páginas humedecía con sus lágrimas, y a su lectura debe su retorno a la fe y su conversión a Dios. L'Harpe retorna al hogar de su antigua fe, leyendo el Evangelio y la imitación de Cristo, y en los transportes de su dulce calma, exclamaba: "No he experimentado jamás una emoción más deliciosa que cuando repetía, anegado en dulces lágrimas, las palabras de la Imitación: "Hijo mío, yo vengo a ti porque me has invocado".

El genio de Agustín cae derrobado a los pies de la Cruz, después de leer las Epístolas de San Pablo; la lectura de la vida de los Santos, hizo de Ignacio de Loyola un Apóstol, un conquistador espiritual.

El apóstol seglar debe trabajar por todos los medios posibles, por propagar libros buenos, amenos, instructivos, y tratar de alejar a las almas de la lectura de libros malos, pornográficos, eróticos, doctrinarios, en cuya portada se podría escribir la frase del Dante: "Los que aquí entráis, perded toda esperanza..."

El mismo Rousseau anunciaba en su tiempo que naufragaba moralmente cualquiera que leyese sus obras. "No puede mirar uno solo de mis libros sin estremecerse; en lugar de instruir, corrompo; en lugar de alimentar, enveneno; pero la pasión me extravía, y, con todos mis hermosos discursos, no soy más que un infame".

Los enemigos de Cristo se consagran de lleno a la propaganda del libro impío, inmoral, doctrinario. En calles y plazas, en ciudades y aldeas, en escaparates y anaqueles, en Bibliotecas y puestos ambulantes, encontramos el libro anárquico, subversivo, la novela llamativa y todos a un precio increíble. Y nosotros ¿qué hacemos? Démos al pueblo pan y Catecismo, como decía Le Play, y ese pueblo será feliz y retornará de nuevo a Jesucristo.

7) APOSTOLADOS AL POR MENOR Y AL POR MAYOR.—¡Cuántos apostolados y qué pocos apóstoles! Van algunos apostolados al por menor. Se cuenta de un jefe de ejército que se solía rodear de los reclutas más cristianos para resguardarlos de los vicios, y los vigilaba, y corregía y castigaba cuando faltaban a sus deberes; de un matemático que se dicaba a la enseñanza privada para tener ocasión de hacer bien a sus discípulos; de una criada que se fué a servir a una casa con el fin de convertir un matrimonio; de una señora que se sirvió de una criada harto inútil para librarla de un peligro; de un militar que preparaba de sobremesa con su esposa los puntos de catecismo que ella había de explicar después a los obreros; de un jefe de taller que fué sustituyendo, poco a poco, los obreros irreligiosos y viciosos por otros honrados y trabajadores; de unas ancianas achacosas que visitaban en la sala del hospital a unas mujeres viciosas y con sus conversaciones, con su paciencia, con sus ejemplos, las llevaron a mejor vida; de un empleado de ferrocarril que con su oportuna presencia en los viajes evitaba mil ofensas a Dios; de un caballero que se entretenía en ir esparciendo disimuladamente en sitios públicos y tranvías, opúsculos y hojas religiosas...

Y ese apostolado al por menor ¡cómo se diversifica! Para las mujeres, puede ser el marido; para los señores, el criado; para los amos, el dependiente; para el maestro, los discípulos; para los hijos, los padres, etc.

¿No tenéis un amigo incrédulo, un pariente, un condiscípulo que no van por buen camino, que leen libros prohibidos, que no cumplen sus deberes religiosos? Pues bien: en esto siembre cada cual el pedazo de tierra que le rodea, riegue el árbol que le corresponde, cultive la vid que está a su lado. Cultive su huerto... Haga el bien. Sea apóstol.

Y los apostolados al por mayor... Ya es vuestro cargo, vuestra autoridad, vuestras facultades, todo eso convertidlo en palanca poderosa para elevar las almas y llevarlas al cielo.

Si tenéis autoridad pública, no sólo podéis sino que debéis hacerlo. Procurad la moralidad; evitad los abusos; corregid los vicios; dictad leyes sabias y prudentes; evitad la impiedad y el vicio que, como dice Mella, "son los dos cirios que iluminan con luz siniestra el sepulcro de las civilizaciones que se pudren".

En una palabra: haced de vuestra autoridad, de vuestro talento, de vuestro carácter, de vuestro dinero, de vuestras actuaciones en todos los órdenes, un apostolado y salvad las almas. "Si ganáis un alma, decía un escritor, yo me río de las campañas de Napoleón y de los laureles de César y de las conquistas de Alejandro. Porque todas ellas no valen nada comparadas con vuestra campaña y con vuestra conquista".

8) **LAS MUJERES Y EL APOSTOLADO.**—Ya hemos hablado del apostolado de la mujer y de la joven.

Ahora sólo algunas ideas. La mujer o puede ser instrumento de perversión o apóstoles altísimos de la religión.

La mujer puede ser apóstol en su hogar como hija, como madre como esposa. Y fuera de la familia puede realizar innumerables obras de celo.

No es su talento, ni su gracia, ni su elocuencia lo que triunfa; es su humildad, su perseverancia, su reserva de amor, su abnegación. Tolera, calla, sufre, espera, y logra al fin la victoria. Y muchas veces triunfa de los más fuertes, como Fabio de Aníbal.

"Ella anuncia en la casa los días de fiesta, dice

Vilariño; hace guardar las vigilias y obliga a cumplir con Pascua; quema el libro obsceno, rompe el cuadro escandaloso, calma las tempestades, apaga la blasfemia en los labios, extingue la incredulidad y las dudas, evita pecados y procura los arrepentimientos. Gana a su marido; educa y salva a sus hijos; se dedica a las obras de caridad y se convierte en misionera del pueblo. Llega al moribundo; descubre la joven comprometida a la mujer viciosa, a la familia desmoralizada, al infiel, al hereje. Y trabaja sin descanso por llevarlos hasta el sacerdote. Ella entra al palacio, sube a la buhardilla, visita el hospital, obliga al rico, prepara la misión, funda la escuela nocturna, edifica círculos de obreros, sostiene doctrinas, arregla matrimonios, salva familias, convierte herejes, deshace la propaganda del mal y siembra la semilla en el campo de las almas. ¡Cuánto bien puede hacer la mujer! Ponga todas las cualidades que le ha dado Dios al servicio del bien, del apostolado y ceñirá su frente con una corona de gloria en las alturas del cielo.

Vamos todos a trabajar porque todos podemos hacerlo. A trabajar y siempre a la "**Mayor gloria** de **Dios**" lema, bandera y enseña de los Apóstoles de Cristo.

CAPITULO XIX

APOSTOLADO SOCIAL DEL CLERO

SUMARIO: 1) Influencia del sacerdote.—2) El actual estado
de la sociedad.—3) Hay que volver la sociedad a Cristo.
—4) El clero debe dedicarse al apostolado social. Condiciones de este apostolado.—5) Normas Pontificias.

1) **INFLUENCIA DEL SACERDOTE.**—Todos los deberes del sacerdote pueden llamarse sociales, aun aquellos que parecen referirse a lo más íntimo de su personalidad. Porque el sacerdote es en cuerpo y alma
para la sociedad. Si ora, predica, si celebra, si admi-
nistra sacramentos, si conduce a la última morada a
sus hijos, en todo eso, el sacerdote es para la sociedad.
Es hombre público, diputado de Dios, la sal de la tierra que ha de impedir en la sociedad la podredumbre
del vicio.

El sacerdote prohibe al que roba, sus hurtos; al
embustero, sus engaños; al malhechor, sus crímenes; al
impúdico, sus desórdenes; advierte al rico la obligación que tiene de abrir sus manos para socorrer al menesteroso, consuela al pobre, defiende sus derechos y al
magistrado, al gobernante les recuerda su deber de mirar por el bien de todos, especialmente por los peque-

ños, por los menesterosos. El concepto cristiano: gobernar es la mejor manera de servir.

El sacerdote, pues, es todo para la sociedad.

He aquí los deberes sociales que le incumben. Nadie puede desconocer en esta hora el problema que agita a las sociedades, a obreros y capitalistas, a la Iglesia y hombres de Estado; problema que surge en las conversaciones, en los parlamentos, en las Academias, en los mítines, en las fábricas, en el taller; la relación entre grandes y pequeños, ricos y pobres, entre el capital y el trabajo: el pavoroso problema social. A este importante problema en vano buscan solución el legislador, con sus leyes, el sociólogo con su organización, el gobernante con la punta de las bayonetas. La experiencia nos ha hablado de los grandes fracasos que han sufrido los que esperan la solución con la ciencia solamente.

¿Dónde, pues, encontrarla? La respuesta está condensada en este hermoso y bello pensamiento de Baunard: "Para curar todas las llagas del pueblo, no hay más que un bálsamo; para esclarecer todas las tinieblas, no hay más que un faro luminoso y para resolver todos los problemas, no hay más que una solución: el **Evangelio de Jesús.**

El clero tiene una gloriosa tradición que mantener. Desciende de aquellos que, como ejército de sombras, restañaron las heridas de la humanidad y dieron sepultura al vasto cadáver del imperio, como dice Pidal; de aquellos que amansaron la ferocidad de los bárbaros, los hicieron caer de rodillas ante la Cruz, doblaron la cabeza del fiero sicambro, que adora lo que ha quemado y quema lo que ha adorado; de aquellos que hicieron de sus claustros los asilos de la virtud y de la ciencia y transformaron las selvas de Europa en amenísimo jardín.

Los grandes Pontífices, desde Gregorio XVI, han dedicado a la cuestión social una parte principalísima de sus inmortales Encíclicas; los obispos del mundo católico han publicado y publican interesantes pastorales y en cada una de sus páginas dan al clero acertadas orientaciones, sabios consejos y salvadores mandatos para trabajar por la conquista de las almas y por llevar las naciones al seno de la Iglesia mediante el apostolado social; los sacerdotes de muchos países toman una parte muy principal en este movimiento que llega a alarmar a los propios enemigos que ven cómo se acrecienta cada día en la sociedad el prestigio y la influencia de la Iglesia católica.

No se puede negar que la ciencia social ha adquirido en los últimos tiempos una importancia capital; apenas abrimos un libro, un periódico, una revista en la que no se estudie el problema social y se trate de solucionar las hondas cuestiones que agitan a la sociedad. No nos hagamos ilusiones, los problemas sociales son de suma trascendencia para el clero. ¿No estamos palpando las tristes consecuencias de estos pavorosos problemas? ¿No vemos cómo nuestra sociedad se está dejando arrastrar por esas corrientes demoledoras, atentatorias a toda autoridad, y a toda ley? ¿No observamos que lo que ayer era cuestión de unos cuantos, ha pasado a tomar carta de ciudadanía y a ocupar un puesto principalísimo en los problemas políticos? Las masas proletarias se están alejando de la Iglesia, está volviendo las espaldas a Cristo; el pueblo ya no nos pertenece. ¿Y va el clero a permanecer inactivo, a ver con la mayor indiferencia cómo las almas que le han sido confiadas se van descristianizando?

El clero, hoy como ayer, debe ocupar un puesto de honor en la lucha que se está librando. La Iglesia, la Patria, la sociedad lo esperan en el campo social.

· Examinemos, pues, cuál debe ser este apostolado a la luz del Evangelio, de las Encíclicas papales, a la luz de las tinieblas, pero antes demos una mirada al actual estado de la sociedad.

2) **EL ACTUAL ESTADO DE LA SOCIEDAD.**—¿Quién no ha oído el fragor de esa tormenta que amenaza sepultar todo el orden social existente? Las ideas más avanzadas van cristalizando en sistemas que se proponen arrancar del corazón del hombre todo principio espiritual. Pero son muchos los que no ven o no quieren ver el peligro que se avecina, creyendo todavía que el campesino y el obrero son creyentes y tienen aun arraigados los sentimientos religiosos de sus antepasados. Y consecuentes con este modo de pensar-arcaico no quieren adiestrarse en las nuevas armas para la lucha moderna y mucho menos orientarse hacia la Democracia-cristiana. ¡Error lamentable! Y ceguedad incomprensible, porque no se quiere ver cómo en todos los organismos sociales están germinando elementos de desorden y revolución que amenazan la religión y la autoridad que son los dos polos del mundo social.

Y luego la ignorancia religiosa profunda que reina en todas las clases sociales, tanto intelectuales como obreras. Las doctrinas más avanzadas forman como el Evangelio de los pueblos. Se les presenta la religión como la amparadora y mantenedora de las grandes injusticias sociales, y por eso el pueblo huye de la Iglesia, mira con horror al sacerdote, abomina del Evangelio y nada quiere con nosotros.

· Y esa propaganda anti-religiosa y anti-social está llegando a los mismos trabajadores de los campos. Ellos se nutren con las doctrinas de periódicos, revistas y folletos que inyectan el odio, avivan la lucha de clases y son en gran parte la causa de la apostasía social que es una de las más tristes realidades de nuestra historia contemporánea.

Y una sociedad sin Dios, sin moral, sin justicia, sin ley ¿podrá subsistir? Marcha a la descomposición, a la ruina, al aniquilamiento. Y luego esa lucha entablada entre el capital y el trabajo, entre el patrón y el obrero, entre el acaudalado y el proletario. ¿De parte de quién está la razón? ¿Qué hacer? ¿Qué debe hacer singularmente el sacerdote que se pertenece a la sociedad?

No puede negarse que las riquezas, por efecto de la nueva organización económica de las naciones, se han acumulado en pocas manos y continuarán acumulándose. Al mismo tiempo que los capitales fabulosos de esos hombres opulentos se han ido formando y engrosando, ha disminuído notablemente el número de los pequeños propietarios y ha ido creciendo el de los proletarios. Y esto sucede cuando el legítimo progreso que la humanidad tiende a mejorar la condición de los humildes, a dignificarlos, a elevarlos, realizando así la verdadera fraternidad que el cristianismo trajo a la tierra.

Es claro que no debe condenarse al rico por ser rico, cuando sus capitales han sido legítimamente adquiridos. Por otra parte, una mayor concentración de las fortunas que la antigua ha sido en nuestros tiempos conveniente, porque ha facilitado el grande impulso que las ciencias y la industria han adquirido, proporcionando al hombre comodidades y ventajas desconocidas en los tiempos pasados. Sin grandes capitales hubiera sido bastante más difícil la construcción de ferrocarriles, la explotación de las minas, el establecimiento de las Compañías de navegación tan rápida y cómodo como la que hoy puede hacerse, la unión de continentes mediante cables sub-marinos, etc.

Lo que se condena son las injusticias que se cometen para redondear las fortunas, el uso egoísta que se hace de las mismas y el enorme desequilibrio que prevalece hoy en su distribución. Esta debe ser más equitativa, lo pide la justicia legal, el bien de la sociedad. La riqueza, sangre de la vida material de las naciones, debe circular por todas las clases, de tal manera que difunda en todas y a todas, y a cada una procure la vida y un congruente desahogo.

La exagerada acumulación de riquezas en pocas manos, tal como hoy existe, al lado del pauperismo de los proletarios, significa un estado congestivo, innatural, absurdo y violento de la sociedad. Tal estado de cosas no puede permanecer. "**Nihil violentum durabile**", decían los latinos. Ya las masas en reacción terrible se organizan cada día en las filas del Socialismo y Anarquismo, para precipitarse sobre los capitales; y la humanidad presenciará una espantosa catástrofe si no se atiende pronto al remedio.

Y el remedio consiste en remover las causas. Hay que reavivar en el obrero la fe amortiguada, resucitar en él las costumbres cristianas; encauzar su legítima aspiración a elevarse, a dignificarse en presencia del rico, a quien tiene derecho a considerar como substancialmente igual a él, aunque difieran en los accidentes; mejorar sus condiciones de subsistencias; convenir en que los modernos adelantos han de servir de provecho, no sólo al rico, sino también al pobre.

¿Han de servir las máquinas sólo para aumentar los productos, disminuir el costo de producción y enriquecer al patrono? ¿No deberán servir para economizar las fuerzas del obrero y acortar la jornada?

En esta empresa, objeto de la Democracia cristiana, tan recomendada por León XIII, una parte de mucha importancia corresponde al sacerdote. Deber social de éste, en las nuevas condiciones de la vida del hombre, es colocarse a la vanguardia del movimiento democrático cristiano, y procurar bajo la dirección de, su Prelado, la moralización del obrero, del pobre, su instrucción, y el necesario y conveniente aumento de sus intereses temporales.

En concreto, no es posible decir lo que habrá de hacer el sacerdote, porque eso depende de las circunstancias y de las varias condiciones del pueblo donde vive. Ya puede fundar Escuelas, Círculos, promover conferencias, establecer bibliotecas populares, Cajas rurales, Cajas de Ahorro, de socorro mutuos, Montes de Piedad, etc., cuidando, ante todo, renovar el espíritu cristiano entre los pueblos.

3) HAY QUE VOLVER LA SOCIEDAD A CRISTO.— La sociedad se ha alejado de Dios; las conciencias y las nociones de justicia y de virtud van desapareciendo de nuestros contemporáneos y vendrá como consecuencia, la apostasía nacional. Urge curar y cicatrizar las llagas que aquejan a la sociedad moderna y que corroen los órganos más vitales del orden social.

Si estudiamos a fondo la causa de las grandes desaveniencias sociales y de la honda crisis porque atraviesa la clase proletaria, necesariamente la encontramos en la falta de principios religiosos. Cuando éste reinaba en el corazón de los hombres, se desconocían las huelgas, las amenazas, las luchas, los paros; la cruz con sus amorosos brazos cobijaba paternalmente a pobres y ricos y a todos los unía un mismo centro común: la fe.

Pero hoy es la apostasía de las masas la que amenaza el sombrío horizonte social. Hay que trabajar para que la sociedad vuelva a Cristo; es necesario dar a conocer las salvadoras páginas del Evangelio, para que ilumine los espíritus y dulcifique los corazones; que las masas obreras conozcan la doctrina católica; hay qué arrancar de raíz ese prejuicio de que la Iglesia es amparadora y mantenedora de las injusticias sociales y que ese pueblo, tan querido del divino Maestro, tiene su mejor apoyo en la religión; que es ella la que predica las regeneradoras doctrinas de justicia, de equidad, la que se preocupa con el amor de su alma maternal de la triste situación en que se encuentran las masas proletarias y la única que puede resolver los pavorosos problemas que cada día ponen nubes siniestras en el horizonte del porvenir.

Las clases obreras se alejan de la Iglesia, de los brazos del divino obrero de Nazaret para caer en la esclavitud y en la tiranía; van en busca de la fraternidad, olvidándose, como dice Rousseau que fué cristiana antes que revolucionaria; y sólo encuentran odios, rencores, egoísmos, miseria y muerte. Es necesario enseñarles que la Iglesia es la que puede hacer que se solucionen las grandes luchas, explicándoles aquellas maravillosas palabras de tan hondo sentido social: "Amaos, unos a otros como Yo os he amado". "Urge hacerles ver que la Iglesia es la que dice a los ricos: "Tú que eres rico, tú que tienes criado, trata al criado con amor, piensa que tú también eres criado de otro Señor que te pedirá cuenta de tus actos".

Hay que enseñarles que la Iglesia dice a los de arriba: "No debéis ser déspotas con los de abajo". Hay que inculcarles que en el seno de la Iglesia todos somos hermanos, que entre nosotros no hay siervos ni señores sino que todos somos hijos de Dios.

Si las masas comprendieran estas hermosas doctrinas, esas masas sociales podrían dirigirse a los gobernantes para decirles: "¡Fuera las bayonetas, los caño-

·nes, la policía, que a nosotros sólo ·nos bastan las enseñanzas de la Cruz!''

Porque una de las causas de la apostasía social,
dice Leroy Beaulieu, es ''porque el pueblo no conoce el
Evangelio, porque se ha olvidado de la Cruz a cuyos
·pies encontraba su esperanza''. —

· Hay, pues, que cristianizar la sociedad, darle a conocer las enseñanzas de Jesucristo. ¿Y quién tiene la
misión de hacer destellar los esplendores de la fe cristiana en los pueblos y de salvar a los que han perecido?
El sacerdote porque a él le fué dicho: ''Id y predicad
el Evangelio a todas las naciones''. Y en el Evangelio
está el germen de la solución de todos los problemas so-
·ciales.

4) **EL CLERO DEBE DEDICARSE AL APOSTOLA-
DO SOCIAL.**—La Iglesia ha desarrollado en todos los
tiempos un fecundo apostolado conforme al espíritu
del Evangelio y a las necesidades de la época. Hoy es
necesario que el clero salga a trabajar a plena luz, a
dejar oír su voz en la vida pública. ''**Predicate super
tecta**''. Los enemigos quisieran encerrarlo en la sacristía para seguir descristianizando todos los sectores de
la vida social. Pero el sacerdote debe salir de los templos, debe ir al pueblo que se ha alejado de la Iglesia.
El sacerdote no debe contentarse con hacer oír su palabra en las interioridades del templo adonde acuden
sólo unos cuantos. ¿Y esos miles que quedan fuera no
son almas, no son hermanos rescatados con la misma
sangre divina? Cristo no sólo evangelizaba en el templo sino que hablaba en las plazas públicas, enseñaba
por las villas, por las aldeas, adoctrinaba en las montañas, recorría los pueblos, asentaba su cátedra de verdad en las playas, al borde de los pozos y a todos evangelizaba y enseñaba la nueva doctrina. No nos dice:

"Esperad que vengan a vosotros". Manda predicar, enseñar. "Id". Y propone la conmovedora imagen del pastor que deja noventa y nueve ovejas para ir en busca de la descarriada.

El sacerdote, pues, no puede permanecer impasible, no puede mirar con indiferencia la pérdida de esas almas a quienes está obligado a salvar.

"El sacerdote, dice un escritor, debe absolutamente entrar en la vida social; debe luchar denodadamente por entrar en ella, debe, una vez que ha entrado, mantener, vivo o muerto el puesto conquistado. Es misión suya. Es necesidad extrema. Donde, pudiendo hacerlo, no lo haga, y esto no sólo como ciudadano sino como sacerdote, es reo de traición, no cumple con su deber, daña a la patria, a la Iglesia, a Jesucristo".

En efecto; su misión es la misma de Cristo, es tan vasta como la de Cristo. No se puede limitar a los individuos, a las familias, a las paredes domésticas, a los altares, a los hogares, sino que debe extenderse a todas las formas y manifestaciones de la vida humana, como a todas ellas se extiende la verdad de la que es maestro, la fe de la que es intérprete, la moral de la que es defensor.

El sacerdote tiene una misión eminentemente social; debe ,sin escatimar un esfuerzo, participar, animar, informar la vida social, llevando a ella a Jesucristo.

Los sacerdotes son la luz del mundo: alumbren, pues; son la sal de la tierra; pónganse en contacto con los que deben preservar de la corrupción; son apóstoles, salgan del cenáculo y realicen el prodigio esperado por el mundo de una nueva redención social.

Estas palabras trazan el deber del sacerdote, son una invitación para que abandone el templo, la sacristía y salga a la vida pública. Salir del templo no es desertar su misión de apóstol de Cristo: es obrar más en conformidad al espíritu de Cristo, es hacer suya la misión de Cristo.

Mons. Dabert, refiriéndose al apostolado social del clero, decía: "El clero, trabajando principalmente por las conversión y santificación de las almas, no debe permanecer extraño a la obra de reforma social. Se ha presentado a la Iglesia y al sacerdote como extraños a ese terreno. El sacerdote dejóse intimidar y el pueblo, no hallando al sacerdote en el terreno social, se alejó de la Iglesia".

Sin embargo, la Iglesia posee la única doctrina social y el Santo Padre incita vivamente al clero a sobresalir en ese terreno.

Cuanto a las condiciones de este apostolado, debe estar adornado de aquellas de que habla Millot: "**Competencia, prudencia, discernimiento**: he aquí las condiciones esenciales a la acción social del sacerdote. Si esas condiciones faltan, su intervención en el terreno político o económico no será más que motivo de escándalo para los fieles y de irritación para los enemigos".

Para tener competencia, el clero debe dedicarse al estudio de las ciencias sociales que tanta importancia revisten en nuestros días. Millot, dice que el sacerdote deseoso de ganar almas por medio de las obras sociales, necesita de la ciencia teológica que debe poseer como sacerdote y de la ciencia social indispensable a todo reformador que pretenda mejorar la organización de la sociedad.

Urge, pues, la fundación de centros sociales, de Academias de sociología cristiana, donde el clero pueda adiestrarse para la lucha y poder cristianizar, así, la sociedad que rueda al abismo.

Todas las grandes cuestiones de actualidad social

se encuentran magistralmente expuestas en las inmortales Encíclicas de León XIII, Pío X, Benedicto XV y Pío XI. Estudien a fondo esos preciosos documentos de ciencia social, sean ellos sus guías en los actuales conflictos.

Además, el celo por la salvación de las almas que el sacerdote en todo tiempo y lugar debe tener. Sin este celo, sin este amor por el prójimo como el amor de Cristo, el apostolado social sería estéril sin provecho, sin utilidad práctica.

León XIII alaba y aplaude el celo y abnegación del clero francés porque son los inspirados y apóstoles de todas las buenas obras, porque se acercan al pueblo y procuran por todos los medios aun a trueque de sacrificios considerables de tiempo y de dinero, hacer su suerte menos dura, ayudándolo y moralizándolo. El mismo Pontífice dice en otra parte que "para que el celo sea fecundo, provechoso y digno de alabanza, debe ser discreto, recto y puro".

Adornado con estas dotes de competencia, de celo y discernimiento, el clero podrá cumplir con sus deberes como corresponden a un ministro de Cristo, porque entonces no tendrá otro pensamiento que el que inspiraba al divino Maestro: llevar almas a Dios aunque tenga que padecer las afrentas, las calumnias y la misma cruz.

5) **NORMAS PONTIFICIAS.**—Los Pontífices han trazado sabias normas al clero para orientar y dirigir su acción redentora del catolicismo en el campo de las reformas sociales modernas. Su corazón rebosa de amor por las clases humildes a imitación del divino Maestro, cuyas palabras en el Sermón de la Montaña fueron como el beso que dió al desvalido y al pobre. Condecora a los obreros; escribe su magistral Encíclica para defender sus derechos y pasa a la historia con el título

de P_{apa} de los obreros. La orden de León XIII al clero y a los Obispos era: **"Id al Pueblo"**. "Aconsejad a
vuestros sacerdotes, decía al Obispo de Coutances, que
se ocupen del obrero, del pobre, de las clases inferiores. Es necesario salvar el abismo que separa al sacerdote del pueblo. Es preciso hacer que todos sientan la
influencia saludable de la religión. "Es menester que
vuestros sacerdotes vayan al pueblo, decía Mons.
Doutreloux, Obispo de Lieja. No pueden permanecer
encerrados en sus iglesias y en sus casas parroquiales".

Dirige una Encíclica al clero francés; hace un
elogio de su actividad en el campo social. "Conocemos
y el mundo conoce como Nos —decía,— las cualidades
que os distinguen. No hay una sola b_{uena} obra de la
que vosotros no seáis o los inspiradores o los apóstoles. Dóciles a los consejos que os hemos dado en nuestra Encíclica **"Rerum Novarum"**, os acercáis al pueblo, a los obreros, a los pobres; procuráis por todos los
medios acudir en su ayuda, moralizarlos y hacer su
suerte menos dura. Con este fin promovéis reuniones,
congresos; fundáis patronatos, círculos, Cajas rurales,
agencia de asistencias, colocación para trabajadores, y
os ingeniáis para introducir reformas en el orden económico y social, y a trueque de realizar empresas tan
difíciles no vaciláis en hacer considerables sacrificios
comprendiendo las apremiantes necesidades de la sociedad contemporánea y de las almas".

Y en su Encíclica **"Graves de Communi"**, dirigiéndose al clero dice: "Cosa es de por sí manifiesta cuánto deben trabajar los sagrados ministros en todo este
género de obras que ligan directamente los intereses de
la Iglesia y del pueblo cristiano. Nos mismo, más de
una vez, hablando con eclesiásticos, hemos creído conveniente asegurarles que en nuestros días es oportuno
llegarse al pueblo y comunicarse con él. Con más fre-

cuencia aun, de no mucho tiempo a esta parte, en letras dirigidas a los Obispos y personas eclesiásticas,
alabamos esta amorosa solicitud en favor del pueblo,
diciendo de ella que es propia de uno y otro clero. Pero
háyanse en todo esto con gran cautela y prudencia,
puestos los ojos en los ejemplos de los santos. El po-
brecito y humilde Francisco, el padre de los infelices,
Vicente de Paúl y otros muchos en todas las edades de
la Iglesia ,acertaron a ordenar sus cuidados para con
el pueblo, de suerte que sin engolfarse indiscretamen-
te en esta ocupación, ni perderse a sí mismos de vista,
atendieron con igual ardor a la perfección del espíritu.
Y en este punto nos place poner ante vuestros ojos explícitamente una manera de acción, en que no solamente los eclesiásticos, sino todos los amigos de la causa
del pueblo pueden sin grande dificultad hacerse muy
beneméritos.

El cual consiste en inculcar con amor fraterno en
el ánimo de los que hacen parte de él, estos consejos:
que se guarden enteramente de las sediciones y de los
sediciosos; que respeten inviolablemente los derechos
del prójimo; que ejecuten de grado y con el obsequio
debido la obra que justamente demandan sus patronos;
que no sientan aversión a la vida doméstica, fecunda
en muchos bienes; que practiquen sobre todo la religión y de ella tomen el más positivo consuelo en los
trabajos y contradicciones de esta vida. Para conseguir mejor este fin servirá ciertamente presentar ante
sus ojos el singular modelo de la Santa Familia de Nazaret, y próponer el ejemplo de aquellos que de su misma suerte infeliz supieron aprovecharse para subir
hasta la cumbre de la virtud, y por último, fomentar
la esperanza del premio que nos está reservado en una
vida mejor.

Concluiremos ahora insistiendo de nuevo sobre un

aviso que ya hemos dado. Así los individuos como las sociedades, ål poner por obra cualquier pensamiento concebido con este propósito, deben tener presente la plena obediencia que deben a la autirodad de los obispos. No se dejen alucinar de, un como celo de caridad intemperante, el cual no es, a la verdad, sincero ni saludablemente fecundo, ni agradable a Dios si tiende a menoscabar el deber de la obediencia.

Dios se complace en aquellos que sacrificando sus propias opiniones escuchan a los Prelados de la Iglesia como a El mismo, y asiste propicio en sus empresas por arduas que sean, dándoles benignamente feliz éxito. Concuerdan con esto, ejemplos de virtudes, singularmente de aquellas en que el cristiano se parece enemigo de la pereza y los placeres y benévolo dispensador de lo superfluo en beneficio del prójimo y constantemente invicto. Porque estos ejemplos tienen gran fuerza para excitar saludablemente los ánimos del pueblo; fuerza tanto mayor cuanto son más conspicuos los varones en quien se admiran''.

Pío X, siguiendo las luminosas huellas de su predecesor, vuelve a insistir. en que el clero debe ir al pueblo, que se ponga en contacto con el pueblo y le hable según el espíritu del Evangelio. ''Empléese en mejorar, dentro de los límites de la caridad y de la prudencia, —dice— la condición económica del pueblo, favoreciendo y propagando las obras que tiendan a este fin, aquellas, sobre todo que tienen por objeto disciplinar a las muchedumbres contra la tiranía invasora del Socialismo y que la salven a là vez de la ruina económica en la organización moral y religiosa. De esta suerte, la colaboración del clero en las obras de acción católica tendrá un fin altamente religioso y nunca será obstáculo, antes bien, secundará su ministerio espiritual, cuyo campo irá ensanchando y cuyos frutos multiplicará''. Bendicto XV y Pío XI tienen una vastísima literatura social; en toda ella palpita el amor de sus nobles corazones hacia las clases humildes y en la que exhortan muy paternalmente al episcopado y al clero que vayan a laborar en la acción social.

De todos es conocida la fecunda labor de los prelados franceses, italianos, alemanes, españoles, belgas, etc., que, juntamente con su ilustrado clero, desarrollan, en el campo social. A ellos se debe la perfecta organización obrera de la que está surgiendo esa Democracia cristiana, esa gran fuerza que vislumbró en los horizontes del porvenir el ilustre tribuno español, Donoso Cortés: ''De todos los partidos políticos no van a quedar más que dos fuerzas, las que encontrándose frente a frente darán la gran batalla: la Democracia cristiana y la Democracia roja o revolucionaria''.

La guerra civil española es la plena confirmación de estas palabras. La Iglesia, los Pontífices, el episcopado, la necesidad misma de los tiempos, dan la orden de mando de que el clero debe orientarse hacia la Democracia cristiana. Debe, en frase del inmortal León XIII: ''Ir al pueblo''. La sublime misión de la Iglesia en los actuales momentos históricos está condensada en aquella profética visión del P. Ventura Ráulica, en la oración fúnebre por el gran líder del catolicismo irlandés O'Connel: ''Si los reyes, dejándose penetrar del elemento pagano renuncian al elemento cristiano, esencialmente liberal y no quieren comprender la doctrina de la verdadera libertad religiosa de los pueblos y la independencia de la Iglesia que constituye la felicidad y la gloria de sus antepasados, la Iglesia sabrá prescindir de ellos: se volverá hacia la Democracia, bautizará a esta heroína salvaje, la hará cristiana, imprimirá en su frente el sello de la consagración divina y le dirá: ''Tú eres reina y reinará''.

18* (Apostolado Seglar)

CAPITULO XX

INFLUENCIA SOCIAL DEL CRISTIANISMO

SUMARIO: 1) Supervivencia de Cristo.—**2)** La obra del Cristianismo: Iluminó el mundo intelectual.—**3)** Elevó el mundo moral.—**4)** Transformó el mundo social.—**5)** Prosopopeya.

1) SUPERVIVENCIA DE CRISTO.—Damos a los apóstoles seglares dos temas de ilustración para su obra de propaganda. Comenzamos por uno de alta trascendencia. "Influencia social del Cristianismo".

El tiempo borra todos los recuerdos; agosta todos los amores; sepulta todas las grandezas; derriba todas las generaciones.

¿Qué ha sido de aquellos grandes conquistadores: Alejandro, César, Carlo Magno, Carlos V, Felipe II, Napoleón? Sobre sus sepulcros, se extiende hoy el olvido...

¿Qué fué de aquellos grandes imperios, gigantes de hierro y de oro: Babilonia, la de ostentosos jardines, Ninive, la excelsa; Persépolis, la hija del Sol; Menfis, la de los hondos misterios; Sodoma, la impúdica; Atenas, la sabia; Jerusalén, la ingrata; Roma, la grande? Sobre sus ruinas se extiende hoy la arena del desierto...

El hombre no puede luchar con el olvido. Los hombres viven, mas no pueden sobrevivir.

Pero Cristo es inolvidable; vive y sobrevive en la inteligencia, en el corazón, en la historia.

Después del correr incesante del tiempo, cuya piqueta inexorable va derribando las generaciones y sepultando los siglos, la humanidad todavía lleva en su inteligencia a Cristo. Verdad, como lleva en su corazón a Cristo-Santidad. Y cuando todo pasa lo mismo que las rosas: los hombres, los imperios y las cosas; cuando miramos todos los acontecimientos de la historia, bajo esa arquería inmensa de los siglos, donde se borran todos los nombres y se enfrían todos los amores, el solo nombre de Cristo nos quema aún las entrañas; su palabra ha incendiado al mundo en llamaradas de amor y su obra ha infundido soplos de espiritualidad en la historia, en la literatura, en el arte: en todos los órdenes de la vida humana nos ha hecho sentir el calor intenso de sus palpitaciones amorosas. Por eso Cristo es eternamente actual; es el contemporáneo de las ideas y de los sentimientos.

Los genios llegaron a la cumbre de la gloria y se perdieron en la sombra; los adoradores de la belleza y del ideal, esparcieron la simiente del ensueño y los ritmos de la trova: pasaron también... Los héroes conquistaron mundos para dormirse luego en sus heladas tumbas. Brillaron un día en el cielo de la existencia para caer después, envueltos en las sombras del olvido. Pero Cristo... aún sigue enseñando desde el movible barco de Genezaret, su parábola quemante que traspasa el pecho y llaga el corazón; aun le anuncian sus apóstoles; las turbas le siguen y sus labios se abren en flores de esperanza y de consuelo y su palabra, proferida veinte siglos ha, todavía sigue vibrando en medio de la humanidad.

Los hombres se repartieron sus vestiduras, rasgaron su túnica, pero su espíritu se encuentra inagotado e inagotable. Su nombre está escrito en todos los libros; su imagen grabada en todos los monumentos; su memoria impresa en el recuerdo de todos los hombres. No escaló la ciencia sus luminosas cumbres, sin recibir antes el crisma de la ortodoxia cristiana, ni llegó al hombre a la cima de los idealismos sublimes, sino después de haberle envuelto Jesús con el fuego de sus miradas divinas. Los mismos que se afanan por negar sus doctrinas se pasan la vida recordando su nombre, y los mismos que padecen la infinita desdicha de no amarle, llevan su nombre presente y vívido como un faro en el mismo vaivén de sus eternas inquietudes... Estudiemos su obra para conocerlo y amarlo. En el conocimiento de Jesucristo está la salvación del mundo y la solución de los hondos problemas que agitan a la sociedad contemporánea.

2) **LA OBRA DEL CRISTIANISMO. ILUMINO EL MUNDO INTELECTUAL.** — El mundo contempló a aquel varón, que discurría por los campos, las ciudades, las orillas del mar, como una visión hecha de celestes claridades, con la ternura en los ojos, con el perdón en los labios, con la dádiva en la mano, con el prodigio en la voz y en la mirada, regalando a sus discípulos el don inefable de la paz, envuelto en las claridades de la resurrección.

De esos labios, de donde fluía lo eterno, brotó, como en ondas regeneradoras, una enseñanza admirable, que es llamarada de luz y calor de vida, fuente de belleza y perfección social.

Ese Verbo hecho carne y hecho amor, nos legó una doctrina, que no sólo es un concepto teológico, que nos enseña verdades altísimas que se refieren a Dios; un concepto filosófico que nos enseña verdades que se relacionan con el hombre, sino también una doctrina que es una perfección ética y un progreso social.

El Cristianismo es una gran Filosofía, un arte, una doctrina social. Como Filosofía es manantial de verdad; como arte, es fuente de belleza ideal; como doctrina social dió dignidad al esclavo, igualó moralmente al pobre y al rico, hizo de las naciones, antes enemigas, la humanidad y quiso que esta obra redentora tuviera por primer holocausto el sacrificio del Verbo y por su primer mártir al Hijo del Eterno...

"Tres ideas constituyen toda la civilización, dice un estadista: Roma, el Cristianismo y los bárbaros. Los bárbaros dan la materia con sus tribus; Roma, la forma con sus leyes y sus códigos; el Cristianismo, la vida con sus ideas y sus dogmas. Si Grecia, patria del arte, hizo de la humanidad una bella estatua, el Cristianismo la animó con el fuego traidor del cielo".

.¡Qué obra más inmensa la de Cristo en el orden de las ideas y de los hechos! Todo lo reformó al soplo del Evangelio civilizador: iluminó el mundo intelectual; elevó el mundo moral; transformó el mundo social.

Y el orden intelectual, moral y social, constituyen toda la cultura, toda la civilización.

Estudiemos esta prodigiosa transformación que ha operado el Cristianismo. Al otro lado de la Cruz, antes de la venida de Cristo, el mundo intelectual giraba sobre el quicio del pensamiento humano. El hombre se había erigido a sí mismo en centro de verdad. Pero Cristo lo cambia, lo muda totalmente y dice: "**Ego sum veritas**". "**Yo soy la Verdad**". Y llega un día en que todas las inteligencias gravitan en torno de El, como los astros en torno del sol. Y realizó lo que no pudo realizar ningún genio, ninguna institución, ninguna filosofía: fundar en el mundo la república intelectual y alcanzar la suprema dictadura del entendimiento.

Tales no tiene discípulos fuera de Grecia; Demóstenes siente que los ecos de su voz se apagan en el ágora de Atenas; Sócrates, Platón, Aristóteles jamás intentaron imponer al mundo sus doctrinas. Pero Cristo dice a sus discípulos: "Id y enseñad a todas las gentes"... Y su enseñanza salva las fronteras de los mundos y vuela a través de los continentes y de los mares. Y se constituyó en centro de verdad. Es la verdad en el orden teológico. Porque es el Verbo, la expresión intelectual del Padre; porque todas las verdades de la Teología se refieren a Cristo como rayos de un mismo foco, y encuentran en El su explicación y complemento. La Encarnación ,la Redención, la Eucaristía: esto es todo el Cristianismo. Y Cristo es el centro, es el lazo de unión de estos tres misterios adorables, poema de los amores divinos. Es la verdad en el orden filosófico, porque vino a dar solución adecuada a todas aquellas verdades que son el fundamento de la Filosofía y que no puede resolver la razón humana sin las luces de la revelación divina. Dios y el hombre, el mundo y el alma, la vida y el derecho la justicia y la libertad, la moral, la autoridad y las leyes eran grandes interrogativos para la conciencia humana.

Pero Cristo vino a iluminarlas con los rayos de su sabiduría y con las luminosidades de su genio.

¡Cuánta luz proyecta en la conciencia humana el sólo primer artículo del Símbolo: "Creo en Dios Padre Todopoderoso" Creador...

Es el Sol de la verdad cristiana que vino a iluminar todos los horizontes de la conciencia y de la vida.

Cristo es la verdad en el orden histórico. Fué su inteligencia la que animó la elocuencia de un Pablo, la dialéctica de un Orígenes, la erudición de un Jerónimo, la ciencia de un Agustín; la que movió la pluma de un León, de un Gregorio, la que dió armonías a la lira de un Basilio y la que transformó en boca de oro la boca de un Crisóstomo. Y los pensamientos de un Buenaventura, y las concepciones de un Tomás, y los atisbos de un Lulio han brotado al calor de la inteligencia de Cristo. Y fué Cristo el que iluminó la inteligencia de un Bossuet, de un Balmes, de un Lacordaire, de un Sechi, de un Pasteur y de mil otros; la que pulsó la lira de un Luis de León, de un Lope, de un Milton, de un Dante, de un Tasso; la que prestó colores mágicos a los pinceles de Fray Angélico, de Miguel Angel, de Murillo, de Rafael y que ha sublimado las letras y perfeccionado las artes, proyectando en todas ellas las fulguraciones de su genio.

3) ELEVO EL MUNDO MORAL.—Pero no sólo iluminó el mundo intelectual: también elevó el mundo moral. En el Paganismo, el mundo moral giraba sobre el amor a sí mismo. Su centro era el egoísmo. Cristo cambia sus polos, y al amor a sí mismo, sustituye el amor a Dios y al orgullo y concupiscencia, la humildad y la castidad. El mundo estaba perdido por el orgullo, la ambición y el sensualismo, las tres llagas que son el origen de todas las decadencias, el nudo y la trama de todas las tragedias de la historia. Cristo vino a salvarlo por la humildad, la pobreza, el sacrificio y el amor. Y Él mismo se hace humildad, se hace pobreza, se hace sacrificio, se hace amor. Y no viene al mundo en alas de las estrellas sino en la humildad de un pesebre; no en el seno de las nubes sino en el seno de la pobreza; no a levantar un pueblo contra otro ni una raza sobre los huesos de otra raza, sino a estrechar contra su pecho, con infinito amor, a todos los pueblos y a todas las razas.

El que encendió el sol tiene frío; el que derramó

las aguas tiene sed; el que infundió la vida en los seres ,tiene hambre; el que sojuzgó los poderes de la tierra, quiere ser condenado por los jueces del mundo; y
el que apareció en el Sinaí en gloriosa nube, teniendo
por mensajero el rayo y hablando por la voz de la tempestad y de los torrentes, El, causa de toda existencia,
muere en afrentoso suplicio y al morir, derrama su espiritu. en el mundo,. y ese espíritu es el alma de la civilización. .

4) **TRANSFORMO EL MUNDO SOCIAL.**—El mundo
social, en el Paganismo, giraba por completo sobre el
poder de la fuerza. Arriba, la fuerza; abajo, la servidumbre; en el centro, la espada y el látigo que hacía
marchar a las sociedades humanas.

Pero Cristo lo muda todo. Y sustituye, al despotismo, la autoridad; a la servidumbre, la libertad; y al
derecho de la fuerza, la fuerza del derecho... Y esto
no es una afirmación apodíctica: es un hecho histórico.

¿Qué era el mundo antes de Cristo? El imperio de
Nerón que hizo gemir a la humanidad: el despotismo,
la servidumbre, la tiranía.

¿Qué es la humanidad después de Cristo? Es Carlo Magno, el derecho, la libertad, la justicia, el amor.

La ciencia, el arte, la cultura material del mundo
pagano, no impidieron que la sociedad quedase retar-
dada. Se hablaba de familia y la mujer era una escla-
va y el hombre era un tirano. Se hablaba de dignidad
humana y el trabajo era una deshonra y el hombre era
una bestia. Se hablaba de paz e imperaba el absolutis-
mo y la fuerza. Pero. vino Jesús, el Hijo de Dios vivo.
Nació en un pesebre y todas las cunas se alzaron hasta
quedar niveladas como cunas hermanas. Padeció y que-
daron sublimados todos los dolores. Amó y el amor se

derramó por el mundo, llenándolo con sus perfumes.

Habló y su palabra alborozó el pecho de las turbas.

Fué amigo y la amistad floreció entre los hombres.

Fué obrero y el trabajo se elevó a la dignidad más encumbrada.

Fué santo y su ejemplo pobló el mundo de apóstoles.

Murió en una Cruz y desde ella atrajo a todos los corazones.

Fué enclavado y esos clavos forjaron los hierros de la servidumbre y las cadenas de la tiranía.

Esa cuna, ese obrero, ese amigo; los dolores, el perdón y el amor; el ejemplo, la paz y la Cruz transformaron el mundo y establecieron un orden social nuevo sobre las ruinas del antiguo. Todas las bases se mudaron. El pobre pasó a ocupar el primer rango; el trabajo fué el empleo más noble de la actividad humana; el perdón, la condición para ser perdonado; el amor, un precepto terminante del Evangelio; el matrimonio, el vínculo indisoluble del hogar; el orden divino y político, deslindado entre Dios y el César; la paz, una promesa a los hombres de buena voluntad.

Lo dice la historia: Cristo elevó y perfeccionó la sociedad, porque elevó y transformó los tres órdenes que la consttiuyen: el orden intelectual, moral y social. He aquí por qué el Cristianismo, no sólo es un concepto teológico, filosófico, sino también una perfección ética, un progreso social.

5) **PROSOPOPEYA.**—La humanidad, en su peregrinaje eterno en busca de la verdad, del bien, de la belleza, llegó un día al pie de las pirámides faraónicas, cuyas tres caras ha iluminado el Sol de la Historia. Y ahí, hollando el polvo de una fenecida y brillante civiliza-

ción, formuló esta pregunta pavorosa: "**Quid es veritas?** ¿Qué es la verdad?** Y su voz se perdió en la mudez inmensa del desierto...

Se dirigió entonces a la ciudad de Atenas, cuna de las ciencias y de las artes, y evocando a aquellos genios, cuyas obras son el Arca santa del pensamiento y del arte, volvió a preguntar: ¿**Quid es veritas?**

Las sombras de Sócrates, Platón y Aristóteles pasaron cabisbajas y pensativas. Se encaminó entonces a Roma y en el Capitolio, nido de las águilas romanas, volvió a preguntar: ¿Quid es veritas? ¿Qué es la verdad? Las sombras de Virgilio, de Hortencio, de Cicerón se irguieron con gesto de desconsuelo.

Se volvió entonces a todos los sistemas que iban alboreando en cada siglo, y volvió a preguntar y su pregunta fué más que una pregunta, fué un gemido doloroso: ¿Quid es veritas? Y el estruendo de la caída de cada sistema que pasaba con el tiempo fué la única respuesta a la pregunta eterna.

Pero llegó, un día, fatigada al pie de una montaña donde el Maestro anunciaba al mundo su mensaje de amor... Llevaba la pregunta en los labios y un anhelo en el alma. Y oyó extasiada esa palabra que, como linfa clarísima, rasgaba las tinieblas y sembraba la luz: "Bienaventurados los pobres... los que sufren. Soy el Camino, la Verdad y la Vida"...

Y esa Humanidad que no había encontrado la verdad en la cultura egipcia, ni en la cultura helénica, ni en la cultura latina, la encontró en el Evangelio, mensaje de amor, de paz, de fraternidad, soplo restaurador del mundo nuevo, Carta Magna del derecho y de la libertad...

Y entonces enjugó su llanto secular al oír que los pobres serían los primeros en el reino de Dios; al escuchar la parábola divina; se estremeció de júbilo al saber que ese pobre esclavo... también podía llevar una corona de gloria en el reino de Dios y cayó de rodillas al ver que todas las manos se alzaban para orar con la nueva fórmula divina: "Padre Nuestro que estás en los Cielos"...

CAPITULO XXI

LUCHAS SOCIALES Y POSICION DE LOS CATOLICOS

SUMARIO: 1) Un símbolo: la tempestad del Tiberíades.—
2) Luchas sociales, causas y consecuencias.—3) Democracia y Cristianismo.—4) El deber de los católicos.

**1) UN SIMBOLO: LA TEMPESTAD DEL TIBERIA-
DES.**—Bellísima es aquella escena del Evangelio que
nos presenta el Maestro divino, en el mar de Tiberia-
des, sentado en la popa de una vieja barca, rodeado de
los pobres, de los humildes, de esa porción predilecta
de su corazón y a quienes hablaba de las cosas divinas
y mostraba el camino del cielo. De pronto, se levanta
la tormenta y las olas agitadas del mar amenazan su-
mergir a la débil barquilla. Los apóstoles, entonces, se
postran temerosos a los pies de Cristo, exclamando:
"Maestro, sálvanos que perecemos".

Y Aquél a quien el viento y el mar obedecen y los
elementos rinden vasallaje, calma las olas agitadas al
eco de su palabra omnipotente y creadora y de nuevo
sobreviene la calma y vuelve a brillar la luz del sol en
el horizonte. Esa tempestad de que nos habla el Evangelio es simbólica. y se reproduce hoy en el mar agita-

do de las ideas, en la región de los principios, en el mundo de las almas. Preguntad al sabio, al político, al filósofo, al director de pueblos, al mentor de multitudes y todos os dirán: la tempestad de la irreligión y de la anarquía se ha desencadenado sobre el mundo y, cual tromba amenazadora va desarraigando principios, corrompiendo costumbres y haciendo vacilar los fundamentos mismos del orden social.

Y el triunfo y consagración de ideas disolventes, el derrumbe de instituciones seculares, los cetros despedazados, la Europa convulsionada y desangrada, lo dicen con la elocuencia pavorosa de los hechos. ¡Guerra a Dios! es el grito que conmueve el alma de los pueblos; ¡revolución social! es la idea que germina, como la semilla vegetal en el fondo de la sociedad contemporánea. Nunca como hoy el hombre se ha parecido más a Luzbel y la sociedad se ha asemejado más al infierno.

El infierno lo constituye el odio eterno contra Dios; y es el odio, el triple odio contra el hombre, contra la sociedad y contra Dios el que trae enloquecido el corazón de las multitudes. Doctrinas anárquicas están minando los fundamentos mismos del orden social. Un golpe tres veces sacrílego separó a la sociedad de Jesucristo: el Protestantismo que fué la revolución contra la autoridad religiosa; el Filosofismo, la revolución contra la autoridad divina; la revolución el 79 que fué la rebelión contra la autoridad civil. Estas tres revoluciones han engendrado la revolución social que es la rebelión contra toda autoridad divina y humana y que quisiera, como el tirano de Roma, que las autoridades del mundo no tuvieran sino una sola cabeza para cortarla de un solo golpe, entronizando el reinado de la anarquía.

Es un sistema que triunfa; es una idea que va infiltrándose en las masas; es una pasión que se va encendiendo en los corazones, es el Socialismo, y su forma más avanzada, el Comunismo que se preparan a celebrar los funerales de la sociedad. Y si en medio de estos peligros, de esta tempestad que ya ruge sobre nuestras cabezas, no clamamos como los discípulos del Evangelio: "Maestro, sálvanos que perecemos", el mundo será arrasado por un diluvio de sangre, por un diluvio de lágrimas.

2) **LUCHAS SOCIALES. CAUSAS Y CONSECUENCIAS.**—Estamos en presencia de la lucha social, de la lucha de clases que han lanzado al pobre contra el rico, al proletariado contra el capitalista.

Un concepto pagano de la vida está encendiendo una hoguera de odios, de ambiciones, de venganzas. En todas partes: corrupción, injusticias, explotación del obrero y abajo turbas extenuadas que arrastran su vida entre el vicio, el odio y la miseria. Y un abismo separa las clases sociales. La sociedad es un inmenso hospital, dice Nordeaux. Bajo el manto de púrpura de una civilización material oculta nuestro siglo horribles llagas morales. Ricos y pobres, patronos y obreros son dos ejércitos enemigos, unos, devorados por la ambición; otros, con el puño levantado, el odio en el corazón y el arma en el brazo. Y en todas partes: injusticias, miserias, odios, ignorancias, prejuicios: completan la desorientación, el hondo malestar, el desequilibrio social.

. Es la guerra de todos contra todos que presentía Hobbes en el estado pre-social de la humanidad; es la guerra civil permanente que ha sacudido los fundamentos mismos de la sociedad.

Y ¿cuál es la causa? Las ideas... las ideas que han pasado del cerebro de los bárbaros civilizados al cerebro de los bárbaros incultos; las ideas que engendran los hechos; las ideas de una filosofía anti-cristiana aplicadas a la vida social y que constituyen, hoy, el Evangelio'de los pueblos. Hay dos errores radicales de la escuela socialista que se han posesionado de la inteligencia y del corazón 'de las muchedumbres: un error en el punto de partida: el hombre nace bueno y la sociedad lo deprava.· Por' lo tanto, es necesario destruir por su base la sociedad para edificar sobre sus ruinas la sociedad del porvenir. Y un error en él punto de llegada: el paraíso del hombre está sobre la tierra. Por eso hay que satisfacer .acá todas las exigencias de la naturaleza y todas las pasiones del corazón.

Es la. consecuencia de la doctrina rusoniana.

A ese pueblo se le ha engañado con utópicas reivindicaciones; se han arrebatado de su corazón las esperanzas inmortales. Por eso es natural que pida y exija el mejor puesto y la mejor parte en el banquete de la vida. No conocen a Aquél que puso en la frente del pobre una corona de Rey y lo' levantó a la altura de su corazón; a Aquél que arrojó la semilla de la fraternidad, esencia de toda Democracia ,cuando dijo: "Todos vosotros sois hermanos y uno solo es vuestro Padre que está en los cielos. Amaos, amad a vuestros enemigos, orad por los que os persiguen y calumnian para que seais imitadores del Padre que está en los cielos, y que hace salir el sol para los buenos y para los malos y caer la lluvia para los justos y los pecadores".

Porque no conocen a Cristo que fué el primer obrero; que trabajó como trabajan los hijos del taller y de la fábrica; y que esas manos que fabricaron los mundos y encendieron las estrellas, fueron manos fatigadas en el trabajo, manos endurecidas en el trabajo, manos de oficio. Porque no conocen a Cristo que nació pobre para dignificar la pobreza; que vivió pobre para con-

solar la pobreza, que murió pobre para enseñar la pobreza.

3) **DEMOCRACIA Y CRISTIANISMO.**—No lo olvidéis,
hijos del taller, queridos obreros. Hoy se habla mucho
de Democracia y se confunde èsta palabra que significa el gobierno de la comunidad en favor de la misma, con el desorden, el odio, la anarquía social. No lo
olvidéis: la cuna de la Democracia está en Belén y su
cátedra se levanta en Nazaret. Cristo es recibido en
brazos de un obrero: José y de una obrera: la Virgen
María. No tuvo más abrigo que las pajas de un pesebre. Le adoran humildes pastores y después los reyes
del oriente. Se hace humilde para levantar a los humildes; se hace pobre para consolar a los pobres y se hace
obrero para enseñar a los obreros. ¡Qué lección de Democracia! Ella no consiste sólo en hacer descender a
los grandes al nivel de los pequeños, sino en elevar a
los pequeños a la altura de los grandes. Más tarde, esa
escena de Belén se reproduce en Nazaret. Ahí hay paz,
hay pan y hay trabajo. Trabajo, pan y Paraíso que es
lo que necesita el hombre para ser feliz. Es un taller
como el vuestro y ahí se trabaja y se ora. Es una escuela de virtudes como debe ser vuestro hogar. Trabaja la Madre, trabaja el patriarca, trabaja el Hijo de
Dios. Es decir, dignifica, eleva y sublima el trabajo del
obrero. Hasta ese momento el trabajo había sido con-
siderado una deshonra; desde hoy, será una virtud. Y
santificó esa fuente misteriosa de la vida, porque es sabido que el trabajo es una fuente de producción que
nunca se agota. Es la verdadera riqueza del hombre;
es un capital que siempre lleva consigo: en su vida, en
sus fuerzas, en sus músculos, en su inteligencia. Y el
trabajo lo ha dignificado y lo ha santificado el Cristianismo.

Y ese Dios que no inclinó su frente ante los poderosos de la tierra, ni ante el fariseo orgulloso, ni ante la Sinagoga soberbia, la inclina ante el taller de Nazaret; siente la fatiga del trabajo y por su frente corren gotas de sudor que en la frente de un Dios eran una corona de perlas. Belén y Nazaret son las cátedras mudas y elocuentes de la verdadera Democracia que es la Democracia del Evangelio. Hijos del taller: fuisteis dignificados, fuisteis realzados por el obrero de Nazaret.

No es Democracia la doctrina subversiva, ni odiar al rico, al poderoso, ni el sueño utópico de reivindicaciones que os ofrecen vuestros falsos redentores, que no se han dejado crucificar por el pueblo, pero que crucifican al pueblo, subiendo sobre sus hombros a las alturas del poder. La verdadera Democracia es la de Cristo que se deja crucificar por el pueblo, por el mundo y por sus mismos enemigos. La esencia de la Democracia es la libertad, la igualdad y la fraternidad. Palabras cristianas que ha querido arrebatar la revolución. La Escuela revolucionaria ha escrito esas palabras en los estandartes, en los edificios, en los oriflamas; pero Cristo, dieciocho siglos antes, las había escrito en las conciencias, en los corazones, en las almas. Con sus manos traspasadas nos dió la libertad; nos libertó de la esclavitud del vicio, del error y del despotismo que se sentaba en el trono; con sus brazos abiertos a todos estrecha desde su Cruz y lega al mundo el precepto sublime del amor, revelándonos la paternidad divina y la fraternidad humana; arroja la semilla de la fraternidad; iguala al emperador y al mendigo. Esa es la verdádera fraternidad; la que ha derramado torrentes de sangre divina para dar la vida; no la mentida fraternidad revolucionaria que es la fraternidad de Caín, que ha derramado torrentes de sangre para

19* (Apostolado Seglar)

dar la muerte y que ha legado al mundo la libertad de las tumbas... la igualdad de las cabezas, la fraternidad de Caín...

Ahí tenéis el fruto de la revolución: ¡cabezas cortadas!... Pero el fruto bendito de la Cruz es Cristo: vida, amor, consuelo, esperanza...

"Si nosotros, dice Castelar, los descendientes de los antiguos parias respiramos hoy un ambiente de libertad, lo debemos a la doble redención religiosa y social del Cristianismo".

Esto lo confiesa el socialista Picard, en su libro: "Sermón de la Montaña": "Cristo, al predicar la bondad universal, la fraternidad, la justicia inmanente, hacía brotar fuentes mágicas de las que, al correr de los siglos, brotarían en ondas regeneradoras toda la Economía política y toda la Filosofía social verdaderamente humanitaria" (Pág. 20).

He ahí la obra de la Democracia cristiana: hacer de la humanidad, una familia y de los hombres, hermanos entre sí.

Una hermandad, un mundo de corazones enlazados por el vínculo sagrado del amor.

Cristo no sólo levanta al pobre y realza al humilde: Él mismo se pone en lugar del pobre, del humilde, del proletario, del desheredado de la fortuna. Y así nos dice bellamente en su Evangelio, donde dicta sus preceptos sociales, que cuando venga a juzgar a los hombres y a los pueblos en el último día de los tiempos, dirá a los buenos: "Venid, benditos de mi Padre, a poseer el reino que os tengo preparado; porque tuve hambre y me disteis de comer; tuve sed y me disteis de beber; estuve desnudo y me vestisteis; estuve enfermo y me visitasteis. Y los buenos dirán: ¿Cuándo, Señor habéis estado hambriento, enfermo, pobre y desnudo? Y

Cristo les dirá: Lo que hicisteis con uno. de estos pequeños, hermanos míos, conmigo lo hicisteis''.

Y a los réprobos les dirá: ''Id, malditos al fuego eterno, porque tuve hambre y no me .disteis de comer; tuve sed y no me disteis de beber; estuve desnudo y no me vestisteis, estuve enfermo y no me visitasteis. ¿Cuándo, Señor, habéis estado pobre, enfermo, desnudo, hambriento?—Lo que no hicisteis con uno de estos pobres, conmigo no lo hicisteis'' (Ev. S. Mateo).

Pero nada sabe de esto nuestro pueblo; ignora estos principios redentores que están en cada página del Evangelio; no conocen a Cristo que dictó tan sublimes preceptos sociales y he ahí la causa del. hondo malestar que reina en la sociedad; las falsas doctrinas que se predican al pueblo, doctrinas que han encendido el soplo de rebelión que agita a los espíritus, el fuego del odio en el corazón, contra la religión, la autoridad, el rico, el poderoso. Nuestro siglo se enorgullece de sus adelantos materiales; ha podido acortar las distancias entre los pueblos, pero ha aumentado las distancias entre las clases sociales. Porque se ha quitado al pueblo la paz y la esperanza, únicos bienes que talvez le quedaban; le ha quitado la religión que predica al rico la caridad y la justicia y al pobre el respeto, la obediencia y el amor y que ricos y pobres deben amarse como hermanos; la religión que tiene luces para todas las cuestiones, solución para todos los problemas, remedio para todas las llagas. De ahí esas doctrinas que perturban la paz y el orden en la sociedad; de ahí esas huelgas, asaltos a mano armada, odios profundos, residuos de amargura que hay en el fondo de la sociedad. Y si no mirad a Rusia; ahí los hombres pusieron su paraíso en al tierra, y encontraron un infierno de odios, de ambiciones, de venganzas; fueron en busca de la libertad ilimitada que le predicaron sus apóstoles, sus líderes, y han encontrado la tiranía del Soviet, mucho más terrible que la tiranía de los Czares; fueron en busca de la igualdad utópica que también le prometieron sus redentores y han encontrado la perfecta igualdad, en la miseria, en el hambre y en la muerte...

No hay que olvidarlo: sin la fe en Cristo, no hay virtudes; sin virtudes, no hay progreso; sin progreso, no hay orden; y sin orden, no hay sino anarquía y desorden en la sociedad. Quitad al hombre la religión y se convierte en una fiera que sólo despedaza y devora...

4) **DEBER DE LOS CATOLICOS.**—En esta hora trágica del mundo en que se juegan los destinos de la sociedad, debemos resolver este pavoroso problema que es el problema de la humanidad y de la historia: o vamos a la barbarie por la lucha de clases, o a la paz social por la concordia y el amor.

O perecerá la sociedad en manos del Socialismo o se salvará por una inmensa efusión de justicia y de amor. Pero la justicia y el amor que son virtudes, no puede infundirlas el legislador humano, ni la ciencia, ni el progreso, ni el arte. El legislador da las leyes pero no puede hacerlas cumplir. No impera sobre los actos internos del hombre. Sólo la Religión dirige y gobierna el espíritu, e impera en la conciencia humana. Y por eso a esta sociedad no podrá salvarla ni la ciencia, ni la industria, ni la riqueza, ni la política, ni la paz, ni la guerra. El mal está en el corazón y sólo podrá salvarla una gran fuerza de amor; sólo el Evangelio que es amor, sólo Cristo revelado al mundo como doctrina, como ley, como justicia, como amor. Está perdida por la inteligencia y el corazón; luego hay que salvarla dando luz a su inteligencia e infundiendo amor en su corazón. Y Cristo es luz y Cristo es amor.

Y la Acción Católica, llevando a Cristo al seno de la sociedad y al corazón de los pueblos, resuelve este problema; acerca las clases sociales, une los corazones de los hombres por el lazo de oro de la fraternidad.

"**Id al pueblo**" dijo el gran Pontífice de los obreros, León XIII, que con un gesto dominó las tempestades sociales y alimentó a los pueblos con el pan de la verdad y del amor. Digamos como el Maestro divino en la montaña de las bienaventuranzas: "**Misereor super turbam**". "Tengo compasión de esta **muchedumbre**". Y démosle religión y catecismo, ·pan y justicia social. He ahí los valores que llevaron a la sociedad a la cumbre del progreso y que podrán salvar de esta honda crisis al mundo contemporáneo. Enrolaos bajo las banderas de la Acción Católica que trabaja por el bienestar de los pueblos con obras efectivas y permanentes, que esparce la semilla fecunda del Evangelio y que viene a curar esas dos llagas de la sociedad: la apostasía de los espíritus y la lucha de clases. Trabajad en esta obra redentora y social; porque sólo cuando los latidos del Evangelio se confundan con los latidos del Corazón de Cristo, aparecerá en el horizonte el arco-iris de la paz...

CAPITULO XXII

·

APÓSTOLADO SEGLAR Y PROBLEMAS SOCIALES

SUMARIO: 1) El pavoroso problema.—2) Causas y remedios.—3) Debemos atender a la cuestión social.—4) La acción con los obreros y patronos.—5) La gran fuerza social.   .

1) **EL PAVOROSO PROBLEMA.**—Aquella tempestad del mar de Tiberíades de que nos habla el Evangelio, se reproduce hoy, como hemos dicho, en el mar agitado de las ideas, en el mundo de las almas. Y avanza cual tromba amenazadora, envolviendo en su ola de destrucción la religión, la autoridad, la propiedad, la familia, todo lo que es quicio y nexo indispensable del orden vacila y tiembla al golpe de ariete de sus doctrinas desquiciadoras.

En todas partes: en la tribuna, en el periódico, en el parlamento, en el ateneo, en la cátedra, en el mitin, en las conversaciones se debate el pavoroso problema social. Es el problema de la humanidad y de la historia.

"La violencia de las revoluciones políticas, dice el inmortal León XIII, que iluminó el sombrío horizonte de los pueblos, ha dividido el cuerpo social en dos clases y ha abierto entre ellas un abismo inmenso. De una parte, el poder sin límites de la opulencia que, dueña absoluta de la industria y del comercio, desvía el curso de la riqueza y hace afluir hacia ella todas las fuentes de la misma; clase social que tiene, además, en su mano más de un resorte de la administración pública. Por otra parte, la debilidad en la miseria: una multitud de almas laceradas siempre dispuestas al desorden. Los hombres de las clases inferiores están en su mayor parte, en una situación de infortunio y de miseria inmerecidos. El último siglo ha destruído, sin sustituirlos con nada, los antiguos gremios obreros, que eran para esas clases inferiores una protección: todo principio y sentimiento religioso ha desaparecido de las leyes y de las instituciones públicas y así, poco a poco, los trabajadores, aislados y sin defensa, se han visto con el tiempo, entregados a merced de amos inhumanos, a la codicia de una competencia económica desenfrenada'' (Rerum Novarum).

Imposible sería pintar con menos palabras el cuadro sombrío de la sociedad contemporánea y la honda crisis social porque atraviesa el mundo. ''El Papa, dice un Obispo anglicano, ha puesto el dedo en la llaga de nuestro sistema social y es preciso escucharle so pena de ir al encuentro de terribles calamidades''. Su Encíclica sobre ''La Condición de los obreros'' ha resuelto el problema, como lo confiesan los mismos socialistas; y en la opinión de Lafargue, es el documento más admirable de ciencia económica del siglo XIX.

El gran economista de la escuela liberal francesa Leroy Beaulieu, dice ''que es algo más que un programa económico: es la Carta Magna del menesteroso, es el Código de sus leyes; es el beso que Jesucristo da a sus pobres, es el abrazo que la Iglesia ha dado al pueblo''.

Al leer esa Encíclica parecen escucharse los ecos

del Maestro divino, que sigue anatematizando a través de los siglos, al rico epulón, imagen de una burguesía capitalista explotadora.

En medio de la lucha que se había desencadenado entre las clases de la sociedad; cuando los excesos de individualismo económico habían convertido a los obreros en máquinas de producción; cuando la sociedad se hallaba dividida en dos ejércitos en lucha prontos a aniquilarse, el Papa despliega su estandarte de paz y de amor y envía a todas partes del mundo su incomparable Encíclica que es la más alta escuela de ciencia económica y un faro de luz que ilumina todos los hondos problemas sociales.

Dominó con un gesto las agitaciones del mundo; predica la justicia y el amor; calma, como otro Cristo, las tempestades sociales, anuncia la buena al mundo trabajador, rompe las cadenas del proletariado y envía su Encíclica como mensajera de paz...

2) **CAUSAS Y REMEDIOS.**—Hémos insinuado el hondo malestar que aqueja a la sociedad. La causa de este malestar reside primariamente en el egoísmo feroz que corroe el corazón de la sociedad.

Ese egoísmo es hijo de las escuelas filosóficas que con el nombre de Positivismo, Sensualismo, Transformismo, Materialismo ha invadido el campo de las ciencias y penetrado en la vida social.

La filosofía rusoniana, a que nos hemos referido antes, ha arrebatado al hombre un ideal superior; le ha enseñado que la virtud, es una necedad; la moral, una quimera; la religión, un engaño; el pensamiento, una función de la materia; la libertad, la responsabilidad, una ilusión; el más allá, una hipótesis. No hay más que materia, y fuerza y fenómenos. El hombre es un animal perfeccionado y puede dar amplia satisfacción a sus necesidades y apetitos; no hay responsabilidad, ni deber, ni derecho; sólo existe el derecho de la fuerza; en una palabra: en él se ha quitado al hombre y se ha dejado a la bestia.

Esta enseñanza ha engendrado ese egoísmo brutal que es la primera causa del malestar social. La sociedad se ha dividido en dos ejércitos enemigos que se destruyen mutuamente; es la guerra de todos contra todos...

Arriba, ambiciones y egoísmos; abajo, concupiscencias y odios profundos contra el poderoso. El capitalista ha querido enriquecerse; sólo busca el desarrollo de sus negocios, pingües ganancias; ha hecho del obrero una máquina y lo ha explotado sin compasión. No ha tenido caridad con sus obreros; éste no conoce a sus patronos porque ha sido destruído el modo de ser de las fábricas y talleres. En las sociedades anónimas, el patrón es anónimo; el representante sólo busca la ganancia para complacer a sus patronos; y sin conocimiento ni trato no hay caridad, no hay amor. Por su parte, el obrero ha visto ese capital amasado con su sudor y sus lágrimas; sufre la explotación y muchas veces sucumbe. De ahí el odio reconcentrado al capitalista, la envidia y a un egoísmo brutal, sucede otro egoísmo no menos brutal del obrero. Unos y otros prescinden de las conveniencias de los derechos y obran como dos fieras que se disputan una presa. Derecho, moral, equidad, caridad son palabras vacías de sentido. Mucho se gloría nuestro siglo de sus adelantos materiales, pero bajo el manto de púrpura de una civilización materialista oculta horribles llagas morales. Ha podido acortar las distancias entre los pueblos pero ha aumentado las distancias entre las clases sociales, porque ha relajado los vínculos de amor entre los hombres y arrebatado de su corazón las esperanzas inmortales.

Ha consagrado el más repugnante egoísmo; al contrario de la caridad que une y estrecha, separa, disgrega, divide, suscita la lucha, el odio, y donde estas pasiones imperan, desaparece la armonía, la paz, el equilibrio para dar paso a la anarquía y a la desorganización social.

El egoísmo de los de arriba, y el egoísmo y el odio de los de abajo: he ahí la primera causa del malestar social.

¿Y quién podrá librarnos de la nueva barbarie organizada, amenazadora, triunfante? ¿Acaso la ciencia sin religión y sin Dios que no resuelve ningún problema de la vida, ni el origen, ni el fin, ni la naturaleza del hombre y de la humanidad? Esa ciencia ha mirado a la tierra, ha hecho de ella el paraíso del hombre y patrocina por todas partes principios disolventes.

¿Acaso la literatura, la elocuencia? Ellas se han puesto al servicio de la doctrina anti-social o guardan un silencio que consagra su triunfo.

¿Será el poder legislativo o las leyes represivas? Así lo pretenden muchos legisladores; creen que el bienestar social basta decretarlo para que sea una bella realidad. Olvidan que el legislador da las leyes pero no puede hacerlas cumplir. ¿Será la fuerza armada? La fuerza armada nada puede contra las ideas, contra los princiupios, contra las doctrinas. ¿Dónde encontraremos el remedio eficaz? Unicamente en el Cristianismo. A esta sociedad no podrá salvarla ni Cicerón con su elocuencia, ni Lúculo con su riqueza, ni Licurgo con sus leyes. El mal está en el fondo, en el corazón, y sólo podrá salvarla una fuerza de amor, una efusión de Cristianismo que es justicia y que es amor. El Cristianismo triunfó del Paganismo, más que por la inteligencia, por el corazón y sólo en él encontraremos el remedio eficaz para curar los hondos males que aquejan a la sociedad.

No hay otra solución: o perecerá la sociedad en manos del Socialismo o será salvada por la fuerza social que entraña el Cristianismo.

Cada época tiene su mal y su remedio. Cuando la humanidad es amenazada por la fuerza, Atila, Tamerlán o Mahoma, Dios dice a los héroes: "Levantaos y herid". Y los héroes se levantan y el mundo contempla la lucha y el triunfo. Es la época de los Carlomagnos.

Cuando la humanidad se ve amenazada por la herejía, el error, cuando el enemigo es Arrio, Lutero o Voltaire, dice Dios: "Levantaos y hablad". Es el siglo de los Agustinos, de los Ambrosios, de los Bossuet.

Cuando la humanidad se ve amenazada por los odios, las discordias, los sufrimientos; cuando el enemigo se llama, por un lado, egoísmo y miseria; por otro, individualismo y socialismo, entonces hace Dios a las generaciones un llamado sublime y solemne: "Levantaos, id, amad, sacrificaos". Y el mundo asiste a las luchas del amor y a los triunfos del sacrificio. Es el siglo de la caridad, de la justicia, de las abnegaciones, de los holocaustos...

3) **DEBEMOS ATENDER A LA CUESTION SOCIAL.** —En su Encíclica "Graves de Communi" sobre la Democracia cristiana, declara León XIII que ella es propia del espíritu católico, y la denomina "Acción benéfica cristiana en favor de las clases populares".

Los cristianos somos los verdaderos demócratas. Porque Democracia no es halagar ni fomentar los instintos de las masas, no es excitar en provecho propio las pasiones populares, no es degradar al pueblo ni embrutecerle, no es encender en su corazón el odio a las clases elevadas.

·Es dar al pueblo sus derechos pero tambíén hacerle cumplir sus deberes; es darle la mano para subir a su puesto, y no ponerlo de escalón para subir a las alturas del poder; es librarlo de las pasiones y miserias para elevarlo a su dignidad de hombre y de cristiano; es atender a su bienestar materail, intelectual y moral. El pueblo debe ser nuestro; los pobres son lo principal de la Iglesia, y según el pensamiento de Bossuet; los pobres son los primeros en la Iglesia y los ricos no están en la Iglesia sino para servir a los pobres. Somos demócratas cristianos y el Evangelio, según la palabra del Señor es principalmente para los pobres y pequeños. "He sido enviado para evangelizar a los pobres".

Por esto debemos entregarnos con todas fuerzas a las empresas y obras sociales. Si nosotros no nos apoderamos del obrero se apoderará el Socialismo. Ya gran parte del pueblo se ha ido de nosotros; debemos reconquistarlo por medio de la acción social católica.

La masa plebeya se halla entre dos banderas opuestas que la solicitan sin cesar: la bandera católica y la bandera socialista. El socialismo se ha convertido en nuestros días en una fuerza inmensa, organizada y violenta. Fuerza que se desencadena contra la Iglesia, contra el orden social, contra la familia, la propiedad y el orden establecido.

Materialista por doctrina, ni siquiera establecerá un sistema, porque no se puede construir sobre utopías irrealizables. Pero no por eso es menos temible y en ·eso está su fuerza. Sólo sabe destruir, pero no sabe edificar. Y va preparando al pueblo con agitaciones, engañando; no educa al obrero, no lo dignifica sino que lo degrada, le arranca todo resto de amor y de cariño y envenena su alma con odios reconcentrados.

Contra este azote de la sociedad sólo puede presentarse el Catolicismo. Contra el socialismo ateo la acción social-católica. Contra la demagogia revoluciona-ria la Democracia cristiana. Y con una acción persever-rante, popular y bien dirigida puede salvar a los obreros, a los patronos, a la sociedad.

4) LA ACCION CON LOS OBREROS Y PATRONOS.— La Democracia cristiana no tiene por fin y objeto remediar las necesidades y apuros económicos de la clase obrera. Su fin es más noble y elevado: consiste en conducir al obrero a una comodidad económica a fin de que pueda perfeccionarse en el cumplimiento de sus deberes religiosos, morales y sociales y atender a la práctica de ellos.

Un programa católico para la clase obrera debe abrazar tres puntos:

1) El económico a fin de sacar al obreró de la necesidad y de la miseria.

Para que el obrero sea bueno y la familia se salve y santifique, es preciso ahuyentar de ella la miseria. Un bienestar material es necesario a la virtud, enseña Santo Tomás.

Es preciso que la caridad cristiana procure salvar al pueblo de la miseria.

2) Luego viene lo referente a la instrucción. Hay que procurar instrucción al obrero. Este debe obrazar primeramente la enseñanza primaria que le abra camino para gobernarse dentro de su esfera; además la enseñanza sólida de algún oficio o profesión para pueda ganarse la vida y sostener a su familia; y que en fin, el conocimiento de todas sus obligaciones y derechos privados y públicos, civiles y religiosos, y como fundamento de todo, la doctrina cristiana que hace grandes a los individuos y a los pueblos.

3) El tercer punto es el principal y consiste en

procurar la educación cristiana del obrero. Apartarlo
del vicio, llevarló a la virtud. Difícil tarea, la más difícil de la cuèstión social, pero también la más importante y necesaria, fin de todas las demás y medio también para ellas. Es inútil trabajar sólo por el mejora-
meinto económico de los obreros.

¿Qué habremos logrado con ello? Formar un hombre satisfecho en esta vida y nada más. Es inútil au-
mentarle sus salarios, si al mismo tiempo no lo hacemos
honrado, virtuoso, sobrio, amante de su casa.· Si au-
mentamos el salario del obrero y no lo educamos cristianamente, ese aumento se traducirá en más horas en
la taberna. Esto lo confiesa el mismo Tolstoy en una
de sus obras.

Y esta acción en favor de los obreros debe hacerse
principalmente por medio de apóstoles obreros. Ellos
pueden visitar las fábricas, los talleres, acercarse a su
clase y ejercer el apostolado en sus mismas fábricas,
en sus trabajos con sus compañeros de labor. El apostolado obrero por los obreros ha dado excelentes resultados en Bélgica, Holanda y otros países que van a
la avanzada en la solución de los problemas sociales.
Hay que formar esa "elite" esos escogidos para ejercer después la obra de penetración. De aquí la importancia que tiene la formación de Círculos obreros, de
bibliotecas, Centros, Cursos, etc., destinados a formar
esta "elite" o elegidos que trabajan en la acción
obrera.

Pero· la acción del apóstol seglar no sólo debe dirigirse a los obreros sino también a los patronos. Es necesario que el pueblo nos vea abogando por él en cuantas ocasiones se presenten de hacer algo en favor suyo, ya aconsejando a los patronos, ya despertando en
ellos buenos deseos en favor del mundo proletario. Y
esto sin rebeldías sino protegiendo todos los derechos,

ya escribiendo, formando comisiones, denuncias, ya manejando dentro de la legalidad, con prudencia y rectitud, a la propaganda.

Es necesario ganarse a los patronos, a los dueños de las fáfricas, a los gerentes, representantes, contratistas, en una palabra, a todo elemento directivo para que cumplan los deberes de justicia y las prescripciones de la legislación adecuada según el país.

¡Oh si esa acción social supiese conquistar a los patronos, a los regentes de fábricas y empresas, ganarse su voluntad con benevolencia, haríamos una obra efectiva en favor del mundo obrero!

Hay que hacerles ver y comprender cuánto interesa a la sociedad, al obrero y a ellos mismos la intervención de la acción católica en sus fábricas; cuánto les interesa, aun desde el punto de vista económico y temporal, poner a sus obreros a la sombra del catolicismo y de la democracia cristiana, única que puede devolverles la paz, el sosiego y bienestar, y no que caigan en manos de las doctrinas extremistas con su séquito de egoísmos y de odios sociales. Entonces se vencerían muchas resistencias; el obrero conocerá nuestras hermosas doctrinas sociales que protegen sus derechos, lo elevan y proclaman la ley de la justicia y caridad que resolverán, en último término, el problema social. Y debemos ejercer esta obra de acción obrera con amor, recordando que Nuestro Señor fué un Dios-obrero, que quiso levantar esta clase a la altura de su corazón, que santificó el trabajo, fuente misteriosa de la vida y que sus manos se fatigaron en el trabajo, fueron manos de oficio.

Todo esto nos indica cuál debe ser nuestra acción en favor de ese pueblo que tanto amó Nuestro Señor.

5) **LA GRAN FUERZA SOCIAL.**—El progreso den-

tro del Cristianismo no sólo es una ley reconocida por la conciencia sino un deber impuesto a la voluntad. "Sed perfectos como vuestro Padre celestial es perfecto".

Quiere construir en nosotros el edificio de la perfección, y pone esta perfección en la base y en la cúspide y hace de cada uno de los hombres, piedras vivas de este edificio. "Sed perfectos", acercaos a Dios; y como Dios es verdad, es bondad y hermosura perfectas el hombre debe perfeccionar, cuanto le sea dable, su verdad, la ciencia, su bondad, la moral, la política, su hermosura, el arte. Por eso puede considerarse el reinado del Cristianismo en la historia como el reinado del espíritu. Y como el espíritu es inmensamente activo, el reinado del Cristianismo es también el reinado del progreso.

"Jamás religión alguna, confiesa Harnack, ni siquiera el Budismo, se ha presentado con una influencia social tan poderosa como la religión del Evangelio. Cristo, no sólo es el fundador de la más santa de las religiones, sino el más sabio de los doctores sociales" (Das Weesen des Christenthums. Lec. V).

"Amaos los unos a los otros". "No hagas a otro lo que no quieras que hagan contigo". "Amad a Dios sobre todas las cosas y al prójimo como a vosotros mismos". ¿Se conciben máximas de sentido social más profundo y más extenso? Para quien oye a Jesús éste no sólo es un Rabí que habla a los judíos, sino un Maestro que instruye a la humanidad.

"El Cristianismo ha cambiado al hombre interior, sus creencias, sus sentimientos y ha regenerado al hombre moral, al hombre intelectual. Con la más absoluta verdad puede afirmarse que Jesús es, a la vez, un doctor profundamente individualista y profundamente social. Merced a la reforma inmediata del individuo realizó la reforma de la sociedad y, a su vez, mejorada la sociedad, ayudó al individuo para su propia perfección" (Guizot. Historia de la civilización en Europa, Cap. I).

Por todas estas ideas podemos ver cuál es la influencia que aporta el Cristianismo a la solución de los problemas sociales. Bastaría recordar los puntos siguientes para darse cuenta de la enorme importancia social de la doctrina del Evangelio y que el apóstol seglar debe tener siempre presente: 1) El Evangelio con sus dogmas, consejos y preceptos, es la base más sólida del edificio social que descansa sobre cuatro pilares graníticos: religión, autoridad, propiedad y familia. 2) Si el Socialismo parte en su evolución teórica y práctica del falso concepto de la vida, y si el egoísmo es una de las causas principales de la cuestión social, el Evangelio nos enseña el justo aprecio que debemos hacer de los bienes de la tierra, y predica la abnegación, enaltece la justicia, ensalza y recomienda la caridad, aun más: la caridad, en frase del Apóstol, es su plenitud. "El gran mal· del Socialismo, observa Taine, es no tener por fondo, como el Catolicismo, un principio moral, una idea de una reforma interior y personal de la voluntad y del corazón; el no ser más que un sistema y una liga para uso de los apetitos, de la envidia y de todas las pasiones destructoras" (Cartas de Oxford, 30 de Mayo de 1870). 3) En el Evangelio se encuentra la mayor parte de las reivindicaciones obreras y vemos dignificado el trabajo manual. Cristo fué el primer obrero que santificó esa labor manual. 4) El Evangelio proscribe las grandes injusticias sociales: el despotismo, la inferioridad de la mujer, la esclavitud. 5) A las tres concupiscencias humanas: soberbia, sensualidad, avaricia, fuente y origen del malestar individual y social, opone tres virtudes: humil-

20* (Apostolado Seglar)

dad, castidad, pobreza que Cristo personifica. 6) Restaura la verdadera noción de libertad, igualdad .y fraternidad entre los hombres. Solamente el Padre Nuestro que es la oración más sublime del Cristianismo, contiene un tratado de sociología y ha producido más frutos de ventura y de paz entre los hombres que todas las utopías socialistas.

. "Dos son las grandes necesidades del individuo, dice Le Play: pan cotidiano y ley moral. Y a estas dos necesidades provee admirablemente el Evangelio" ("Los obreros europeos". Tomo I, pág. 389).

He aquí, pues, cuánta es la influencia que tiene el Cristianismo en la solución de los problemas sociales.

. A su difusión debe ·consagrarse especialmente el apóstol seglar. Hará obra cristiana y eminentemente social.

CAPITULO XXIII

LA ACCION CATOLICA Y LAS OBRAS ECONOMI-CO-PROFESIONALES

SUMARIO: 1) Importancia de las cuestiones sociales.— 2) Clases de Asociaciones.—3) Lo temporal y lo espiritual.—4) Las Asociaciones económico-profesionales ¿son obras de Acción Católica?—5) Documentación pontificia.

1) IMPORTANCIA DE LAS CUESTIONES SOCIA-LES.—Hemos establecido la importancia que tienen en esta hora las cuestiones sociales y cómo debe trabajar el apóstol seglar en la acción obrera y patronal. Ahora, una palabra más acerca del tema y especialmente la relación que tiene la Acción Católica con las obras económico-profesionales. La Iglesia siempre se ha preocupado vivamente del problema social.

"Los grandes hechos políticos, - dice Balmes, la cuestión en la superficie es política, pero en el fondo es social".

Y la obra que ha realizado la Iglesia en el terreno social es admirable; es una de sus glorias. Regenera al individuo, a la familia, a la sociedad; señala límites a derechos que antes se tenían por ilimitados. La justicia y caridad, virtudes fundamentales que rigen estas cuestiones, han sido investigadas por teólogos y juristas católicos.

La Iglesia, por medio de sus admirables Encíclicas, especialmente "Rerum Novarum" y "Quadragesimo anno", ha dado reglas sapientísimas para resolver los problemas del mundo socal y económico.

Refiriéndose a estos problemas, especialmente a la redención del proletariado, llega a decir el Papa que "si con vigor y sin dilaciones no se emprende el llevarlo a la práctica, es inútil pensar que puedan defenderse el orden público, la paz y la tranquilidad de la sociedad humana, contra los promovedores de la revolución".

Después de la importancia de las cuestiones sociales, viene la legitimidad de la sindicación católica. Hagamos una breve síntesis de la doctrina de la Iglesia:

En este punto queremos dejar la palabra al sociólogo francés M. Marsot, que en el gran **Diccionario de Sociología** (1), actualmente en curso de publicación, sintetiza así la doctrina de la Iglesia:

a) "En el estado actual de las cosas, la Iglesia estima que los católicos tienen el deber moral de constituir asociaciones profesionales".

Efectivamente, León XIII lo afirmaba taxativamente. "En este estado de cosas —dice—, los obreros cristianos no tienen más remedio que escoger entre dos partidos: o inscribirse en asociaciones peligrosas para la Religión, o formarlas entre ellos mismos uniendo así sus fuerzas a fin de poder sustraerse a un yugo tan injusto e intolerable. ¿Hay alguien que dude de que es preciso optar por este último medio?"

_____

(1) JACQUEMET, **Dictionnaire de Sociologie**. Fasc. VII-VIII, col. 391 y sigs.

b) ''Estas Asociaciones profesionales, que la Iglesia estima necesarias hoy, deben ser grupos enteramente católicos; o, en los lugares en los que la fundación de tales grupos católicos sea absolutamente imposible, han de ser organizaciones realmente respetuosas del espíritu católico.

''Es decir, que los Papas exhortan vivamente a la fundación de tales grupos católicos, permiten, bajo ciertas reservas, que los católicos den su nombre, en ciertos casos, a asociaciones que no sean oficialmente católicas, y condenan positivamente las asociaciones cuyo espíritu se opone al espíritu católico, prohibiendo a los fieles adherirse a ellas; aunque, a título excepcional y para un fin bien determinado, acepte que se organicen alguna vez, en combinación con ellas, carteles intersindicales''.

''Que se tenga bien en cuenta —dice la Sagrada Congregación del Concilio— que tal combinación no es lícita sino a condición de que se haga sólo en casos particulares, que la causa que se haya de defender por ella sea justa, que se trate de un acuerdo temporal, y que se tomen todas las precauciones para evitar los peligros que pueden provenir de un acercamiento semejante''.

c) ''La Iglesia no ha dirimido la cuestión de saber si los grupos profesionales deben comprender a la vez a patronos y obreros, o si se deben organizar separadamente los unos de los otros. Mas, en este segundo caso, pide que los sindicatos patronales y los sindicatos obreros se entiendan pacíficamente''.

''La Sagrada Congregación vería con gusto —dice, el documento de 1928— que se estableciese un modo regular de relación entre las dos clases de sindicatos mediante una comisión mixta permanente. Esta comisión tendría por finalidad tratar, en reuniones periódicas, los asuntos de interés común y obtener que las organizaciones profesionales sean, no organismos de lucha y de antagonismo, sino, como deben ser, según la concepción cristiana, medios de mutua comprensión, de discusión benévola y de pacificación''.

3.o La tercera afirmación preliminar se refiere a la intervención indudable que compete a la Acción Católica en esta cuestión social. Varias veces lo hace constar explícitamente la **Quadragesimo anno.** Al ponderar la ardua empresa que aguarda a los apóstoles de la difusión de las doctrinas sociales de la Iglesia, señala a sus ''amados hijos, inscritos en la Acción Católica que comparten con él de manera especial el cuidado de la cuestión social, en cuanto compete y toca a la Iglesia por su misma institución divina''.

Con esto se podrá ya entender el alcance del problema que intentamos resolver. En cuestión tan importante intervienen, las Asociaciones profesionales y las Asociaciones de Acción Católica. Cabe preguntar: ¿tales Asociaciones son distintas? Y en caso afirmativo, ¿cómo armonizar esta doble intervención señalada por la palabra de los Papas? Para la resolución de estas dos cuestiones nos interesa conocer más a fondo la naturaleza misma de las Asociaciones profesionales, una vez que ya conocemos la naturaleza propia de las Asociaciones de Acción Católica.

2) **CLASES DE ASOCIACIONES.**—Los tratadistas de Derecho Canónico distinguen dos clases de Asociaciones, que nos importa consignar: Asociaciones **eclesiásticas** y Asociaciones **seglares** o laicales (2).

La diferencia de unas y otras no está basada en el fin que ellas se propongan, sino en el modo de su

_____

(2) **Cuestiones Canónicas,** I, 761-763.

erección, que condiciona las facultades de dirección, es decir, en su modalidad jurídica.

Esta distinción se admite en muchos documentos canónicos. Baste citar, entre ellos, el decreto **A remotissima** de la Sagrada Congregación Consistorial de 31 de diciembre de 1909, y sobre todo la nueva fórmula **De relationibus dioecesanis**, redactada por la Sagrada Congregación Consistorial, de 4 de noviembre de 1918.

Las Asociaciones eclesiásticas son erigidas y dirigidas por la autoridad de la Iglesia. Las Asociaciones seglares o laicales, por el contrario, aun cuando tengan un fin piadoso, permanecen al margen de la autoridad de la Iglesia en su régimen propio, y suelen ser únicamente aprobadas y alabadas por la Jerarquía.

Lo cual no quiere decir, como observa Regatillo, que estas últimas sean enteramente independientes de la autoridad episcopal. Porque así como cada uno de los fieles está sujeto a la jurisdicción de su prelado, así también cuando se unen en una asociación (3): El prelado tiene el derecho y la obligación de vigilar para que la asociación no introduzca abusos entre los fieles y no les ofrezca ocasión de ruina espiritual. La Sagrada Congregación cita a este propósito la doctrina del canon 336, que, refiriéndose al deber de vigilancia de los obispos, dice, entre otras cosas, que a su cuidado queda el que se conserve la fe en el clero y en el pueblo.

Significa, pues, que el hecho de ser una asociación seglar o laical la hace exenta de la autoridad eclesiástica y en cuanto a su existencia, funcionamiento, actividad y régimen interno, y que no puede intervenir en esto la Jerarquía como en las Asociaciones eclesiásticas.

---

(3) **Ibíd.**, 763.

Aplicando estos principios generales a las Asociaciones de Acción Católica y económico-profesionales (4), podemos decir que las primeras, aun cuando sean dirigidas inmediatamente por seglares, son jurídicamente Asociaciones eclesiásticas, porque toda su razón de existir depende de la propia Jerarquía de la Iglesia, que, según la fórmula de la carta al cardenal Bértram, les da "su mandato y su vigoroso impulso". En cambio, las Asociaciones económico-profesionales son asociaciones seglares o laicales, en el sentido arriba apuntado, que están sometidas a la vigilancia de la Iglesia, pero no dependen de ella en su existencia, funcionamiento, actividad y régimen interno, sino en tanto en cuanto puede esto tener relación con los casos previstos por el canon 336 en su párrafo segundo.

Ya con estos datos podríamos resolver nuestra primera cuestión, declarando distintas por naturaleza jurídica a las Asociaciones de Acción Católica de las Asociaciones económico-profesionales. Pero nuevas consideraciones dejarán aún más clara esta distinción.

3) **LO TEMPORAL Y LO ESPIRITUAL.**—Otra razón independiente de la cualidad jurídica de las distintas Asociaciones marca una nueva y más profunda diferencia entre las Asociaciones profesionales y las Asociaciones de Acción Católica.

León XIII (5) ha señalado la existencia de dos órdenes distintos de cosas, que dan origen a dos órdenes de sociedades, temporales y espirituales, jerarquizadas entre sí y sometidas respectivamente a las dos, que, por perfectas e independientes, son supremas cada una en su género.

---

(4) Cf. ARENDT, **La nature, l'organisation et le programme de S. O. C.**, pág. 113 (Spes, 1926).

(5) **Immortale Dei, Nobilissima Gallorum gens.**

Pío X, en la encíclica **Il fermo proposito,** ha distinguido también la cualidad de aquellas sociedades "derechamente enderezados al auxilio del ministerio espiritual y pastoral de la Iglesia y encaminadas a un fin religioso y bien directo de las almas", de la de otras que se "encaminan a éste o es otro bien particular de la sociedad y del pueblo", y añade que son "de diferente linaje y diversa constitución".

De las primeras deduce que "deben estar en todo subordinadas a la Autoridad de la Iglesia, y por consiguiente a la autoridad de los obispos, puestos por el Espíritu Santo para regir la Iglesia de Dios en las diócesis que le están deputadas".

De las otras, supuesto el fin integral de la Iglesia y las interferencias entre lo temporal y lo espiritual, entre lo moral y lo económico, dice "que no pueden concebirse, en ninguna manera, independientes del **consejo** y **alta dirección** de la autoridad eclesiástica, por cuanto se han de conformar con los principios de la doctrina y moral cristiana"; pero que, puesta su condición, han de proceder con razonable libertad, pues sobre ellas recae la responsabilidad de la acción, principalmente en materias temporales, económicas y administrativas, ajenas al ministerio meramente espiritual".

Según esta doctrina, y teniendo en cuenta la variación de la terminología que se ha establecido, principalmente desde los primeros años del Pontificado de Pío XI, sobre Acción Católica, los sindicatos y obras profesionales, evidentemente pertenecen a esta última clase de asociaciones, de orden temporal terreno en su naturaleza, pertenecientes a la esfera ydel Estado, con indirecta subordinación a la Iglesia, como todo lo temporal; mas las Asociaciones de Acción Católica, prolongación de la propia Jerarquía hasta los seglares, pertenecen, ciertamente, al orden espiritual y están directamente sometidas a la autoridad de la Iglesia.

Estas son "participación de los seglares en el apostolado jerárquico" con un "fin nobilísimo, porque coincide con el fin propio de la Iglesia".

Las primeras son asociaciones estables de profesionales unidos bajo la dirección de los jefes, escogidos libremente por ellos, para estudiar y defender sus intereses comunes en la determinación de las condiciones del trabajo (6). El fin directo es temporal, aunque indirectamente puedan y deban contribuir a un fin remoto de cristianización de la vida económica y de la clase.

4) LAS ASOCIACIONES ECONOMICO-PROFESIONALES ¿SON OBRAS DE ACCION CATOLICA?—Es la consecuencia del razonamiento que venimos haciendo. Aun cuando parezca que estas Asociaciones verifican todas las condiciones de las obras de Acción Católica, ya que son obras de seglares, sometidas a la Jerarquía, en el terreno social, con fines remotos de cristianización; lo cierto es que no son obras de Acción Católica.

Porque bajo estas apariencias de identidad se encierran diferencias decisivas. Ya que ni la dependencia de la Jerarquía es la misma, en unas indirecta y en otras directa e inmediata; ni el fin próximo especificativo es el mismo, en unas el bienestar económico de los asociados, en otras la ayuda a la Jerarquía en su obra de apostolado.

Además, la misma organización tiene caracteres distintos, en los asociados que agrupa, profesionales los

_____
(6) ARENDT, pág. 20.

unos, simplemente cristianos los otros; y en la propia contextura de la organización, más unitaria y jerárquica en las obras de Acción Católica que en las Asociaciones económico-profesionales, que no tienen jerarquía propiamente dicha.

5) **DOCUMENTACION PONTIFICIA.** — Pío XI. Limitando la documentación a los textos más expresivos, queremos destacar entre todos, uno fundamental de la **Quadragesimo anno** y tres de las cartas apostólicas más recientes.

En la encíclica **Quadragesimo anno**, tras haber juzgado con fina crítica el ensayo corporativista realizado en Italia, con sus ventajas y sus peligros, señala el Papa la necesidad de ir a un "estado social mejor".

Y entre los medios que deben ponerse en práctica "para alcanzar ese nobilísimo intento" se excluye positivamente la influencia directa dé la Acción Católica, "porque no pretende desarrollar actividad estrictamente sindical", y se requiere, en cambio, la influencia **indirecta** "de parte de aquellos de Nuestros hijos que la Acción Católica educa exquisitamente en los mismos principios y en el apostolado, bajo la guía y el magisterio de la Iglesia".

Esta distinción, que supone la exclusión de las obras propiamente sindicales de los cuadros específicamente integrantes de la Acción Católica, la veremos repetida en los demás documentos.

Así en la Carta al cardenal Segura (7): "Mas para remover en lo pisible todo motivo de duda, queremos dejar bien entendido esto: las Asociaciones que conformando sus propósitos y empresas con los preceptos de la religión y los peculiares intentos de la Acción

---

(7) **Direcciones Pontificias,** pág. 347.

Católica, tienen por blanco ayudar a los ciudadanos, ya en sus asuntos económicos, ya en el ejercicio de su profesión, conviene de todo punto que en las materias concernientes a los fines de la Acción Católica se sujetan a ella y sirven a las obras de apostolado cristiano; pero en las empresas de suyo económicas, sean de su propia cuenta y exclusiva responsabilidad''.

Repite casi las mismas palabras en la Carta al Episcopado argentino, y en la última y recentísima enviada a los obispos de Colombia recoge en síntesis la conclusión, que nosotros apuntamos al decir ''que la Acción Católica no debe suplantar a las organizaciones económicas y profesionales, que tienen por finalidad directa e inmediata el ocuparse en los intereses temporales de las diversas clases de trabajadores manuales o intelectuales. Estas asociaciones deben conservar su autonomía y su responsabilidad exclusiva en el dominio técnico''.

De todos estos documentos se deduce que hay que respetar la autonomía sindical y cumplir el mandato que la Encíclica ''**Quadragesimo anno**'' hace a la Acción Católica sobre la cristianización de la vida económica, y así se realizan también los deseos del Santo Padre, que, escribiendo al Cardenal Arzobispo de Lisboa, decía que ''ninguna actividad, en cuanto es posible y resulta útil a la vida cristiana, debe excluirse de su programa''.

La propaganda social, la formación de dirigentes, aun la misma generosa ayuda a la institución de Asociaciones profesionales, entra dentro de la actividad propia de la Acción Católica. No así la dirección de estos sindicatos, una vez constituidos, sino en el sentido en que lo establecen las bases de los Metropolitanos y las cartas pontificias.

Entre éstas, terminamos nuestro capítulo con las

consideraciones que Pío XI hace en la citada carta al cardenal arzobispo de Lisboa. .

"Entre todas (las actividades de Acción Católica), hay algunas que, por corresponder a necesidades comunes y capitales de nuestro tiempo, deben ser sobre todo urgentemente atendidas. Entre las cuales contamos la competente asistencia al pueblo obrero, no sólo la espiritual, sino también la material, promoviendo señaladamente aquellas asociaciones que tienen por fin aplicar los principios y normas de la equidad social y de la caridad evangélica.

"Por lo cual la Acción Católica procurará suscitar estas Asociaciones donde no las hay se esforzará en ayudarlas donde las hay. Sin embargo de esto, no tomará sobre sí la dirección de las cosas técnicas y económicas, sino que la remitirá a la libre disposición de las Asociaciones.

"Su oficio ha de ser procurar con todo empeño que sigan los genuinos preceptos de la doctrina católica y obedezcan las prescripciones de esta Sede Apostólica" (8).

Es decir, siempre una función de carácter educativo, parte y cumplimiento de aquel programa general de "reeducación de conciencias" que constituye el fin específico e inmediato de la Acción Católica. (Beitia).

Al terminar esta obra, a la cual hemos consagrado nuestros estudios y nuestros desvelos, hacemos un fervoroso llamado a los seglares para que colaboren con la Jerarquía en las nobles actividades de la Acción Católica. Y les repetimos, como a manera de clarinada, aquella frase encendida de un gran luchador de la causa cristiana:

---

(8) **Acta Apostolicae Sedis**, diciembre de 1934.

"Seguid blandiendo con pujante diestra,
De la verdad, la espada centelleante,
Mostrando del error, la vil escoria.
¡Adelante, cruzados, adelante!
¡Es vuestro el porvenir, vuestra la gloria!"

Laus Deo.

CAPITULO XXIV

LA IGLESIA Y LA POLITICA

SUMARIO: 1) Legítima intervención de la Iglesia.—2) La Iglesia y los partidos políticos. Normas Pontificias.— 3) Posición de la Acción Católica frente a los partidos y a la política. Documentos de los Sumos Pontífices.— 4) Educación para la vida política.—5) Acción religiosa en el campo político.—6) Deber de unión en el campo religioso y moral.—7) Prescripciones del episcopado chileno sobre la acción política de los católicos.

Fragmentos de la obra de Mons. Civardi y documentos oficiales de la Santa Sede.

...Aquí debemos considerar a la política solamente en sus relaciones con la religión y en este aspecto se distinguen dos políticas.

Hay ciertamente una política que nada tiene que hacer con la Religión y la Moral. Es la política que podríamos llamar **Técnica y en sentido estricto**. Es evidente que la Iglesia no interviene en ésta y está fuera de ella y sobre ella.

Pero hay también una política que implica principios **Eticos e intereses Religiosos**, una política que podemos llamar **Un capítulo de la moral**; una política que "Toca al Altar", como dijo Pío XI, en el discurso a la peregrinación Internacional de la Juventud Católica, el 20 de Septiembre de 1925.

1) LEGITIMA INTERVENCION DE LA IGLESIA.—

1)—Es claro que en todas estas cuestiones, cuando se relacionan con la moral y con la religión, la Iglesia tiene el derecho y el deber de intervenir; pues es maestra, custodia y vindicadora no sólo de la ley cristiana, sino también del derecho natural, expresión de la voluntad de Dios Creador. Por ende, dado el caso, puede la Iglesia intervenir no sólo para indicar el camino que se ha de seguir, sino también para reclamar cuando se marcha fuera de él o para protestar cuando se lo abandona voluntariamente. Se trata de un **Derecho** y de un **Deber** precisos que sólo puede discutirle el que no le reconoce sus títulos divinos.

Por ende, nosotros también podemos afirmar sin restricciones mentales que la Iglesia no debe inmiscuirse en la política por la política, siendo ésta ajena a su fin esencialmente espiritual. Pero podemos afirmar también que en política es exacto lo que dice Horacio: "Hay ciertos límites y lo resto no puede estar ni más allá ni más acá de ellos".

Donde esos confines son violados, la Iglesia debe alzar su voz de amonestación o de protesta; sin lo cual traicionaría un preciso mandamiento de Cristo.

Pío XI a este propósito dijo en el discurso a los estudiantes Universitarios de la Acción Católica Italiana el 8 de Septiembre de 1924: "Cuando la Política se acerca al Altar, entonces la religión, la Iglesia y el Papa que las representa, no solamente están en el derecho, sino que también tienen el deber de dar indicaciones y directivas que las almas católicas tienen el derecho de exigir y el deber de seguir".

2).—La conclusión de nuestro razonamiento puede encerrarse en estos principios:

a) La Política es realmente **distinta** de la religión, pues tiene naturaleza y fines diversos;

b) La Política puede considerarse, por sí, como **separada** de la religión, cuando trata cuestiones **político-técnicas,** pero cuando trata cuestiones **político-morales** debe inspirarse en principios éticos superiores y por consiguiente no puede ser considerada como independiente de la religión;

c) La Política en sus puntos de contacto con la religión y con la moral cae bajo la legítima **competencia** de la autoridad eclesiástica, que es custodia y maestra de la religión y de la moral;

d) Esta competencia de la autoridad eclesiástica no es **directa, porque no se ejercita en materia política en cuanto tal,** sino solamente **indirecta,** porque se ejerce en materia política en cuanto está estrechamente ligada con la moral y la religión.

2) LA IGLESIA Y LOS PARTIDOS POLITICOS.—De los principios que acabamos de exponer se puede deducir fácilmente las relaciones entre la Iglesia y las organizaciones de carácter político que toman comúnmente el nombre de **Partidos.**

1)—**La Iglesia permanece fuera de toda actividad y de toda lucha puramente política de los partidos y sobre ellas.**

También sobre este punto es clara y constante la enseñanza de los Sumos Pontífices.

León XIII en su Encíclica "Sapientie Cristaniae" dice estas intergiversables palabras: "Es indudable que en la cosa pública es lícita alguna lucha, esto es, cuando se combate, salvas la verdad y la justicia, con el fin de que triunfen de hecho y en la práctica las

21* (Apostolado Seglar)

ideas y los sistemas que parecieron más convenientes al bien común. Pero atraer a la Iglesia a un Partido, pretender que ayude a vencer a los adversarios políticos es un abuso enorme que se hace de la religión''.

Pío X en su Encíclica ''Il fermo proposito'' ha hecho al clero estas advertencias: ''El sacerdote elevado sobre los demás hombres para cumplir la misión que tiene de Dios, debe mantenerse imparcialmente sobre todos los humanos intereses, sobre todos los conflictos y sobre todas las clases sociales... Procediendo así no encuentra oposición alguna, ni parece hombre de partido favorecedor de los unos y adversario de los OTROS''.

Benedicto XV en su carta Celebérrima al Episcopado de Portugal, de 18 de Diciembre de 1919, dice estas explícitas palabras: ''La Iglesia evidentemente no puede mezclarse en las facciones, ni servir a los partidos políticos y por eso debe exhortar a los fieles a obedecer a las utoridades constituídas, cualquiera que sea la forma de gobierno''.

Pío XI por medio de la carta de su secretario de Estado el Cardenal Gasparri a los ordinarios de Italia, de 2 de Octubre de 1922, ha dado esta instrucción: ''No se puede negar al Obispo y al Párroco el derecho de tener como ciudadanos privados, opiniones y preferencias políticas propias, siempre que estén conformes con los dictámenes de la recta conciencia y con los intereses religiosos. Pero es asimismo evidente que en cuanto Obispos y Párrocos deberán mantenerse completamente ajenos a las luchas de partidos, por encima de toda rivalidad meramente política.

2)—En la carta Pontificia antes citada se dice que, sin embargo, la Iglesia puede ''tomar hacia los partidos una actitud de reprobación y de condenación, cuando entran en conflicto con los principios de la religión y de la moral cristiana''.

Es evidente que la condenación de la Iglesia no recae sobre el programa puramente político del partido, sino sobre su programa político moral, en el cual, como lo hemos explicado antes, la Iglesia tiene plena jurisdicción.

3)—En la carta Pontificia antes citada se dice: "La Iglesia no reprueba un partido, cuando su programa y su actividad nada contienen que esté en contra de los principios de la religión y de la moral cristiana".

Por esto, puede darse que en un país haya varios partidos conformes a la Religión y a la moral cristianas. Esto acontece, cuando sólo se diferencian en las partes programáticas de carácter puramente político.

4)—No puede tomarse la religión como bandera de diferenciación política y ningún partido puede llamarse propiamente "católico", aún cuando estuviese compuesto por ciudadanos católicos y en todo inspirados en los principios cristianos.

En efecto, como se ha dicho, hay varios sectores de la política en los que no entra la religión y en los cuales pueden, por tanto, diferenciarse los católicos y agruparse según sus vistas y preferencias personales.

3) LA POSICION DE LA ACCION CATOLICA FRENTE A LOS PARTIDOS Y A LA POLITICA.—La competencia y la acción de la Iglesia en el campo político establece necesariamente la posición de la Acción Católica frente a los partidos y a la política en general. Aquí también la colaboradora se mantiene junto a la protagonista.

En cuanto a los partidos la Acción Católica se mantiene distinta de ellos y superior a ellos.

No obstante esto, la Acción Católica, como la Iglesia, no puede desinteresarse completamente de la política en la que se interesa de dos maneras:

Primero: formando las conciencias y difundiendo los principios sociales cristianos que deben orientar todas las manifestaciones de la vida pública;

Segundo: cuando la política éntra en contacto con la religión y la moral.

Esto es lo que ahora vamos a demostrar.

Distinta de los Partidos.

1)—Que la Acción Católica esté fuera de los partidos resulta ante todo de su **fin,** que no es el de un partido, cualquiera que sea éste.

El fin propio de un partido, como de todo movimiento político, es de orden temporal y culmina en el gobierno de la "**polis**". Gobierno que, ejercido por católicos íntegros, se inspirará en todo en los principios sociales del Cristianismo y por eso resultará un medio poderoso de restauración cristiana.

Como sabemos, el fin propio de la Acción Católica es muy diverso, pues es el mismo de la Iglesia.

Nos encontramos frente a una terminante diferencia de fines; de lo que se sigue distinción de programas, de organizaciones, de direcciones y de responsabilidades.

2)—La Acción Católica es distinta de los partidos asimismo en razón del **sujeto.**

En efecto, hemos visto en el capítulo III, que el sujeto de la Acción Católica es todo el **elemento laico** sin distinción de edad, de sexo, de condición social y civil y también de opiniones políticas. Esto es, una Acción verdaderamente **católica**.

No sucede otro tanto con un partido político en el cual entran solamente los que aceptan **todo su programa.** En éste, como sabemos, puede haber una parte dejada a la libre elección de los católicos.

De aquí el dicho: "La religión une y la política desune". De aquí asimismo, el nombre de partidos que se da a estas agrupaciones políticas, porque sólo llegan a comprender una parte de los ciudadanos.

Por todas estas razones la distinción entre la Acción Católica y los partidos políticos no tiene un carácter contingente, sino absoluto, pues deriva de la naturaleza misma de las cosas. La Acción Católica nunca ha sido, ni nunca podrá ser un partido, ni un instrumento de partido.

3)—Pero distinción no es separación, como ya lo hemos observado. Por eso no se ha dicho que entre la Acción Católica y los partidos (Especialmente cuando estos tienen un programa cristiano) debe haber como un abismo que impida toda influencia recíproca. En la realidad, la Acción Católica presta a los partidos y a la política en general el mejor servicio, como diremos dentro de poco, aunque sólo sea con su obra formativa y con su propaganda cultural. Y a su vez, un partido de inspiración cristiana puede acarrear notables ventajas a la vida y a la misión tanto de la Iglesia, como de la Acción Católica. "La Acción Católica —escribe Mons. Pizzardo— no puede permanecer indiferente ante los partidos que aplican en diversa MEDIDA LOS PRINCIPIOS CATOLICOS, como no puede prohibir a sus adherentes que pertenezcan a partidos lícitos, siempre que tengan presente que han de hacer honor a su nombre de católicos. Por lo demás aun cuando hubiese plena coincidencia de principios y se tratase de un partido político que fuese el mejor que pueda desearse bajo el aspecto de los principios católicos, la Acción Católica se distinguirá siempre y substancialmente aun de este partido político" (Discurso a los Asesores Eclesiásticos de Italia).

Prescripción de los Sumos Pontífices.

Pío X, en su Motu proprio del 18 de Diciembre de 1903, sobre la acción popualr cristiana dice: "Los demócratas cristianos de Italia deberán abstenerse totalmente de participar en cualquier acción politica".

Benedicto XV también ha ordenado que la Acción Católica" se mantuviese fuera de todo problema de orden puramente material y político".

Pío XI ha repetido frecuentemente y de la manera más explícita esta prescripción. Citamos algunos textos. En el discurso a los estudiantes Universitarios de la Acción Católica Italiana de 8 de Diciembre de 1924 ha dicho: "La Acción Católica no puede ni debe inmiscuirse en la política por la política, en la lucha política, en la política de partido, precisamente porque es católica".

En el discurso a la Unión de Hombres de la Acción Católica Italiana el 30 de Octubre de 1926: "La Acción Católica se levanta y se desarrolla fuera de todo partido político y por encima de ellos. No quiere ni puede proponerse la política de un partido, ni ser un partido político".

En la carta al Episcopado de Lituania el 4 de Julio de 1928: "Es ciertamente de la mayor importancia para el bien común, que la Acción Católica —que debe promoverse por todos los católicos, porque es útil a todos— no sea restringida dentro de los estrechos límites de un partido mezclándose en política".

En la carta al Cardenal Segura y Sáenz, Primado de España, el 6 de Noviembre de 1929: "La Acción Católica no debe confundirse con las organizaciones primordialmente ordenadas a fines políticos, dada su naturaleza y su finalidad que la pone fuera de toda competencia partidaria y por encima de ella".

La voz de los Sumos Pontífices aun en esta materia tan discutida suena maravillosamente unísona. Es siempre la misma en todos los tiempos, en todos los sentidos, ora dirigida a los italianos, ora a los lituanos, a los españoles, a los alemanes (Carta al Cardenal Bertram) a los argentinos (Carta al Episcopado argentino), a los chinos (Mensaje al pueblo chino). Hecho éste que demuestra la trascendencia de la Iglesia con respecto a las vicisitudes meramente politicas de los pueblos y de las naciones.

Superior a los Partidos.

La Acción Católica, en razón de su fin no sólo está fuera de los partidos, sino también por encima de ellos, como han afirmado los Sumos Pontífices.

Sabemos, en efecto, que el fin propio de la Acción Católica es el mismo de la Iglesia; por ende un fin espiritual y sobrenatural, mientras que el fin propio de un partido es de orden natural, aunque subordinado y dirigido a un fin superior como debe ser.

Pero hay otra razón más de superioridad para la Acción Católica, y es la benéfica influencia moral que puede ejercer tanto en la vida pública, como en la de los mismos partidos.

Más tarde, cuando pareció que la Acción Católica languidecía por el hecho de que casi todos los jugos vitales iban a fecundar otras actividades, Benedicto XV en su Carta al Cardenal Gasparri secretario de Estado, el 19 de Marzo de 1921: "Aun cuando la Acción social y política por su naturaleza puede fácilmente dar frutos más aparentes y más llamativos, sin embargo, si la Acción Católica formadora de las conciencias y creadora de los valores morales llegara a debilitarse, también la acción politico-social de los católicos fraca-

saría fatalmente en su intento; y en día no lejano desgraciadamente debería lamentarse no sólo la ruina de
la Acción Católica propiamente dicha, sino también el
agotamiento y la disolución de las demás organizaciones que se inspiran en los dictámenes del Santo Evangelio y reúnen las fuerzas sociales y políticas de los católicos''.

Sobre este mismo argumento Pío XI en el discurso
al Congreso de la Juventud masculina de la Acción
Católica Italiana de 2 de Septiembre de 1922 ha pronunciado estas precisas palabras: "**Cuando las conciencias estén cristianamente formadas, dispuestas e
instruídas todo lo demás vendrá por sí solo; y cualquier
cuestión que se presente, será tratada por ellas en el
sentido de un alma cristiana y tendrá una solución
cristiana''.**

4) EDUCACION PARA LA VIDA POLITICA.—1.—

Estaría, por tanto en error, el que pensara que la Acción Católica, por lo mismo que está fuera de los partidos políticos y por encima de ellos, no puede, ni debe
ejercer influencia alguna en la vida política. En realidad, como se ha dicho desde un principio, puede y debe ejercer en la vida política del país, una doble influencia:

1) Ante todo, mediante una larga siembra de ideas
cristianas en las que debe informarse no sólo la vida
individual, sino también la social y la política en todas
sus manifestaciones. Es evidente que la Acción Católica debe cumplir esta tarea formativa, primero en sus
propios socios, para extenderla luego a todo el pueblo
con diversos medios de propaganda cultural cristiana.

2) Muy clara es al respecto la enseñanza de Pío XI
en su discurso a los estudiantes universitarios de la
Acción Católica italiana, el 8 de Septiembre de 1924,

en el cual dijo: "A vosotros, jóvenes, os recordamos lo que ya os dijimos la primera vez que nos encontramos con la juventud católica en el patio de San Dámaso: **La política a su tiempo, cuando se debe, por quien se debe con oportuna preparación completa, religiosa,** cultural, económica, social y en la mejor manera posible. Porque la Acción Católica, aun no siendo ella misma política, quiere enseñar a los católicos a hacer el mejor uso de la política, a lo que están obligados, precisamente de una manera particular, ya que su misma profesión de católicos exige de ellos que sean los mejores ciudadanos. Es la preparación que requiere toda profesión: el **que quiere hacer buena política no sustraerse al deber de una conveniente preparación".** Y en su discurso a la Unión de Hombres de la Acción Católica italiana, de 30 de Octubre de 1936: "**Aunque la Acción Católica no toma parte en la política de partido, con todo quiere preparar las conciencias para que se realice buena política, grande política, quiere prepararlas políticamente y formarlas también en esto cristiana y católicamente".**

Mons. Pizzardo habla claramente sobre la Acción Católica y los partidos políticos. Pero no se refiere a los partidos contrarios en sus ideologías a las leyes morales y que, por lo tanto, están condenadas por la Iglesai; sino a los partidos a los cuáles los católicos pueden pertenecer, por no estar sus ideologías reñidas con la Religión". Y vengamos a considerar las obligaciones de la Acción Católica frente a los partidos políticos en concreto:

1. Si se trata de partidos no sólo no reprobados por la Iglesia sino inspirados en los principios cristianos, ella no los obstaculiza ni los combate en el reclutamiento de sus adherentes y en la actuación de sus

programas tenidos como conformes a la razón y al bien común.

Más aun ella permite a sus propios socios inscribirse como ciudadanos privados, en aquellos partidos que juzgan mejores y más en armonía con sus tendencias y legítimos intereses.

Más todavía ella con su asidua obra de formación no sólo religiosa y moral sino también profesional y social, así como contribuye a dar al Estado óptimos ciudadanos así para óptimos elementos que los partidos pueden útilmente asimilar a fin de ayudarse de ellos en el bien del Estado.

2. También en la actuación concreta de los programas de los partidos, la Acción Católica está siempre pronta a colaborar con ellos favoreciendo aquellas instituciones caritativas, de asistencia, de previsión, etc. que remediando los males de todo tiempo y de todo lugar, pueden ser la mejor parte del programa de todo partido honrado y que ciertamente entran de lleno en el programa de la Acción Católica.

3. Finalmente la Acción Católica tiene todavía frente a los partidos la obligación siguiente:

a) **De amonestarlos a no anteponer jamás el interés** del partido, aunque premioso a **los intereses** de **D**ios y de las almas lo cual tiene ciertamente ancha y frecuente aplicación a los casos cotidianos de la política militante, como por ejemplo, en las posibles alianzas o compromisos con otros partidos o gobiernos. De otro modo se trabaja más bien en "destruir que en edificar".

b) De llamarlos a la aspereza de las luchas de partido a la visión serena de la realidad y a la mutua caridad en las inevitables divergencias prácticas. Más aún, la Acción Católica, tiene la obligación de reunir y pacificar a los católicos divididos por la política en diversos partidos, en el ideal superior del verdadero bien social, según aquel conocido principio, de que si la política divide, la religión une. La historia enseña cuántas veces en la vida pública de los pueblos, se presenta por demás urgente la necesidad, y por lo mismo más grave la obligación de todos los católicos de unirse, como sobre una base común para defensa de los superiores intereses religiosos y sociales, prescindiendo de la divergencia de opiniones o de preferencias de partidos.

Esta misión de maestra, de pacificadora, de vínculo de unión entre los católicos, de propulsora de los grandes bienes indispensables a toda sociedad bien ordenada, da a la Acción Católica una posición y una dignidad superior, la conserva en un campo sereno, inatacable, apartado de las luchas apasionadas y de las contiendas no siempre agradables de los partidos que nacen y mueren, fortalecida por la misma luz y por el mismo mandato de la Iglesia de la cual es hija y sierva y, como ella, en todo tiempo bienhechora de los pueblos''.

Otra forma de intervención

1.—La Acción Católica también puede intervenir en el campo de la política, con el fin de obtener con los medios que las leyes consienten, la aplicación de los principios cristianos y la tutela de los derechos de las conciencias religiosas.

¿No tiene también la Iglesia, como se ha visto, el derecho y el deber de penetrar en el territorio de la política para la consecución de sus finalidades espirituales? Ahora bien, la Acción Católica que es como su doncella la seguirá también aquí, llegando hasta donde ella llegue, con la vista puesta siempre en los mismos supremos objetivos: la gloria de Dios y la salvación de las almas.

2.—Claras son asimismo las instrucciónes Pontificias acerca de.esto. Como de costumbre damos una ,somera documentación.

En la carta del Cardenal Secretario de Estado a los Ordinarios de Italia de 2 de Octubre de 1922 se lee: "La Acción Católica es una acción ordenada no a fines materiales y terrenos, sino espirituales y celestes; no es política, sino religiosa y por tanto en todo dependiente de la autoridad eclesiástica. Si por una necesaria imposición de las circunstancias debe descender también al campo económico y social, tocando asimismo cuestiones políticas, no lo hace sino en vista de los intereses sobrenaturales y de la elevación moral y religiosa de los individuos y de los pueblos.

En la carta del Secretario de Estado al Presidente General de la Acción Católica Italiana de 10 de Mayo de 1925 se dice: "La Acción Católica no es solamente acción espiritual y religiosa frente a las demás actividades materiales y humanas de los católicos sino que es también, en el más alto significado de la palabra acción social, porque tiende a promover los bienes supremos de la sociedad, comprendidos los de la política, en cuanto ésta afecta a la moral y a la religión".

Pío XI en la carta al Cardenal Segura y Sáenz escribe: "Si las cuestiones políticas implican intereses religiosos y morales, la Acción Católica puede y debe, dado el caso, intervenir directamente, dirigiendo todas las fuerzas de los católicos por encima de toda mira particular con una acción disciplinada a los superiores intereses de las almas y de la Iglesia".

He aquí, pues, la política de la Acción Católica; es la misma política de la Iglesia, que tiende a los superiores intereses de las almas"; la política del Padre

nuestro que se dirige solamente a realizar la aspiración cristiana: **Adveniat regnum tuum**; la política que
no divide, sino que por el contrario debe unir "todas
las fuerzas de los católicos por encima de toda mira
particular". Es un esfuerzo común de acción y de defensa.

5) **ACCION RELIGIOSA EN EL CAMPO POLITICO.**—
Pío XI en el discurso que dirigió a la peregrinación internacional de la Juventud Católica, el 20 de Septiembre de 1925, pronunció estas precisas y vigorosas palabras: "Es menester precaverse de una confusión que
puede surgir, cuando Nos, el Episcopado, el Clero, el
elemento seglar católico parece que interviniéramos en
politica, mientras **en realidad sólo obramos por la religión.** Pues a todos nosotros sólo nos interesa la religión, nosotros sólo defendemos a la religión, cuando
combatimos por la libertad de la Iglesia, por la santidad de la familia y de la escuela y por la santificación de los días consagrados al Señor. En todos estos
casos y en otros análogos no nos **interesa la política,
sino porque la política ha afectado a la religión, ha tocado el Altar.** Y entonces es deber nuestro defender a
Dios y a su religión que El nos ha confiado; y es deber del Episcopado y del Clero, y deber vuestro también, queridos Jóvenes Católicos, cualquiera que sea la
nación a que pertenezcáis; deber vuestro, ya que tanto
apreciáis el glorioso título de colaboradores de los
Apóstoles".

En su carta al Cardenal Segura y Sáenz ha escrito Pío XI: "La Acción Católica, aunque se mantiene
como tal por encima de los partidos políticos, **coope-
rará al público bienestar tanto con la difusión y con la
actuación de los principios católicos,** fundamento y garantía de toda prosperidad civil, **como por medio de**

una formación profundamente cristiana de las conciencias que asegurará al país una falange de ciudadanos
no sólo ejemplares para el bien de la Iglesia, sino también solícitos en el bien social y en el bien individual
y doméstico".

Participación en la vida política.

Si la Acción Católica, como tal, no puede interé-
sarse en la política tomada en su sentido estricto, los
socios de la Acción Católica pueden, en cambio individualmente participar en ella. Esto bajo su responsabilidad personal pueden entrar en la liza de la vida pública y participar también en las luchas políticas, pero
inspirándose siempre en los dictámenes de la moral cristiana y en las normas de la Iglesia.

Pío XI ha dado normas precisas y completas. En
la carta al Cardenal Bertram leemos: "La Acción Católica no excluirá la participación de sus adherentes en
la vida pública en todas sus manifestaciones; más aún,
los hará más aptos para los cargos públicos con una
severa formación en la santidad de vida y en el cumplimiento de los deberes cristianos, habiendo sido crea-
da para dar a la sociedad los mejores ciudadanos y al
estado los más escrupulosos y expertos magistrados".

En la carta al Episcopado de Lituania dice: "No
puede prohibirse a los que forman parte de la Acción
Católica servirse, como ciudadanos, de los derechos civiles del sufragio, pero siempre que no comprometan la
obra de la Acción Católica como tal".

En la carta al Cardenal Segura y Sáenz se lee:
"La Acción Católica no debe confundirse con las organizaciones que tienen por fin primario un fin político... Esto no quiere decir que los católicos individualmente no deben interesarse en los varios problemas que

atañen a la vida pública, inspirando siempre toda su actividad personal en los principios de la doctrina católica y en las normas de la "Iglesia".

Participación en los partidos.

1.—Los socios de la Acción Católica pueden también pertenecer a partidos que respondan a sus opiniones personales y preferencias políticas, siempre que éstos estén de acuerdo con las layes de Dios y de la Iglesia. Esto también es enseñanza explícita de Pío XI. En la carta al Cardenal Segura y Sáez se lee: "Nada prohibe que los católicos individualmente formen parte de partidos, cuyo programa y cuyas actividades no tengan nada contrario a las leyes de Dios y de la Iglesia".

En la carta al Episcopado Argentino leemos: "La Acción Católica no interviene en partido político... Pero nada impide que los católicos se inscriban en partidos políticos, siempre que éstos den seguras garantías de respetar los derechos de Dios y de observar las leyes de la Iglesia Católica".

Como se ve, aquí están indicados los requisitos a que deben satisfacer los partidos, para que los católicos puedan afiliarse a éllos: que no sólo en su programa sino también en su actividad nada tengan contrario a las leyes de Dios y de la Iglesia, y que den seguras garantías de respetarlas".

2.—Con el fin de favorecer y de poner más de relieve la distinción entre la Acción Católica y los partidos políticos, en tesis general, que los dirigentes de la Acción Católica —que en cierta manera representan los intereses de la religión— no tengan puestos de responsabilidad en los partidos políticos.

De cualquier modo, en esta materia los católicos deben seguir las directivas de la Jerarquía eclesiásti-

ca, que es la sola competente para fijar normas con-
cretas las que por lo demás pueden sufrir modificaciones según los tiempos y los lugares...

Deber de promover y defender los intereses religiosos. La participación en la vida pública es para los
católicos en general un deber no sólo de caridad, sino
también de religión. En efecto —como dijo Pío XI—
de la política "**pueden depender los intereses de la misma religión**". Ahora bien, los católicos deben promover,
y, dado el caso, defender esos intereses.

Ahora bien, estos deberes incumben no solamente
a los que tienen la dirección de la política, sino también en la debida proporción, a los ciudadanos que
pueden ejercer una influencia real sobre la marcha de
la vida pública. Y, dada las modernas Constituciones,
todos los ciudadanos quien más, quien menos, pueden
influir de alguna manera.

Y esto es tanto más exacto cuanto que, en las actuales condiciones, en muchos países la **abstención de
los católicos en la vida política permite que ésta caiga
en manos de gente contraria a la religión y por tanto
nociva también al bien público.**

Pío XI recordando las enseñanzas de León XIII en
la carta al Episcopado de Lituania de 4 de Junio de
1928, donde escribe: "**Los católicos faltarían a un gran
deber si no se interesaran según sus fuerzas en las cuestiones políticas de la ciudad, de la provincia, del Estado. Estando inactivos la dirección de la cosa pública
llega a ser fácilmente presa de aquellos cuyas opiniones no dan esperanzas de salvación**".

6) **DEBER DE UNION EN EL CAMPO RELIGIOSO
Y MORAL.**—1.—Se ha dicho que los católicos pueden
disentir en cuestiones político **técnicas**, las que por sí
mismas no involucran principios morales, ni afectan

valores religiosos. Por ende, pueden los católicos estar divididos **políticamente** y nadie tiene el derecho de fundamentar sus opiniones al réspecto y sus actitudes personales con la autoridad de la religión común, que debe permanecer extraña.

A este propósito Pío XI en su carta al Episcopado de Lituania escribe: "**Es menester huir de la opinión errónea de los que** mezclan **la religión con un partido hasta el punto de afirmar que sus adversarios han dejado de ser católicos.** Esto es hacer entrar indebidamente las pasiones políticas en el campo augusto de la religión y querer destruir la concordia fraternal y abrir las puertas a una funesta multitud de inconvenientes".

El Sumo Pontífice quiere, pues, que se mantenga la religión por encima de los disentimientos políticos, y por tanto, que entre los católicos reine la concordia de ánimos aún en la discordia de opiniones: una concordia discors. Esto sucede realmente, cuando, como quiere el Apóstol: "**Todas las cosas son hechas en caridad**".

2.—Pero hay un campo donde los católicos deben encontrarse **religiosamente unidos**: el de las cuestiones **político-morales** y el de la **defensa religiosa**. En esto todos los hijos de la Iglesia deben sentir el deber de la solidaridad y formar un ejército compacto. En esto toda discordia es traición.

Cuando están en juego los supremos intereses de la religión y de la moral, es menester que se callen los intereses de los partidos y las opiniones de los individuos. Hay que sacrificarlo todo a la salvación de las almas: "**salus pública suprema lex**".

Este es el llamado de los Sumos Pontífices a todos los católicos del mundo, siempre que estos últimos se han visto en la necesidad de defender la religión contra los asaltos de los enemigos de Cristo y de la Iglesia. Baste algunos de los ejemplos más recientes.

Benedicto XV el 1.o de Agosto de 1916 escribió al Episcopado de Colombia: "Sobre todo exhortad a vuestros fieles y especialmente al clero que no permitan que las fracciones de partido y las contiendas inútiles en el campo político disipen sus fuerzas y dividan sus ánimos mientras la actual e inminente lucha exige de los católicos un solo pensamiento, una sola voluntad y una sola acción".

Pío XI en su Alocución consistorial del 20 de Diciembre de 1926, dirigió a los católicos franceses estas palabras: "No conviene amadísimos hijos, mantenerse por más tiempo divididos y en oposición por meras razones políticas, no conviene al país ni conviene a la religión. Conviene en cambio, a todos y a todo y conviene inestimablemente que todos se unan en el terreno religioso, que es el terreno de la Iglesia y de sus derechos, del matrimonio cristiano, de la familia, de la escuela, de la educación cristiana, en suma de todas las más sagradas y fundamentales libertades".

3.—No es necesario añadir que todos los deberes políticos hasta aquí examinados obligan especialmente a los que militan en las filas de la Acción Católica, pues por su misma participación en el apostolado jerárquico deben mostrarse en todas las circunstancias los mejores católicos y al mismo tiempo los mejores ciudadanos.

FRAGMENTO DE LA CARTA DEL ENTONCES CARDENAL PACELLI A S. E. MONS. KORDAK, ARZOBISPO DE PRAGA, EL 30 DE NOVIEMBRE DE 1930.

...En cuanto a lo que escribís sobre la necesidad de instruir y dirigir a la juventud en lo que se relaciona con la acción política es necesario ante todo hacer notar que la Acción Católica por su naturaleza misma prepara a los jóvenes asociados a manejar con rectitud las cuestiones y los argumentos políticos, puesto que en general, por medio de los principios católicos y estando a salvo el orden requerido, les forma y dispone la inteligencia de tal modo que ellos pueden ser aptos y prontos a resolver aun las cuestiones políticos. Y sí parece oportuno dar en esta misma materia una instrucción especial más desarrollada y más apropiada a la juventud, es necesario hacerlo, no en las reuniones y organizaciones de las asociaciones de la Acción Católica, sino en otro lugar, y por hombres que se distingan por al probidad de sus costumbres y por una profesión absoluta y firme de la doctrina cristiana.

Además, debe quedar bien establecido y definido, como lo sabéis vos perfectamente que en ningún modo es oportuno que la Jerarquía Eclesiástica forme asociaciones políticas de jóvenes y sobre todo que ella misma ejerza la dirección de los jóvenes de tal suerte que estos se inclinen a uno más bien que a otro de los partidos políticos que dan las garantías necesarias para la defensa conveniente de la causa y de los derechos de la Iglesia; **pues es pernicioso mezclar la Acción Católica con los partidos políticos y hacerla solidaria de las vicisitudes y fluctuaciones incesantes de aquéllos.—**

Además, a fin de que la concepción del pensamien-

to de Su Santidad en esta cuestión tan importante os
sean bien conocidos, nos parece útil explicar más claramente las breves observaciones hechas hasta aquí sobre la Acción Católica.

1.—La Acción Católica tiene como fin primordial
la formación de la Juventud en todo lo que atañe a la
fe, las costumbres y los principios sociales con relación
a la práctica habitual de las obligaciones de la vida
católica. Por lo que todos los trabajos y todos los estudios de la Juventud deben ser útilmente empleados y
dirigidos hacia una digna colaboración en el desenvol-
vimiento del apostolado jerárquico, según sus aptitu-
des.

2.—Además, esta Acción Católica, puesto que constituye una parte del apostolado de la Iglesia y por ende
inmediatamente sometida a la Jerarquía, debe mantenerse fuera de las tendencias de los partidos políticos,
aun de aquellos que steén formados por católicos. **Por
consiguiente las asociaciones de la Juventud Católica
ni deben ser partidos políticos ni deben afiliarse a partidos políticos.** Es también conveniente que los Jefes
de dichas asociaciones no sean al mismo tiempo jefes
de partidos políticos o dirigentes de asambleas políticas, porque no se debe mezclar —cosa contraria al
buen orden— cuestiones que son muy diferentes las
unas de las otras.

3.—Sin embargo, los Jóvenes inscritos en las asociaciones de la Acción Católica pueden adherirse personalmente como ciudadanos a los partidos políticos
que dan garantías suficientes para la salvaguardia de
los intereses religiosos. Pero deben esforzarse en cumplir con sus deberes de católicos, y **no colocar las conveniencias de partido sobre los intereses superiores y
las sagradas prescripciones de Dios y de la Iglesia:**

obrando de otra manera no contribuirían en nada al
verdadero bien del estado.

7) NORMAS DEL EPISCOPADO SOBRE ACCION POLITICA DE LOS CATOLICOS.

—En las Conferencias Episcopales celebradas en el presente año, se adoptaron las siguientes normas que se dirigen a los católicos chilenos:

1.º El Episcopado declara que en conformidad a las instrucciones de la Santa Sede. los católicos pueden pertenecer a diversos partidos políticos con tal que en sus programas y en sus actividades, den fundadas garantías de respetar los derechos de Dios y de las almas y de guardar las leyes de la Iglesia Católica.

2.º Exhorta vivamente a los católicos a mantener, sobre las diferencias de partido, los lazos de la caridad cristiana y la unión en todas las materias que dicen relación con la Iglesia y a anteponer siempre los supremos intereses de la religión a los del propio partido.

Les recuerda que sólo al Episcopado corresponde pronunciarse sobre la verdad o error de las doctrinas que dicen relación con el dogma o la moral cristiana y en consecuencia, no es lícito calificarse unos a otros como menos firmes o débiles en la fe..

3.º Declara también, de acuerdo con las mismas instrucciones, que los jóvenes de ambos sexos que aún no son capaces de derechos políticos, más bien que a las actividades políticas de partido, deben dedicarse a adquirir una sólida formación religiosa, social y cívica que los prepare para el recto y cristiano ejercicio de sus derechos ciudadanos, lo que es tarea principalísima de la Acción Católica a la cual han de pertenecer.

4.º Encargar a los Directores de los colegios católicos que con toda diligencia prohíban a sus alumnos las actividades y preocupaciones de la política de partido.

5.º Estima, además, que a lo menos por ahora, no hay necesidad ni conveniencia en que las jóvenes católicas se organicen en el campo político, ingresando a la política de partido, sin perjuicio de cumplir con el sagrado deber de no descuidar la defensa de los derechos de Dios y de la Iglesia en el terreno cívico, sobre todo mediante el voto.

6.º Insiste, finalmente, en que en la Acción Católica y en las instituciones católicas no se haga propaganda política de partido.

APENDICE

ESTATUTOS GENERALES DE LA ACCION CATOLICA CHILENA

REGLAMENTO PARA LA ADHESION A LA ACCION CATOLICA DE LAS OBRAS AUXILIARES

Objeto y Fines

Artículo 1.º—La "Acción Católica Chilena", en conformidad a la explícita declaración de S. S. Pío XI, de feliz y santa memoria, es "**La participación de los seglares católicos en el Apostolado Jerárquico de la Iglesia,** para la defensa de los principios religiosos y morales y para el desarrollo de una sana y benéfica acción social, bajo la dirección de la Jerarquí Eclesiástica, fuera y por encima de los partidos políticos, con el objeto de restaurar la vida católica en la familia y en la sociedad" (1). De consiguiente, los fines propios y específicos de la Acción Católica Chilena, son la afirmación, difusión, actuación y defensa de los principios católicos en la vida individual, familiar y social.

Art. 2.º—Para la consecución de estos fines, la Acción Católica Chilena tiene por base los elementos esen-

_____

(1) S. S. Pío XI.

ciales constitutivos señalados a la Acción Católica por
S. S. Pío XI: **a)** organización a base unitaria nacional,
diocesana y parroquial; y **b)** coordinación de todas las
fuerzas católicas organizadas que realizan apostolado
externo. Por tanto se propone:

1.º **Unir** a los católicos chilenos en diversas **Asociaciones específicas,** adecuadas a la edad y condición social de sus miembros, donde todos, debidamente organizados y debidamente formados y preparados, puedan
cumplir, bajo la aplicación de normas comunes, con el
sagrado deber de apostolado, "orando, trabajando y
sacrificándose" (2).

2.º **Coordinar,** mediante la adhesión, a las instituciones católicas de piedad, de cultura religiosa, de beneficencia y de carácter económico-social que tengan
entre sus fines algún apostolado.

3.º **Formar** un "Plan General de Trabajo" para
la acción organizada de los católicos en que, respetando la autonomía de las diversas instituciones señaladas
en el número anterior (2.º), se obtenga una mayor coordinación y un mejor aprovechamiento de todas las
fuerzas católicas organizadas.

Art. 3.º—La Acción Católica Chilena toma por lema de sus actividades el que fué de S. S. Pío XI: "**La
paz de Cristo en el Reino de Cristo**", y, por tanto, se
consagra a Cristo Rey. Al mismo tiempo, se pone bajo
la especial protección de la Santísima Virgen del Carmen, Reina de Chile.

Art. 4.º—La Acción Católica Chilena, colocada
fuera y encima de la política de partido, se abstendrá
de hacer propaganda en favor de un determinado partido político, y no podrá formar parte de ella ninguna
asociación de tal índole. No obstante, lo mismo que la

---

(2) S. S. Pío XI.

Iglesia, "no puede desinteresarse de la verdadera y grande política que mira al bien común y forma parte de la Etica General, es decir, promueve y defiende la santidad de la familia y de la educación, los derechos de Dios y de las conciencias" (3). No descuidará, pues, tal defensa, en el terreno cívico.

Alta Dirección de la Acción Católica

A) COMISION EPISCOPAL PERMANENTE

Art. 5.º—La Acción Católica Chilena, por su misma naturaleza, depende directamente de la Jerarquía: el Papa cuyas directivas y orientaciones fielmente sigue, y los Obispos de los cuales esencialmente depende, quiénes tienen sobre ella, cada cual en su respectiva Diócesis, verdadera y propia jurisdicción, salvar siempre las normas de la Santa Sede y salvar siempre la unidad de directivas y actividades determinadas por el Episcopado para toda la nación.

Art. 6.º—Siguiendo las normas de la Santa Sede, y para lograr esa unidad, la alta dirección de la Acción Católica Chilena está confiada a la "Conferencia General del Episcopado", la cual en sesión plenaria nombrará la "Comisión Episcopal Permanente para la Acción Católica" que ejercerá sus funciones propias en representación y por mandato de todo el Episcopado. La Comisión se compondrá de dos o tres Obispos; y de los Excmos. Sres. Arzobispos que formarán parte de ella por derecho propio, según acuerdo de la Conferencia General del Episcopado en sesión del 10 de Octubre de 1939.

---

(3) La Iglesia Católica y la política, Carta del Emmo. Cardenal Pacelli, al Nuncio Apostólico en Chile, 1.o de Junio de 1934.

Art. 7.º—La Comisión Episcopal Permanente para la Acción Católica tendrá las funciones siguientes:

1.º La aprobación de todos los Estatutos y Reglamentos de la Acción Católica de Chile;

2.º Dar la unidad de directivas, de actividades y las normas de "**Plan General de Trabajo**" a las Juntas y Consejos de la Acción Católica, y demás organismos de ésta de carácter nacional;

3.º Elegir los miembros técnicos del "Consejo Directivo" de la Acción Católica Chilena, del cual se habla más adelante;

4.º Hacer los nombramientos siguientes:

a) Asesor General de la Acción Católica Chilena, que debe ser siempre un Excmo. Obispo; y Vice-Asesor General, si lo hubiere;

b) Asesores Nacionales de las organizaciones nacionales, y de los Secretariados de otros organismos de la Junta Nacional;

c) Secretario General del Consejo Directivo, que ha de ser siempre sacerdote;

d) Asesor del Oficio Central de "Acción Económico-Social" de la Acción Católica Chilena;

e) Presidente y Vice-Presidente de la Junta Nacional;

f) Presidente de los Consejos Nacionales de las organizaciones y Directores de los Secretariados Nacionales;

g) Consejo Directivo, y Asesores y Directores de los Departamentos del "Oficio Central de Acción Económico-Social" de la Acción Católica Chilena.

Art. 8.º—La Comisión se reunirá por lo menos dos o tres veces al año. Sus resoluciones las tomará por simple mayoría de votos en votación secreta. De su seno elegirá un Secretario que hará las citaciones, llevará el libro de actas, y, con la firma de toda la Comisión, comunicará, sus acuerdos y resoluciones a la Junta Nacional, o al Consejo Directivo de la Acción-Católica Chilena o al Oficio Central de "Acción Económico-Social".

B) CONSEJO DIRECTIVO

Art. 9.º—Créase, entre la Comisión Episcopal Permanente para la Acción Católica y la Junta Nacional de ésta, el "Consejo Directivo" de la Acción Católica Chilena. Estará presidido por un Excmo. Sr. Arzobispo que, por acuerdo de la Conferencia Episcopal, en sesión de 10 de Octubre de 1939, será el Excmo. y Rvdmo. Arzobispo de Santiago, y en el cual tendrán parte preponderante de responsabilidad el Asesor General y el Secretario General de la Acción Católica, el Asesor General y el Secretario General del Oficio Central de "Acción Económico-Social" de la Acción Católica Chilena, y el Presidente de la Junta Nacional y dos o cuatro personas seglares particularmente competentes en Acción Católica.

Art. 10.—El "Consejo Directivo" tiene principalmente los fines siguientes:

1.º Con relación a la Comisión Episcopal para la Acción Católica a fin de serle útil en sus disposiciones e iniciativas:

a) Estudiar las necesidades de la vida católica del país y los medios que podrían emplearse para remediarlas;

b) Estudiar los probleams propios de las finalidades comunes y específicas de la Acción Católica y de sus organizaciones fundamentales a fin de señalar la forma práctica de solucionarlas;

c) Estudiar la teoría y la práctica de la Acción Católica para la difusión de su espíritu y de su mejor comprensión en conformidad a las normas de la Santa Sede;

d) Prestar su ayuda y consejo a la Comisión Episcopal en todo lo que ésta creyere oportuno solicitarlos.

2.º Con relación a la **Junta Nacional**:

a) Dar a las directivas en el orden práctico para la mayor eficacia en la ejecución de las disposiciones e iniciativa de la Comisión Episcopal;

b) Promover el cumplimiento de los acuerdos y deseos de la Comisión;

c) Señalar a la consideración y realización de la Junta las orientaciones y resoluciones de urgencia inmediata en el campo del apostolado;

d) Aprobar la publicación de las ediciones relativas a la Acción Católica y sus problemas, siempre que sean hechas bajo la responsabilidad directa e inmediata de la Junta o de los organismos directivos superiores de las organizaciones.

3.º Con relación al **Oficio Central de "Acción Económico-Social"** de la **Acción Católica Chilena**:

a) Mantener la mutua cooperación entre la Acción Católica y las obras económico-sociales y profesionales;

b) Prestar al Consejo Directivo y a los Departamentos del Oficio, ayuda similar que la que ha de prestar a la Junta Nacional de la Acción Católica Chilena.

Art. 11.—El "Consejo Directivo" se reunirá, a lo menos, cada mes. Sus decisiones serán llevadas a la práctica por conducto de la Junta Nacional de la Acción Católica Chilena, pero las de mayor gravedad y trascendencia —sobre todo las que pueden significar variaciones de los Estatutos y Reglamentos— deberán pasar para su aprobación a la Comisión Episcopal Permanente para la Acción Católica, y no podrá innovar o modificar las resoluciones de ésta.

El Consejo Directivo se renovará cada tres años.

Organización de la Acción Católica

Art. 12.—La Acción Católica debe ser considerada por los sacerdotes como una parte necesaria de su ministerio y por los fieles como un deber de la vida cristiana (4). La base insustituible para cumplir debidamente con este deber, es una formación cristiana sólida y completa, a la cual deberán atender asiduamente las organizaciones de la Acción Católica Chilena, especialmente las organizaciones juveniles.

Art. 13.—Los católicos chilenos entran a formar parte de la Acción Católica Chilena ingresando, según sus características individuales y sociales y según los requisitos exigidos por los Reglamentos correspondientes, a una de la ssiguientes **Organizaciones Nacionales**:

a) **Asociación de Hombres Católicos;**

b) **Asociación de Jóvenes Católicos;**

c) **Asociación de Mujeres Católicas;**

d) **Asociación de la Juventud Católica Femenina.**

Bajo su dirección y responsabilidad, cada una de estas Asociaciones podrá tener diversas "**Secciones**" o bien otras "Asociaciones", según lo que se disponga en los respectivos Estatutos y Reglamentos.

Estas Organizaciones Nacionales constituyen la "**Acción Católica Oficial de la República de Chile**".

Las obras coordinadas mediante la adhesión, a las cuales se refiere el Art. 2, N.º 2.º, de estos Estatutos, constituyen las "**Obras Auxiliares**" de la Acción Católica Oficial de la República de Chile.

El "**Reglamento de Adhesión**" de dichas obras de la Acción Católica, forma parte integrante de los presentes Estatutos Generales.

Art. 14.—Las cuatro Asociaciones se regirán por

---

(4) Pío XI: Encíclica "Ubi Arcano Dei".

estos Estatutos Generales de la Acción Católica Chilena, en la parte que les incumbe, y por los Estatutos y Reglamentos propios aprobados por el Episcopado. Para su acción interna y específica, en virtud de dichos Reglamentos, tendrán sus propios **organismos directivos** bajo cuya dirección procederán con. plena autonomía en cuanto a la consecusión de sus fines propios, y, sobre todo, en cuanto a la formación y preparación de sus miembros en el ejercicio de los. deberes de la Acción Católica. Para la consecución de los fines comunes de toda la Acción Católica y la coordinación de sus actividades, procederán bajo la dirección superior de la **Junta Nacional de la Acción Católica Chilena.**

Centros Directivos Coordinadores

Art. 15.—La acción común de la Acción Católica Chilena estará dirigida por una **Junta Nacional** para todo el país, lo cual, para esa acción común, ha recibido autoridad en las Diócesis o territorios por delegación del Episcopado Chileno; una **Junta Diocesana** o **Territorial** en la Diócesis o Vicaría Apostólica, la cual ejerce sus funciones propias bajo la autoridad del respectivo Ordinario del lugar; y una **Junta Parroquial** en la Parroquia, la cual bajo la dirección superior del Párroco, desarrolla las funciones que le están encomendadas.

Las Juntas Diocesanas o Territoriales se hallan bajo la directa dependencia de la Junta Nacional. Las Juntas Parroquiales, por medio de las Juntas Diocesanas o Territoriales a que están subordinadas, tienen igual dependencia. Sin embargo, la Junta Nacional ejerce sus funciones por medio de las Juntas Diocesanas o Territoriales, y no directamente.

De la Junta Nacional

Art. 16.—La Junta Nacional es el **Centro Técnico Consultivo** y el **Organo Directivo, Promotor y Coordinador de toda la Acción Católica Chilena** en el orden ejecutivo, y en consecuencia:

a) Con una justa responsabilidad y libertad de iniciativas, promueve y dirige el desarrollo de la Acción Católica en todo el país, y la actuación práctica del "**Programa General de Trabajo**", aprobado por la Comisión Episcopal para la Acción Católica;

b) Promueve la constitución de las Juntas Diocesanas o Territoriales de acuerdo con la Autoridad Eclesiástica competente, y favorece el recto funcionamiento de las ya existentes;

c) Vigila y coordina la actividad de las organizaciones específicas y de las instituciones adherentes de la Acción Católica Chilena para la consecución de los fines comunes del apostolado religioso-social;

d) Organiza los **Secretariados especiales, Oficinas y Comisiones Auxiliares**, transitorias o permanentes, para el estudio o solución de los diversos problemas referentes a la actividad católica, para el examen y proposición de las iniciativas que han de someterse a la decisión de la Junta y para cooperar con ésta a la actuación de las diversas formas de apostolado, v. gr.: prensa, educación, honestidad de las costumbres, preparación y formación de dirigentes, programas y esquemas para Semanas o Centros de Estudio de carácter nacional, interdiocesano o diocesano, etc.;

e) Se interesa no sólo por las iniciativas de carácter general o nacional, sino también por las necesidades de cada Diócesis, sobre todo, "sugeriendo oportunas actividades de apostolado que respondan a sus condiciones particulares" (Normas Generales de Acción Católica aprobadas por la Santa Sede);

f) Representa oficialmente a la colectividad de los católicos organizados en Chile.

Art. 17.—La Junta Nacional de la Acción Católica Chilena tiene su domicilio legal en la ciudad de Santiago, y, por resolución del Episcopado Chileno, goza en la Iglesia de personalidad jurídica en conformidad al Canon 1489 del Código Canónico. \

Art. 18.—La Junta Nacional se compone:

1) Del Presidente-General de la Acción Católica Chilena, y del Vice-Asesor General;

2) Del Asesor General de la Acción Católica Chilena, y del Vice-Asesor General;

3) Del Secretario General del Consejo Directivo de la Acción Católica Chilena;

4) De los Presidentes de las cuatro Asociaciones Nacionales a que se refiere el artículo 13;

5) De los Asesores Eclesiásticos de los Consejos Nacionales de las mismas Asociaciones, y del Asesor Nacional de la "Asociación Nacional de Estudiantes Católicos" (ANEC);

6) Del Asesor y Director de los Secretariados y Oficinas de que se habla en el artículo 16, letra d);

7) De dos o cuatro personas más particularmente competentes en Acción Católica, nombradas por la "Comisión Episcopal para la Acción Católica".

Art. 19.—La Junta Nacional, a propuesta de su Presidente, nombrará un Secretario de actas y comunicaciones, y un Tesorero, los que sólo tendrán voto consultivo en las sesiones de la Junta.

Art. 20.—La Junta durará tres años en sus funciones. Los Presidentes de las Asociaciones de la Acción Católica Chilena, serán miembros de la Junta mientras desempeñen su cargo. Esta participación en la Junta es personal y obligatoria y sólo podrán ser sustituidos por el* Vice-Presidente de la respectiva Asociación, cuando gocen de licencia debidamente concedida por el Presidente de la Junta.

Serán también miembros de la Junta, en las mismas condiciones que los Presidentes ya mencionados, los Asesores Eclesiásticos y los Directores de los Secretariados y Oficinas de quienes se habla en el artículo 18, N.º 6.

Art. 21.—La Junta Nacional se reunirá ordinariamente una vez al mes y extraordinariamente cuando lo ordene el Presidente, o lo acuerde el Consejo Directivo de la Acción Católica Chilena, o lo soliciten por escrito el tercio de sus miembros. Funcionará con el quorum de dos tercios de sus miembros y tomará sus decisiones por simple mayoría de los presentes.

Sólo deliberará en sus sesiones sobre los puntos de tabla, pero cada miembro de la Junta podrá hacer inscribir en el orden del día los puntos que estime conveniente mediante petición hecha a su Presidente o al Secretario General con una anticipación de dos días a lo menos con respecto a la fecha de la sesión correspondiente.

Art. 22.—El Presidente General de la Junta Nacional tiene la representación oficial de la Acción Católica Chilena, prepara el orden del día de las sesiones, las convoca, las dirige y ejecuta sus decisiones. En el ejercicio de sus funciones mantendrá estrecha relación con el Asesor General de la Acción Católica.

Art. 23.—El Secretario General es el Jefe de las Oficinas de la Junta Nacional y tiene la responsabilidad de la buena marcha de los Secretariados y demás organismos técnicos para el desarrollo de la Acción Católica en las Diócesis y para adelantar los medios destinados a realizar el "Programa General de Trabajo" ￼

23* (Apostolado Seglar).

acordado por la Comisión Episcopal. En virtud de su cargo, es el **Visitador General Permanènte** de la Acción Católica Chilena.

Art. 24.—La Comisión Episcopal Permanente para la Acción Católica, cada tres años, al renovarse la Junta Nacional, designará el Asesor General de la Acción Católica Chilena, y el Vice-Asesor General, si así lo juzgare conveniente.

El Asesor General es el representante oficial de la Jerarquía Eclesiástica y, por consiguiente, el intérprete de sus directivas y orientaciones ante la Junta Nacional. En virtud de su cargo tiene la dirección superior y supervigilancia de los Asesores Nacionales y puede convocarlos cuando lo estime conveniente.

Las sesiones reglamentarias de la Junta no deberán realizarse sin su presencia, o en su ausencia, sin la del Vice-Asesor, y carecerán de valor definitivo las resoluciones tomadas hasta que las conozca y apruebe.

Tiene el derecho y el deber de vetar las resoluciones que no se conformen con la doctrina católica, con la disciplina eclesiástica y con las directivas dadas a la Acción Católica por la Jerarquía Eclesiástica.

De la Junta Diocesana o Territorial

Art. 25.—La Junta Diocesana o Territorial es el **Centro Técnico Consultivo** y el **Organo Directivo, Promotor y Coordinador de la Acción Católica en la Diócesis o en el Territorio.** Toma siempre el nombre de la sede episcopal en que funciona y tiene su asiento.

Cada Junta, por resolución de los respectivos Ordinarios, goza de personalidad jurídica en la Diócesis o Vicariato Apostólico en conformidad al Canon 1489 del Código Canónico.

Art. 26.—La Junta Diocesana o Territorial tiene por objeto: .`

a) Cooperar a la acción del Obispo respectivo en la forma que éste determine ''para ponerse con todas las organizaciones católicas al servicio de la Iglesia y ayudarle a cumplir integralmente su ministerio'' (Pío XI, 15-VIII-1928);

b) Promover en la Diócesis o Territorio la organización de las cuatro Asociaciones de la Acción Católica Chilena y de los Secretariados Especiales, Oficinas y demás organismos técnicos que se estimen necesarios;

c) Crear las Comisiones Auxiliares que crea conveniente para ayudarse en el cumplimiento de sus decisiones e iniciativas;

d) Prestar todo su concurso al cumplimiento de las resoluciones y orientaciones de la Junta Nacional;

e) Coordinar las actividades de las Asociaciones de la Acción Católica Oficial y de las Instituciones adheridas a ésta, impidiendo la superposición de iniciativas;

f) Procurar la defensa de la moralidad pública, de la santidad del matrimonio y cristiana constitución de la familia, de la educación religiosa en las escuelas y colegios y, en general, de todo lo que pertenece a la vida católica;

g) Dar su cooperación a las manifestaciones religiosas públicas, a los actos y asambleas de carácter religioso-social, a la obra del Dinero del Culto, y otras actividades semejantes;

h) Procurar la constitución de las Juntas Parroquiales de acuerdo con los respectivos Párrocos, y favorecer y vigilar el recto funcionamiento de las ya organizadas;

i) Organizar los actos, obras, instituciones, Semanas, Cursos, Retiros, que juzgue convenientes con relación a los fines de la Acción Católica Chilena;

j) Representar oficialmente a la colectividad de los católicos organizados de la Diócesis o Territorio.

Art. 27.—La Junta Diocesana o Territorial estará compuesta:

1) De un Presidente, y, si juzgare conveniente, de un Vice-Presidente designado por el Ordinario del lugar;

2) De los Presidentes de las cuatro Asociaciones fundamentales de la Acción Católica Chilena;

3) De tres o cinco personas más, escogidas entre los Directores de las Instituciones católicas que, animadas de verdadero espíritu apostólico, realicen algún apostolado externo. Serán designadas por el respectivo Obispo, a propuesta del Presidente, de acuerdo con los Presidentes de las Asociaciones;

4) De el Secretario General de la Junta que será designado por el Respectivo Obispo y que, en lo posible, será sacerdote;

5) De los Directores de los Secretariados y de otros organismos técnicos de la Junta; y

6) Del Asesor de la Junta; y

7) De los Asesores de los Consejos Diocesanos o Territoriales y de los Secretariados Diocesanos o Territoriales.

Art. 28.—En cuanto a su constitución, duración y funcionamiento, la Junta se regirá por disposiciones análogas, dentro del orden diocesano, a las contenidas en los artículos 20, 21 y 22 de estos Estatutos; y en cuanto a las funciones y atribuciones del Presidente y Secretario General, por disposiciones análogas a las contenidas en los artículos 23 y 24 de estos mismos Estatutos.

Art. 29.—El Asesor Eclesiástico de la Junta será

llamado "Asesor Diocesano" y será designado por el Ordinario y tendrá, en el órden diocesano, las mismas obligaciones y atribuciones que el Asesor de la Junta Nacional.

Asamblea Diocesana o Territorial

Art. 30.—La Junta Diocesana o Territorial, cada año, durante el mes de Diciembre, en la fecha y con el programa que acuerde la mayoría- de sus miembros, dará cuenta de su cometido en una "Asamblea Diocesana o Territorial' 'a la que serán invitados todos los señores Párrocos de la Diócesis y a la cual tendrán obligación de asistir:

1) Todos los miembros de la Junta Diocesana o Territorial;

2) Los Presidentes, Secretarios y Tesoreros de las Juntas Parroquiales; .

3) Los Directores y Asesores de los Secretariados Diocesanos y demás organismos técnicos de la Junta;

4) Los miembros de los Consejos Diocesanos o Territoriales.

Art. 31.—La Asamblea será presidida por el Presidente de la Junta Diocesana o Territorial y actuará como Secretario el Secretario General de la Junta. El Presidente presentará la Memoria de la Junta y de sus organismos técnicos y el Tesorero el balance de las salidas y entradas desde la última Asamblea Diocesana. Se tomarán las iniciativas que se estimen couvenientes para el desarrollo y progreso de la Acción Católica en la Diócesis y se acordará un programa minimo de trabajo para la Junta y para los Consejos durante el-período de vacaciones el que, en ningún caso, podrá pasar de dos meses.

De la Junta Parroquial

Art. 32.—La Junta Parroquial es el **Centro Técnico Consultivo** y el **Organo Directivo, Promotor y Coordinador de la Acción Católica General en la Parroquia,** bajo la **dirección superior del Párroco.** Por medio de ella serán puestas en eficiente actividad todas las fuerzas católicas de la Parroquia y se hará más activa, pronta y eficaz su cooperación a la misión propia del Párroco.

Deberá hallarse constituída en cada Parroquia en conformidad a las disposiciones de estos Estatutos.

Art. 33.—La Junta Parroquial tiene por objeto:

a) Prestar su ayuda decidida, leal y obediente al Párroco en su apostolado; cooperando a la realización de sus iniciativas, sobre todo en cuanto a los actos públicos de culto, v. gr.: procesiones eucarísticas y religiosas, comuniones generales, misiones y ejercicios espirituales;

b) Promover en la Parroquia la organización y desarrollo de la Acción Católica con sus cuatro Asociaciones, procurando la adhesión efectiva a ella de todos los católicos;

c) Cumplir y hacer cumplir en la Parroquia las disposiciones e iniciativas de la Junta Diocesana;

d) Coordinar y fomentar las diversas asociaciones y obras católicas dentro de la Parroquia, suscitando o estimulando su actividad y asegurando la armonía de acción;

e) Tomar iniciativas de carácter general y dirigir su ejecución en la Parroquia especialmente en cuanto a actos públicos de propaganda religiosa (Conferencias ilustrativas, Homenaje al Papa); trabajos para la difusión de la cultura religiosa y social (v. gr.: divulgación de las Encíclicas, Cartas Pastorales, prensa católica, Bibliotecas públicas, Centros de Estudio y Conferencias, represión de la propaganda protestante, ayuda y apoyo a la enseñanza del Catecismo, y demás obras parroquiales de caridad, beneficencia, etcétera); defensa de la moralidad pública (v. gr.: campaña contra el cinematógrafo inmoral, contra los libros malos, etc., etc.); y, en general, las obras más adecuadas, a las necesidades y situación de la propia Parroquia o localidad;

f) De modo especial, la Junta Parroquial procurará formar la conciencia de los católicos con respecto al **Dinero del Culto.**

Art. 34.—La Junta Parroquial está formada:

1) De un Presidente, y si se juzgare conveniente, de un Vice-Presidente designados por el Párroco y que han de ser miembros de la Acción Católica;

2) De los cuatro Presidentes de los Cuatro Centros Parroquiales de las Asociaciones Nacionales de Acción Católica;

3) De los Presidentes de sociedades católicas exclusivamente parroquiales, que no perteneciendo a la Acción Católica Oficial, deben ser coordinadas por realizar algún apostolado externo. Serán elegidos por el Párroco;

4) Del Secretario y del Tesorero elegidos por la Junta, a propuesta del Presidente, de acuerdo con el Párroco. Ambos deben ser miembros de la Acción Católica Parroquial.

Art. 35.—En las Parroquias donde no exista ninguna o una solamente de las Asociaciones propias de la Acción Católica, la Junta Parroquial se constituirá transitoriamente con el Presidente o los Presidentes de las Asociaciones ya existentes y tres o cinco feligreses propuestos por el Párroco a la Junta Diocesana o Territorial. Si aún esto fuere imposible, la Junta Dioce-

sana o Territorial, de acuerdo con el Párroco, podrá
proponer al Obispo el nombramiento de un "Delegado
Parroquial" a quien corresponderá, bajo la autoridad
del Párroco, y de acuerdo con los Consejos Diocesanos o Territoriales respectivos, la organización de la
Acción Católica en la Parroquia.

Art. 36.—El Presidente de la Junta Parroquial está obligado cuanto antes a dar cuenta a la Junta Diocesana o Territorial de la organización y constitución
de la que preside con el nombre y dirección de todos
sus miembros y con la fecha de su designación.

Art. 37.—La Junta Parroquial se reunirá por lo
menos dos veces al mes en sesión ordinaria; y, en sesión extraordinaria, cada vez que el Párroco y el Presidente, de común acuerdo, lo estimen conveniente. No
podrá celebrar sesión sin haber convenido previamente
con el Párroco el día y la hora; el quórum reglamen-
tario será de la mitad, más uno de sus miembros.

Art. 38.—Los Presidentes de las Asociaciones de
la Acción Católica serán miembros de la Junta Parroquial mientras desempeñen sus cargos en las Asociaciones que representan. Pero, su inasistencia injustificada a más de tres sesiones consecutivas de la Junta,
será causal suficiente para que el Párroco pida su reemplazo en la Presidencia de la Asociación respectiva de
la Acción Católica. Los que son designados por el Párroco, durarán un año en sus funciones y pueden ser
reelegidos, pero serán reemplazados antes de terminar
el período si dejan de ser directores de la institución
católica en cuya representación habían ingresado.

Art. 39.—La Junta Parroquial informará por escrito semestralmente a la Junta Diocesana de sus trabajos y de los resultados de su actividad.

Relaciones de Jerarquía

Art. 40.—La Junta Nacional se considerará la "ejecutora en el orden práctico" de las órdenes del Episcopado. Por eso todas sus comunicaciones a las Juntas Diocesanas o Territoriales, salvo las que sean de mero trámite, las hará llegar también al Excmo. Sr. Obispo Diocesano o Vicario Apostólico. Esta regla se aplica también a los Consejos Superiores de las Asociaciones Nacionales.

Art. 41.—Las Juntas Diocesanas se esforzarán en cooperar a todo lo que disponga el propio Obispo y en mantener el carácter nacional de la "Acción Católica Chilena" y de sus cuatro Asociaciones. Las Juntas Parroquiales podrán expresar en forma conciliadora observaciones a las Asociaciones establecidas en la Parroquia; pero en caso de resultado negativo deberán concurrir a la Junta Diocesana.

Art. 42.—La organización y realización de las manifestaciones católicas externas, de carácter parroquial, fuera de las estrictamente relativas al culto, deben ser encargadas por el Párroco a su Junta Parroquial. Las manifestaciones externas de cualquiera de las cuatro Asociaciones de la Acción Católica deben ser previamente comunicadas a la Junta Parroquial. Análogos principios se aplicarán, según las instrucciones del Obispo, a la Junta Diocesana o Territorial.

Recursos y Bienes Sociales

Art. 43.—Cada uno de los organismos de la "Acción Católica Chilena" y de las cuatro Asociaciones Nacionales, tendrán una Tesorería propia.

Art. 44.—Las erogaciones que las Asociaciones y obras parroquiales deban dar a sus Juntas Parroquiales y Diocesanas y Territoriales se fijará por los Reglamentos de las Asociaciones y obras.

Disposiciones Generales

Art. 45.—Cesarán de hecho en sus funciones todos los miembros de Juntas, Consejos y Secretariados que, sin justificación ni aviso previo, faltaren a seis sesiones seguidas; y se comunicará la vacancia a la autoridad que los hubiere designado.

Art. 46.—Los presentes Estatutos han sido aprobados por el Episcopado Chileno en ejercicio de la jurisdicción que debe tener siempre sobre la Acción Católica Chilena.

Art. 47.—Los que tengan alguna insinuación que hacer sobre la Acción Católica deben dirigirlas, y por escrito, al Obispo respectivo.

Art. 48.—La garantía de la Acción Católica, según la expresión del Santo Padre Pío XI (29 de Junio de 1931), ha consistido, consiste y consistirá siempre en su dependencia respecto del Episcopado.

Art. 49.—El Episcopado al aprobar estos Estatutos los coloca bajo la autoridad del Vicario de Jesucristo. Destinada a trabajar por el Reino de Cristo, bajo la protección de María, la Acción Católica tendrá como patronos al glorioso Patriarca San José, al Apóstol San Pablo, a San Francisco de Asís, a Santa Teresa de Jesús, a San Luis de Gonzaga, a Santa Teresa del Niño Jesús y San Juan Bosco.

REGLAMENTO PARA LA ADHESION A LA ACᴛ CION CATOLICA DE LAS OBRAS AUXILIARES

Artículo 1.°—Las Instituciones católicas, destinadas a promover la piedad, la caridad, la formación religiosa, la educación u otros fines benéficos, serán consideradas como "Obras Auxiliares de la Acción Católica Chilena", siempre que tengan entre sus objetivos propios, alguna finalidad de apostolado. externo social y se adhieran a ella, en la forma que indica este Reglamento.

Como según las normas pontifícias, uno de los elementos esenciales constitutivos de la Acción Católica, que justifican su existencia y eficacia, es la coordinación por medio de ella de todas las fuerzas católicas para alcanzar así las finalidades supremas del apostolado católico, todas las Instituciones antes indicadas sentirán la responsabilidad y el deber sagrado de pedir, cuanto antes, su adhesión a la Acción Católica, en la forma y con los fines que se indican en el presente Reglamento.

Art. 2.°—Las Instituciones que, según sus propios Estatutos aprobados por la Autoridad Eclesiástica, tengan carácter nacional, pedirán su adhesión directamente a la Junta Nacional. Las que sólo tengan carácter diocesano, la pedirán a la Junta Diocesana correspondiente.

Art. 3.°—Las Instituciones que deben adherirse, presentarán a la Junta que corresponda, según lo dispuesto en el artículo anterior, una solicitud que deberá expresar:

a) El nombre de la Obra, la indicación de si tiene o no personalidad jurídica, el domicilio, la dirección postal y demás datos que la den a conocer;

b) Las Obras de apostolado externo social a que se dedica especialmente;

c) La nómina de sus directores.

Esta solicitud deberá ir acompañada de tres ejemplares de los Estatutos y Reglamentos, de la última Memoria de sus trabajos y de una lista completa de sus socios con sus profesiones y oficios.

Art. 4.º—Las Juntas se pronunciarán sobre estas solicitudes y comunicarán su acuerdo a la Institución solicitante y, en caso de aceptación, al Consejo de la respectiva Rama de la Acción Católica.

Las Juntas otorgarán a las Instituciones cuya adhesión acepten, un diploma que las acredite como Obras Auxiliares de la Acción Católica.

Además, las Juntas Diocesanas enviarán a la Junta Nacional la nómina de las Instituciones aceptadas como adherentes, con las especificaciones de que se habla en las letras a), b) y c) del artículo 3.º y de un ejemplar de sus Estatutos y Reglamentos. Estos datos deberán ser enviados inmediatamente que la Institución haya sido aceptada como "obra auxiliar de la Acción Católica Diocesana".

Art. 5.º—La adhesión tiene por objeto principal, hacer más efectiva la cordial inteligencia y recíproca cooperación que ,por mandato expreso de la Santa Sede, deben existir entre la Acción Católica y las Obras Auxiliares a fin de coordinar la eficiencia de todas, en bien de las almas y de la Iglesia.

Art. 6.º—La Acción Católica favorecerá a las Instituciones que sean reconocidas como Obras Auxiliares, recomendándolas con especial interés a sus miembros, para que ingresen en ellas y las ayuden en la mejor forma que puedan.

Dichas Obras Auxiliares tendrán preferencia para que de entre sus directores se elijan los consejeros que deben integrar las Juntas Nacional, Diocesana y Parroquial, como representantes de actividades católicas, conforme Chile.

Art. 7.º—Por su parte, las Obras Auxiliares cooperarán a los fines de la Acción Católica: con el eficacísimo tributo de la oración, con la difusión, de palabra o por escrito, de la belleza, necesidad y ventajas de la Acción Católica; exigirán a todos sus miembros el ingreso a la correspondiente Asociación de la Acción Católica, en orden a la coordinación de su apostolado externo social. Para estos fines se encarece a los dirigentes de las Obras Auxiliares que se suscriban y lean el Boletín de la Acción Católica.

Art. 8.º—Las Obras reconocidas como Auxiliares de la Acción Católica, conservarán su autonomía y formas de organización para todo lo que se refiere a la consecución de sus propias finalidades determinadas en sus Estatutos; pero deberán unirse a la Acción Católica para el ejercicio de las actividades de apostolado o de defensa religiosa, que, a juicio de las Juntas exijan la coordinación de todas las fuerzas católicas.

Art. 9.º—Para conseguir esta coordinación:

a) La Junta Nacional podrá invitar a sus reuniones con voto consultivo a los representantes de las Obras Auxiliares de la Acción Católica de carácter nacional, siempre que se trate de tomar alguna resolución para la cual sea necesaria la cooperación de dichas Obras Auxiliares;

b) Las Juntas Diocesanas invitarán con el mismo fin y en la misma forma a los representantes de las Obras Auxiliares de carácter diocesano;

c) Los Consejos Nacionales o Diocesanos estudiarán en cada caso particular, la necesidad o conveniencia de que, además de lo expresado en los incisos anteriores, dichas Obras Auxiliares designen, con voto consultivo, un Delegado que les represente ante ellos, lo cual lo harán previa consulta a la Junta Nacional o Diocesana, según el caso, las cuales de un modo definitivo, resolverán sobre el particular.

Artículo Transitorio.—Las Instituciones que se encuentren adheridas a la Acción Católica como Obras Auxiliares, deberán renovar su adhesión, en la forma que establece el presente Reglamento, dentro del plazo de un año contado desde la fecha.

Santiago, Diciembre de 1939.

REGLAMENTO DE LA ASOCIACION DE MUJERES CATOLICAS DE CHILE

Disposiciones Generales

Artículo 1.°—La Asociación de Mujeres Católicas se regirá por los Estatutos Generales de la Acción Católica Chilena, por los Estatutos especiales de la Asociación de Mujeres Católicas y por el presente Reglamento.

La aprobación y promulgación de los Estatutos de la Acción Católica y de este Reglamento constituyen un acto de autoridad de la Santa Iglesia, por lo cual deben obedecerlos todas las personas a quienes sus disposiciones se refieren.

La Asociación tiene dirección propia y autónoma para la consecución de sus fines específicos; pero en cuanto a los fines comunés de toda la Acción Católica y a la coordinación de sus actividades, obrará siempre bajo la dirección superior de la Junta Nacional de la Acción Católica Chilena.

La Asociación de Mujeres Católicas, de acuerdo con los Estatutos Generales de la Acción Católica Chilena, está fuera y sobre todo partido político, y por consiguiente, se abstendrá de toda actividad política de partido; pero no descuidará la defensa de los derechos de Dios y de la Iglesia en el terreno cívico.

Sus dirigentes no podrán ser dirigentes o propagandistas de ningún partido político, ni podrá la Asociación prestar sus salas o locales para fines de carácter político.

La inscripción de sus socias a determinados partidos políticos u otras asociaciones, es cuestión puramente individual y personal, siempre que éstas y aquéllos en sus programas y actividades, den fundadas garantías de respetar los derechos de Dios y de la Iglesia.

Patronos

Art. 2.º—La Asociación de las Mujeres Católicas, queda colocada bajo la protección de Cristo Rey, y tendrá como patrona a la Virgen del Carmen, Reina de Chile, a Santa Mónica y a Santa Teresa de Jesús.

Fines de la Asociación

Art. 3.º—La Asociación tiene por objeto:

I.—La **Organización** de todas las Mujeres Católicas, en conformidad a este Reglamento.

a) Las personas que desempeñen los cargos directivos de la Asociación, serán de la confianza de la Autoridad Eclesiástica; se procurará que para desempeñarlos sean elegidas las socias que por el ejemplo, la preparación y la acción, hayan de resultar más eficientes para los fines de la Asociación, sin descuidar la idea de ascenso.

b) Cada uno de los organismos de la Asociación de Mujeres Católicas, estará en constante relación de jerarquía y de cooperación:

Con la Junta Nacional de la Acción Católica;

Con los otros organismos de la propia Asociación;

Con las demás Asociaciones oficiales: Hombres Católicos, Jóvenes Católicos, Juventud Católica Femenina;

Con las Asociaciones de piedad, de caridad, de asistencia social, etc., y en general con la Acción Católica Auxiliar.

II.—La formación religiosa y la formación familiar y social de las dirigentes.

a) La formación religiosa tenderá a darles una vida cristiana más intensa, y, por lo tanto, una conciencia íntegra en todas sus actividades que sirva de sólido fundamento al apostolado.

Esta formación no debe ser solamente de estudio, sino de vida interior, por lo cual se le ha de impulsar a la frecuencia de los Santos. Sacramentos, a la vida eucarística y a la devoción a la Santísima Virgen. Con este fin procurarán los Consejos y Centros organizar Cursos, Conferencias, Círculos de Estudio, Bibliotecas, Retiros, Ejercicios Espirituales y actos colectivos de religión.

b) La formación familiar debe abrazar el conocimiento y el estudio de la misión y responsabilidad que tiene la mujer como esposa, como madre y como dueña de casa, cristiana. Por lo tanto, los Consejos y Centros velarán:

1.º Por la santidad e indisolubilidad del matrimonio que crea familia cristiana, y que ha de ser una sociedad santificadora, mediante el fiel cumplimiento por parte de los esposos, de los sagrados deberes que Dios les ha impuesto;

2.º Por la educación religiosa, moral, intelectual, higiénica y física de los hijos;

3.º Por la gravísima responsabilidad y especial obligación que tienen las madres, en orden a la salvación eterna de sus hijos de prepararlos para la vocación a que Dios lo puede llamar, especialmente la vocación sacerdotal y religiosa;

4.º Por el buen gobierno de la casa, que debe ser el santuario de la familia donde, junto con la vida cristiana, debe reinar el orden, la higiene, la previsión y la verdadera economía doméstica;

5.º Por hacer conocer, el apostolado de la maternidad espiritual, respecto de los niños, de los pobres y de las que sufren.

III.—El Apostolado Religioso Social. Este apostolado propio de la Rama, debe ser el de la difusión y defensa de la fe, la realización de las enseñanzas de la Iglesia en el orden individual, familiar y social, la cooperación permanente en pro de la moral católica; especialmente en los espectáculos, teatros, cinemas, radios, librerías y sitios de vacaciones. Trabajará por tener distracciones cristianas en todos los círculos sociales.

IV.—La organización de la "Asociación de los niños católicos", que se regirá por sus propios Estatutos y Reglamentos.

Miembros de la Asociación

Art. 4.º—Formarán parte de la Asociación, las mujeres católicas casadas, y las solteras mayores de 35 años de edad, que habiendo solicitado por escrito su inscripción en los registros de la Acción Católica, hayan sido aceptados por la Mesa Directiva del Centro respectivo.

Art. 5.º—Para inscribirse en los registros de la Asociación se requiere:

a) Ser católica práctica, esto es, tener integridad de fe, y recepción de los Santos Sacramentos;

b) Ser de reconocida vida cristiana;

c) Aceptar generosamente el fin de la Acción Católica, que es la participación de los seglares en el apostolado Jerárquico de la Iglesia, para la restauración de todas las cosas en Cristo;

d) Aceptar como un deber de la vida apostólica militante, por amor a Dios y a la Iglesia, las obligaciones y sacrificios inherentes al carácter de miembros de la Asociación;

e) Firmar la solicitud de ingreso;

f) Ser sumisas a las normas y orientaciones de los organismos de la Acción Católica;

g) No estar inscritas en asociaciones cuyos programas y actividades, no son conformes con la doctrina y espíritu de la Iglesia, a juicio de la Autoridad Eclesiástica;

· h) Las nuevas socias deben ser presentadas por otra ya admitida.

Art. 6.º—**Son obligaciones de las socias**:

a) Dar ejemplo de vida cristiana práctica e integral;

b) Cooperar con la oración, el sacrificio y la acción en la medida de sus fuerzas, a la labor de propaganda y defensa de las ideas cristianas, de acuerdo con lo que dispongan las autoridades de la Asociación, aceptando con buena voluntad las comisiones que se les encarguen;

c) Asistir a los actos colectivos, públicos, que ordenen las autoridades de la Asociación;

d) Pagar la cuota anual. La cuota de las socias se divide en tres partes: una para el Consejo Nacional, que se entregará a este Consejo por conducto del Consejo Diocesano; otra para el Consejo Diocesano correspondiente, y el resto para el respectivo Centro. Cada Consejo Diocesano pasará a su respectiva Junta Diocesana, una parte de la cuota de las socias, y lo mismo harán los Centros respecto a su Junta Parroquial. Al Consejo Nacional le incumbe fijar esta distribución de la cuota;

e) Tener el Reglamento, haber recibido la insignia que acuerde el Consejo Nacional, con el ceremonial litúrgico establecido por este Consejo;

f) Haber cumplido satisfactoriamente un período de prueba de cuatro meses, y haber demostrado poseer conocimientos suficientes de Religión y de Acción Católica;

g) Al recibir la insignia, cada socia recibirá también un "carnet" que la acredite en el carácter de tal. El "carnet" durará el tiempo que juzgue conveniente el Consejo Nacional y se exigirá su presentación para los casos que el Consejo Nacional y el respectivo Consejo Diocesano lo acuerden. El "carnet" será vendido por el Consejo Nacional a los Consejos Diocesanos, y por éstos a los Centros.

Art. 7.º—Las personas que por su edad o salud no puedan abandonar su domicilio, podrán solicitar su inscripción a la Secretaria Parroquial, quien las propondrá como socias a la Mesa Directiva. Al ser admitidas, solicitarán de su Párroco, que les imponga la insignia. Cumplirán con su obligación de apostolado, con la oración, la ofrenda de sus sufrimientos y el pago de su cuota.

Art. 8.º—Serán consideradas como socias, con derecho a participar en las Asambleas, Congresos, Jornadas de Estudios, Concentraciones y demás actividades que dependen de la Asociación, únicamente las que tengan su cuota cancelada al día.

Consejo Nacional

Art. 9.º—El organismo directivo superior de toda

la Asociación de Mujeres Católicas de Chile, es el Consejo Nacional que funciona en Santiago, y se compone: a) de la Mesa Directiva formada por el Asesor Nacional, la Presidenta Nacional, una o dos Vice-Presidentas, una Secretaria y la Tesorera; b) de los miembros de voto consultivo que son: la Pro-Secretaria, la Pro-Tesorera y las Delegadas de los Consejos Diocesanos, de los Secretariados, Visitadoras y demás representantes de actividades nacionales.

El Asesor, la Presidenta y las Vice-Presidentas son designadas por la Comisión Episcopal para la Acción Católica, y ellos a su vez designarán a las Secretarias, Tesoreras y a los miembros de voto consultivo, con excepción de las Delegadas que serán nombradas por el Obispo respectivo.

A la Mesa Directiva, bajo la autoridad del Asesor Nacional, le corresponde la Dirección técnica de la Asociación en el orden nacional; pero ejercerá sus funciones propias en las Diócesis, por medio de los Consejos Diocesanos.

Los miembros de la Mesa Directiva cesan en sus funciones a los tres años, y podrán ser reelegidos. La fecha de renovación de los cargos, será en adelante el 1.º de Octubre; los miembros salientes deberán acompañar hasta el 31 de Diciembre a los nuevos nombrados, para dejarlos al corriente de sus deberes.

Art. 10.—La Mesa Directiva se reunirá. válidamente con un quorum de 3 miembros. En casos urgentes, la Mesa Directiva queda autorizada, para tomar resoluciones, de acuerdo con los Estatutos de la Acción Católica y con el presente Reglamento, sin esperar la convocación de los miembros con voto consultivo, pero deberá dar cuenta de lo obrado en su primera reunión.

Art. 11.—**Son atribuciones del Consejo Nacional**:

1.º Representar oficialmente a la Asociación.

2.º Procurar la constitución de los Consejoes Diocesanos, reconocerlos oficialmente, visitarlos periódicamente por la Delegada respectiva y extraordinariamente por una Visitadora; vigilar su funcionamiento y la observancia de los Estatutos de la Acción Católica y de este Reglamento.

3.º Nombrar y autorizar comisiones auxiliares de estudio y propaganda para que transitoriamente cooperen en la solución de los problemas de la Organización.

4.º Nombrar y autorizar igualmente comisiones cooperadoras, para los fines de la acción práctica.

5.º Adaptar a la Asociación el Plan Anual de trabajo dado por la Junta y dar las directivas prácticas para su ejecución, por medio de los Consejos Diocesanos; y en general estudiar la realización de las demás actividades de la Asociación.

6.º Instituir oportuna y gradualmente las Secciones especializadas, con el fin de asegurar a las socias, una más completa y más adaptada formación y acción.

7.º Propender a la celebración de congresos generales y especializados con fines de estudio y orientación.

8.º Editar las publicaciones que considere necesarias para la formación de las propias socias en los deberes de la Acción Católica y las demás que juzgue convenientes.

9.º El Consejo Nacional se reunirá semanalmente, en los días y horas que acuerde, y extraordinariamente cuantas veces lo cite la Presidenta, o lo solicite el tercio de los miembros del Consejo Consultivo.

La Mesa Directiva se reunirá tantas veces como sea necesario.

El Asesor Nacional

Art. 12.—El Asesor Nacional es para toda la Asociación el representante oficial de la Jerarquía Eclesiástica y, por consiguiente, el intérprete de sus directivas y deseos, ante los Asesores Diocesanos y las Dirigentes y socias.

En virtud de su mismo cargo tiene la dirección
superior y supervigilancia de la obra y de los demás
Asesores de la Rama, y puede convocarlos cuando lo
estime conveniente.

Las sesiones reglamentarias del Consejo Nacional,
no deberán realizarse sin su presencia o la del Vice-
Asesor; y carecerán de valor definitivo las resoluciones tomadas en su ausencia, hasta que las conozca y
apruebe.

No siendo la Acción Católica directiva en el orden
teórico, sino ejecutiva en el orden práctico, en las
orientaciones y normas directivas del Consejo Nacional, no deberán procederse sin el acuerdo y aprobación del Asesor.

Por lo mismo, éste tiene el derecho y el deber de
vetar las resoluciones que no se conformen con la doctrina católica, con la disciplina eclesiástica y con las
directivas dadas a la Acción Católica por la Jerarquía
Eclesiástica.

En el orden práctico, o sea, en el orden de la ejecución, la acción del Asesor, se limitará por una parte
a vigilar la fiel observancia de las normas señaladas
por la Jerarquía aún para este orden; y por otra, a estimular las iniciativas y decisiones que el Consejo Nacional debe llevar adelante, gozando de una justa responsabilidad y libertad, para el desarrollo de la organización y para la actuación práctica del programa de
trabajo.

Además, el Asesor Nacional, tendrá como la principal de sus funciones, la formación espiritual y apostólica de las Dirigentes y de las socias; a fin de formar verdaderos apóstoles seglares, que realicen plenamente, los altos fines de la Acción Católica y los propios de la Asociación. En resumen: el Asesor es el alma de la organización.

Art. 13.—**La Presidenta.** Son atribuciones y deberes de la Presidenta:

1.º Representar personal y oficialmente a la Asociación.

2.º Asistir a las sesiones de la Junta Nacional de la cual forma parte.

3.º Preparar la orden del día de las sesiones, convocarlas y dirigirlas.

4.º Ordenar, bajo su inmediata responsabilidad, las diversas actividades del Consejo Nacional.

5.º Visitar los Consejos Diocesanos.

6.º Presentar la Memoria de la Asociación en cada Congreso Nacional.

7.º Deberá actuar en todo de acuerdo con el Asesor Nacional.

8.º Cuando el Consejo necesite ponerse en contacto con los Excmos. Obispos Diocesanos lo hará por intermedio de la Presidenta.

Art. 14.—**Las Vice-Presidentas.** Deben reemplazar a la Presidenta en ausencia de ésta y realizar la labor especial que ésta les hubiere encomendado.

Art. 15.—**Visitadoras.** Las Visitadoras serán personas especialmente preparadas, que se dedicarán a hacer visitas extraordinarias a los Consejos Diocesanos y Centros Parroquiales, por encargo del Consejo Nacional.

Del resultado de esas visitas, presentarán un informe por escrito a dicho Consejo.

Art. 16.—**Secretarias.** Las Secretarias deben:

1.º Levantar el acta de cada sesión y conservarlas una vez aprobadas.

2.º Contestar la correspondencia y demás comunicaciones del Consejo, de acuerdo con la Presidenta.

3.º Tener la supervigilancia de la revista y demás publicaciones de la Asociación.

4.º Mantener al día las estadísticas de la Asociación en todo el país.

5.º Enviar las citaciones.

Serán asistidas por Pro-Secretarias, que tendrán a su cargo el archivo y ayudarán a la Secretaria en sus labores.

Art. 17.—**Tesoreras.** Son atribuciones y deberes de la Tesorera:

1.º Llevar la contabilidad de los fondos del Consejo;

2.º Presentar un balance anual al Consejo;

3.º Vigilar la distribución de la Revista a todas las socias del país;

4.º Recibir los fondos provenientes de lás Colectas a cargo de la Asociación, carnets y demás distintivos de la Asociación;

6.º Correr con los gastos necesarios para la buena marcha de la Rama, previo acuerdo del Consejo.

Son atribuciones de la Pro-Tesorera: Ayudar y estar a las órdenes de la Tesorera.

Art. 18.—**Delegadas.** Las Delegadas forman parte del Consejo Nacional solamente con voto consultivo. De su preparación técnica, espíritu de apostolado, asistencia regular a las reuniones, así como del conocimiento del personal, y de las necesidades de la Acción Católica en la Diócesis que representan, depende en gran parte la buena marcha de la Acción Católica en la Asociación.

Son atribuciones y deberes de las Delegadas de las Diócesis:

1.º Representar al Consejo Diocesano respectivo ante el Consejo Nacional;

2.º Mantener correspondencia con el Consejo Diocesano y atender a sus encargos;

3.º Llevar al día un Registro con los datos estadísticos de su Consejo Diocesano respectivo y de cada Centro de la Diócesis;

4.º Visitar en lo posible, al Consejo Diocesano y de acuerdo con éste los Centros de la Diócesis;

5.º Asistir a la Concentración anual y a la Semana de Dirigentes de la Diócesis;

6.º Dar cuenta en la reunión semanal del Consejo Nacional de la marcha de las Mujeres Católicas en la Diócesis que representa.

Art. 19.—Los miembros del Consejo con voto consultivo durarán tres años en sus funciones, y podrán ser reelegidos. Cesarán de hecho en sus cargos, los que sin previo aviso y justificación, faltaren a seis sesiones seguidas, en conformidad al artículo 45 de los Estatutos de la Acción Católica Chilena.

Congreso Nacional

Art. 20.—La Asociación de las Mujeres Católicas de Chile, celebrará cada cuatro años un Congreso Nacional, en la ciudad que determine el Consejo Nacional. En él se dará cuenta de la marcha de la Asociación en todo el país, y se estudiará todo lo que concierne al buen funcionamiento y desarrollo de la Rama.

Art. 21.—Deberán, además, formar parte del Congreso Nacional, todos los miembros de la Asociación de Mujeres Católicas de Chile, que cumplan con los requisitos del Reglamento.

Art. 22.—El Congreso Nacional será convocado por el Consejo Nacional, con sesenta días de anticipación a lo menos; previa aprobación de la Comisión Episcopal para la Acción Católica y del Excmo. Obispo en cuya Diócesis se reúna, debiendo preparar y enviar previamente la orden del día a todos los Consejos Diocesanos.

Corresponderá al Congreso Nacional:

a) Aprobar la Memoria sobre el desarrollo de las actividades de la Asociación de Mujeres Católicas;

b) Estudiar y resolver las cuestiones de interés general para la marcha de la Asociación, por ejemplo: modificaciones del Reglamento, monto de la cuota, etc.;

c) Las modificaciones al Reglamento, deberán ser aprobadas por la Junta Nacional.

Consejos Diocesanos

Art. 23.—La Asociación será dirigida y gobernada en las Diócesis por un Consejo Diocesano compuesto de la Mesa Directiva y de las Delegadas.

a) La Mesa Directiva se compone del Asesor Diocesano, de la Presidenta, una o dos Vice-Presidentas, nombradas por el Excmo. señor Obispo Diocesano; y de las Secretarias y Tesoreras nombradas por la Presidenta y Vice-Presidentas;

b) Las Delegadas representan las regiones o sectores en que está dividida la Diócesis y son nombradas por la Mesa Directiva.

Forman parte también del Consejo, pero sólo con voto consultivo:

1.° Las representantes del Consejo ante los Secretariados y otros organismos semejantes de la Acción Católica o de la Acción Económico-Social; y

2.º Las **encargadas** por el Consejo de las especializaciones de la Rama.

A la Presidenta incumbirá, determinar si se proveen los cargos de Pro-Secretaria y Pro-Tesorera, y en tal caso serán nombradas por ella y tendrán voto consultivo en el Consejo.

Art. 24.—El Consejo Diocesano funciona bajo la dependencia del Excmo. Obispo Diocesano y es el órgano propio de la Asociación en la Diócesis.

Subordinado al Consejo Nacional, dentro de la unidad y de la organización tiene la dirección autónoma de la Asociación en la Diócesis, y por consiguiente, la responsabilidad de la marcha de los Centros, y de todas las actividades que a éstos les corresponden.

Art. 25.—El Asesor, la Presidenta y las Vice-Presidentas del Consejo Diocesano, serán designadas por el Excmo. Obispo Diocesano. Los demás miembros de la Mesa Directiva, serán nombrados por el Diocesano a propuesta de la Presidenta; y las Delegadas por la Mesa Directiva de acuerdo con el Asesor.

Los miembros de este Consejo durarán tres años en sus funciones, y podrán ser reelegidos. Cesarán de hecho en sus cargos los que sin previo aviso y justificación faltaren a seis sesiones seguidas.

Art. 26.—**Del Asesor Diocesano.** Los Consejos Diocesanos tienen Asesor Eclesiástico, cuyo nombramiento, como asimismo el del Vice-Asesor, si lo hubiere, corresponde al Obispo Diocesano. Tienen en la Diócesis las mismas funciones y atribuciones que las establecidas en el artículo 12 con respecto al Asesor Nacional.

Art. 27. — **Presidenta.** La Presidenta Diocesana, tiene:

1.º La representación y responsabilidad de la Asociación en la Diócesis.

2.º Preparar la orden del día en las reuniones, las convoca y dirige.

3.º Sirve de intermediaria entre el Consejo y el Obispo Diocesano.

4.º Mantiene estrecha unión con el Congreso Nacional, y vela porque se conserve el espíritu de la Asociación y se cumplan fielmente sus Estatutos y Reglamentos.

5.º Debe asistir regularmente a las sesiones de la Junta Diocesana.

6.º Visitar los Centros de la Diócesis.

7.º Pedir en cada reunión del Consejo, a las Delegadas Regionales, de la correspondencia cambiada entre ellas y los Centros a su cargo y las visitas efectuadas.

8.º Orientar la labor de dichas Delegadas en orden a sus relaciones con los Centros.

9.º Llevar un registro personal de los Centros de la Diócesis y vigilar la marcha de los mismos.

10.º Enviar el 25 de cada mes, al Consejo Nacional, una crónica de la vida de los Centros, para su publicación en la Revista Oficial de la Asociación.

Las Vice-Presidentas deben reemplazar a la Presidenta en ausencia de ésta, y realizar la labor especial que ésta les hubiera encomendado.

Art. 28.—**Secretarias**. Las Secretarias del Consejo deben:

1.º Hacer las citaciones.

2.º Levantar las actas de las sesiones y una vez aprobadas archivarlas.

3.º Llevar el registro de la Asociación en toda la Diócesis.

4.º Enviar copias de actas y resúmenes parroquiales a la Delegada del Consejo Nacional.

5.º Dar todas las demás indicaciones que le sean

solicitadas en bien de la marcha de la Asociación y de
la organización de las estadísticas.

6.º Preparar la correspondencia oficial que firmará la Presidenta Diocesana.

7.º Procurar tener días y horas fijas de oficina para atender a todas las actividades relativas a su cargo.

Son atribuciones y ·deberes de la Pro-Secretaria:

1.º Reemplazar a la Secretaria en casos de auseu-
cia.

2.º Llevar la estadística de los Centros con los datos que le proporcionarán las Delegadas Regionales y
organizar el Archivo.

Art. 29.—**Tesoreras**. Las Tesoreras correrán:

1.º Con la distribución en toda la Diócesis de los
Reglamentos, revistas, insignias y demás publicaciones
oficiales de la Rama, que les envíe el Consejo Nacional.

2.º Llevarán la contabilidad de los fondos del Consejo.

3.º Presentarán un balance anual al Consejo.

4.º Llevarán la lista de los Centros de la Diócesis
para el Control del pago de la cuota, y remitirán al
Consejo Nacional la parte de la cuota que les corresponde.

La Pro-Tesorera ayudará a la Tesorera en el des-
empeño de su cargo.

Art. 30.—**Las Delegadas Diocesanas**. No deben tener cargos parroquiales y es su obligación primordial
conocer bien los Centros de sus regiones o sectores.

Son atribuciones y deberes de las Delegadas Regionales:

1.º Llevar un Registro con los datos de cada uno
de los Centros a su cargo: (Párroco o Asesor Eclesiástico; Directorio, número de socias, cuotas pagadas, reuniones, actos de piedad, obras de formación, de apostolado, cartas recibidas y enviadas, visitas, etc.). El

Registro debe completarse, si es posible, con un mapa de la región con la indicación de los Centros existentes.

2.º Contestar puntualmente la correspondencia de los Centros.

3.º Visitar la región a su cargo para asistir a las reuniones de los Centros y estudiar la fundación de otros.

4.º Entregar a la Presidenta la crónica de los Centros a su cargo, antes del día 20 de cada mes, para el envío de estas noticias a la Delegada ante el Consejo Nacional para su publicación en la Revista.

Art. 31.—El Consejo Diocesano llevará a la práctica por medio de los Centros Parroquiales y otros, establecidos con su acuerdo, el Plan de Trabajo y demás decisiones del Consejo Nacional adaptados a la Diócesis dentro del Plan Diocesano.

Son atribuciones del Consejo Diocesano:

1.º Procurar la constitución de los Centros Parroquiales, reconocerlos oficialmente, visitarlos periódicamente, por lo menos dos veces al año por la Delegada respectiva y extraordinariamente por una Visitadora; vigilar su funcionamiento y la observancia de los Estatutos de la Acción Católica y de este Reglamento. Estudiar, aprobar y hacer ejecutar el plan de trabajo diocesano.

3.º Nombrar y autorizar igualmente comisiones cooperadores para los fines de la Acción práctica.

4.º Estudiar y redactar la aplicación del Plan de Trabajo Nacional a las Diócesis y vigilar su cumplimiento en los Centros Parroquiales.

5.º Instruir oportuna y gradualmente las "Secciones especializadas" según las normas del Consejo Nacional.

6.º Organizar una Concentración anual en la ciudad de su sede.

7.º Mensualmente y por escrito, en una minuta, los Consejos Diocesanos informarán al Consejo Nacional de su actividad, de las iniciativas y de los programas que se proponen realizar; y además datos estadísticos que le sean solicitados en bien de la marcha de la Asociación.

8.º Después de Pascua de Resurrección el Consejo Diocesano deberá organizar, para las Dirigentes de la Diócesis, una Jornada de Estudios conforme a las normas y al programa especialmente elaborado para esa ocasión por el **Consejo Nacional y por el propio Consejo Diocesano.**

Art. 32.—Cada año, excepto aquellos en que haya Congreso Nacional de la Rama, y **conforme a lo** establecido **en** el **inciso 6.º** del **artículo 31 que precede,** la Asociación celebrará una Concentración Diocesana. Se reunirá en donde lo decida el Consejo Diocesano con la aprobación del Obispo respectivo y dando aviso al Consejo Nacional. Se realizará conforme al programa del Congreso Nacional, con el objeto de estudiar la marcha de la Asociación y lo que conviene al buen funcionamiento y desarrollo de la Rama.

La asistencia a esta Concentración es obligatoria para las dirigentes y socias.

Para la validez de la Concentración Diocesana, se requiere la presencia de un miembro del Consejo Nacional o de una Delegada del mismo.

Centros Parroquiales

Art. 33.—Los Centros Parroquiales son el organismo ejecutivo de la Asociación de Mujeres Católicas, en el radio de la Parroquia.

Art. 34.—Para fundar un Centro Parroquial, el Párroco dará cuenta al Consejo Diocesano, quien lo ayudará a preparar su organización y enviará una Delegada para el acto de la fundación.

Art. 35.—Las condiciones necesarias para ingresar a un Centro Parroquial, son las establecidas en el artículo 5.º de este Reglamento.

Art. 36.—En la Parroquia, el Párroco es el representante autorizado del propio Obispo. Para los Centros Parroquiales él es, por consiguiente, la Autoridad Jerárquica, y por lo tanto, el Director propio de la Acción Católica en su Parroquia. El Párroco podrá utilizar a otros Sacerdotes como Asesores de los Centros previa aprobación de la Autoridad Diocesana, y en este caso sus funciones son análogas a las establecidas para el Asesor del Consejo Nacional y del Consejo Diocesano.

Art. 37.—La Asociación estará dirigida en las Parroquias por una Mesa Directiva compuesta de una Presidenta, nombrada por el Obispo a propuesta del Párroco y de una Vice-Presidenta, Secretaria y Pro-Secretaria, Tesorera y Pro-Tesorera, nombradas por el Párroco de acuerdo con la Presidenta.

Art. 38.—La Mesa Directiva es la encargada de admitir las nuevas socias, enviando al Consejo copia de las solicitudes de admisión.

Art. 39.—Los Centros de Mujeres de la Acción Católica tendrán semanalmente, o por lo menos, cada quince días, una reunión ordinaria obligatoria para todas las socias. Ellas se desarrollarán conforme al siguiente orden:

1.º Oraciones de reglamento.
2.º Lectura del Evangelio.
3.º Lectura y aprobación del Acta.
4.º Clase de "Sursum".

25* (Apostolado Seglar)

5.º Distribución del apostolado, para la realización de las campañas que indica el Plan Nacional, el Diocesano y el propio de la Parroquia.

6.º Cuenta de los demás apostolados propios del Centro.

Cuando no está el Asesor, la Presidenta o la que sigue en Jerarquía, hará la clase pero debe prepararla convenientemente.

Art. 40.—Son obligaciones de la:

Presidenta Parroquial: Tener la representación y responsabilidad de la buena marcha de su Centro Parroquial y la dirección de sus sesiones; ceñirse, fielmente a las directivas que reciban del Consejo Diocesano y del Párroco y hacerlas cumplir.

En ausencia del Párroco o Asesor no se suspenderá la reunión.

Vice-Presidenta: Debe reemplazar a la Presidenta en su ausencia, tomar a su cargo la instrucción de las socias nuevas, y cuando las estime preparadas, impulsarlas al Apostolado, ayudada por las Jefes de Sectores.

Art. 41.—**Secretarias**: Hacer las cuentas de cada sesión; llevar el registro de las socias inscritas en el Centro Parroquial y el archivo; el fichero, la correspondencia, y tomar la asistencia de las socias en las reuniones. Tener días y horas fijas de oficina, fuera de los días de sesiones, para atender todas las actividades relativas a su cargo.

La Pro-Secretaria reemplaza a la Secretaria en caso de ausencia.

Art. 42.—**Tesoreras**: Tienen a su cargo velar por el cobro de la cuota, dando siempre el correspondiente recibo; repartir las revistas y demás publicaciones; poner a disposición de las socias, Reglamentos e insignias, dar cuenta a la Tesorería Diocesana una vez al mes del movimiento que haya tenido el Centro.

La Pro-Tesorera ayudará a la Tesorera en sus tareas.

Art. 43.—Anualmente, el día de Cristo Rey, o en su Octava, celebrará una Asamblea General cada Centro Parroquial. En la capital de la Diócesis los Centros urbanos no celebrarán asamblea particular, porque asistirán a la solemne asamblea diocesana.

Art. 44.—Las socias que sin previo aviso, faltaren a seis sesiones seguidas, dejarán de pertenecer al Centro, y devolverán su insignia y su carnet. Del mismo modo, una socia que deja de ser dirigente, debe cambiar su insignia de tal en su Tesorería respectiva, por una insignia de socia.

Art. 45.—Las socias de cada Centro, recibirán de su Mesa Directiva las orientaciones que, por medio del Consejo Diocesano, imparta el Consejo Nacional y el mismo Diocesano. Los Centros Parroquiales deberán suscribirse también al Boletín Oficial de la Junta Nacional, y a las publicaciones propias de la Asociación.

Art. 46.—El valor de la cuota y la forma de cobranza, serán fijadas en los Congresos Nacionales y regirán estrictamente para todo el país.

Art. 47.—Jefes de Sectores: Todas las Parroquias deberán estar divididas en Sectores. A cargo de cada uno de ellos estará un Jefe de Sector nombrado por la Mesa Directiva; cuyas obligaciones serán las siguientes:

1.º Velar por la asistencia, formación y actividades de las socias pertenecientes al Sector que le haya sido confiado;

2.º Reclutar para el Centro, instruir y formar previamente, a las personas de su radio que le sean señaladas por la Mesa Directiva;

3.º Ayudar al cobro de la cuota;

4.º Ayudar al reparto de la Revista y publicaciones.

Centros Filiales

Art. 48.—El Centro Parroquial podrá tener, previa autorización del Consejo Diocesano, tantos Centros Filiales dentro del radio de la Parroquia, cuantos juzgue necesarios para la organización, formación y acción de las Mujeres Católicas.

Cada uno tendrá su Delegada ante el Centro Parroquial.

Para su organización, formación y acción se ceñirán a las mismas normas dadas en este Reglamento para el Centro Parroquial.

Centros Especializados

Art. 49.—Además de los Centros Filiales, así en la Sede parroquial como en poblaciones apartadas de ésta, el Consejo Nacional según lo dispone el artículo 11, inciso 6.º de este Reglamento, podrá establecer Centros Especializados, a fin de asegurar a las socias una más completa y más adaptada formación y acción, a la edad y condiciones de las socias, ya obreras, campesinas, oficinistas, profesionales, etc. En estos Centros, sin salir de la forma unitaria adoptada por la Acción Católica Chilena, se dará una formación y asistencia con métodos especiales y adecuados a las distintas condiciones de vida, trabajos y medio de esas socias.

Escuela de Acción Católica

Art. 50.—El Consejo Nacional hará funcionar

anualmente una Escuela de Acción Católica, abierta a todos los miembros de la Asociación. Tendrá por objeto dar la formación necesaria para la Acción Católica.

Bandera

Art. 51.—El Consejo Nacional, el Consejo Diocesano y los Centros Parroquiales, tendrán su respectiva bandera conforme al modelo fijado por el Consejo Nacional.

Casadas Jóvenes

Art. 52.—Habrá una Delegada Nacional encargada de atender especialmente a las madres jóvenes y concretará su acción a los siguientes puntos:

a) Velar porque en las Diócesis se trabaje por el ingreso de las esposas y madres jóvenes a los Centros Parroquiales: proponiendo al Consejo Nacional los medios adecuados para conseguir este fin.

b) Propiciar actos de carácter religioso o cultural, exclusivamente destinados a las socias que son esposas y madres jóvenes; con el fin de perfeccionar su formación y facilitarles el cumplimiento de su misión de esposa y madre.

c) Promover iniciativas de formación religiosa, moral e intelectual para las esposas y madres jóvenes no socias, con miras al reclutamiento.

Habrá una Delegada Diocesana encargada de atender especialmente, a las madres jóvenes; concretará su acción en los Centros Parroquiales, a los temas indicados para la Delegada Nacional, tema que aquélla debe transmitir a los Centros velando porque se conformen a las normas dadas por el Consejo Nacional.

Art. 53.—Las socias llevarán a la vista la insignia

personal de la Asociación, principalmente en todos los actos religiosos y reglamentarios del Centro, y en todas las manifestaciones de fe pública. Será para ellas un motivo de honra y estímulo el uso de la insignia.

Brazalete o Faja

| Art. 54.—Deben llevar las socias en las manifestaciones públicas o cuando lo indiquen sus respectivos Consejos un Brazalete o Faja en el brazo izquierdo. Las dirigentes tendrán una cinta blanca con la insignia azul de la Rama, y las socias una cinta azul con la insignia plateada, según modelo aprobado por el Consejo Nacional.

Cambio de una socia de la Asociación de la Juventud Católica Femenina a la Rama de Mujeres Católicas

Art. 55.—Cuando una socia de la Asociación de la Juventud Católica Femenina llega a los 35 años, debe pasar a la Rama de Mujeres. Con el aviso que la Presidenta Parroquial del Centro de la Asociación de la Juventud Católica Femenina dará a la Presidenta Parroquial de la Rama de Mujeres, del cambio de la socia de una Rama a otra, la Presidenta de la Rama de Mujeres enviará a la socia que cambia una invitación especial, indicándole la fecha y hora de la reunión de las Mujeres, a la cual le corresponde asistir. En esta sesión y sin ceremonial, la Presidenta la recibirá y le impondrá la insignia de las Mujeres.

Art. 56.—Cuando una socia de la Asociación de la Juventud Católica Femenina va a contraer matrimonio, una semana antes, el Centro despide a la socia con una Misa de Comunión y el sacerdote le impone la insignia de la Acción Católica de Mujeres de acuerdo con el ceremonial indicado más adelante.

REGLAMENTO DE LA "ASOCIACION DE LA JUVENTUD CATOLICA FEMENINA DE CHILE"

(Aprobado por la "Comisión Episcopal Permanente" para la Acción Católica, en sesión del 11 de Agosto de 1939).

Disposiciones Generales

Artículo 1.º—En conformidad con los Estatutos de la Acción Católica de Chile y como una de las organi, zaciones fundamentales de ésta, con carácter naciona se establece la Asociación de la Juventud Católica Femenina de Chile para cooperar, bajo la dirección de la Jerarquía, a la misión de la Iglesia.

Los Estatutos de la Acción Católica y este Reglamento de la Asociación de la Juventud Católica Femenina, constituyen un acto de autoridad de la Santa Iglesia al cual deben obedecer todas las personas a quienes sus disposiciones se refieren.

Art. 2.º—La Asociación tiene dirección propia y autónoma para la consecución de sus fines específicos, pero en cuanto a los fines comunes de toda la Acción Católica y a la coordinación de sus actividades obrará siempre la dirección superior de la Junta Nacional de la Acción Católica de Chile.

Art. 3.º—Formarán parte de la Asociación todas las jóvenes católicas de 15 a 35 años que cumplan con los requisitos que se enunciarán más adelante. En casos excepcionales, el Consejo Nacional podrá pedir al Obispo Diocesano respectivo que autorice a determinadas dirigentes para que permanezcan en la Asociación aún después de cumplir dicha edad.`

Las instituciones católicas de cualquier género procurarán que todas las socias que se encuentren en la condición indicada más arriba, pertenezcan a la Asociación.

Art. 4.º—a) La Asociación de la Juventud Católica Femenina es de carácter preferentemente parroquial y ninguna joven puede pertenecer a ella sin formar parte de la Asociación Parroquial correspondiente, salvo las excepciones que se consignan más adelante.

b) En cada Parroquia, en conformidad a las enseñanzas de S. S. Pío el Papa y a lo establecido en los Estatutos dados por el Episcopado de Chile, debe existir la Asociación Parroquial de la Juventud Católica Femenina, dependiente del Consejo Diocesano correspondiente, y, por medio de éste, del Consejo Nacional.

c) La Asociación llevará en cada Parroquial, el nombre de "**Asociación de la Juventud Católica Femenina: Centro Parroquial de...**" y podrá tener tantos **Centros** dentro del territorio parroquial, como se juzgue necesario para la organización, formación y apostolado específicos de la joven. Se procurará que no haya ningún núcleo de población donde no funcione debidamente un Centro.

d) Los Centros Parroquiales pueden formar diversas "Comisiones" para el mejor desarrollo de sus actividades. Cada Comisión tendrá una Directora bajo la dependencia de la Presidenta parroquial, elegida y nombrada por la Mesa Directiva del Centro.

e) A los Consejos Diocesanos corresponde declarar reglamentariamente instalados, en forma provisional o definitiva, los Centros Parroquiales, así como también reconocer los Centros que se formen en la Parroquia.

f) Las Estudiantes Universitarias cumplen con su deber de participar en la Acción Católica, formando parte de la "**Federación Estudiantil Femenina**" que conservando su autonomía específica se encuadrará con debida representación en el Consejo Nacional, y en los Consejos Diocesanos correspondientes para las actuaciones y deberes propios y específicos de la "Asociación de la Juventud Católica Femenina".

g) De acuerdo con el Consejo Nacional, los Consejos Diocesanos podrán organizar "Centros Especializados", cuyo objeto será dar a sus socias una formación y una asistencia con "**métodos especializados**" según la edad y las categorías, v. gr.: **estudiantes, obreras, empleadas de tienda, oficinistas, campesinas, empleadas domésticas**, etcétera.

Dichos Centros dependerán del Consejo Diocesano respectivo y estarán en relación con la Delegada de la región correspondiente. Cuando se organice un "Centro Especializado" en la Parroquia y con las niñas de la Parroquia dependerá además del Centro Parroquial respectivo.

h) La organización y constitución de los **Centros de Aspirantes** cuya unidad nacional constituye la "Asociación de las Aspirantes" de la Asociación de la Juventud Católica Femenina, es objeto de un Reglamento especial.

A una de las Vice-Presidentas de los Consejos Nacional y Diocesano con el nombre de "Dirigentes de las Aspirantes" corresponde la organización y atención de los Centros de las Aspirantes en el orden nacional y en el orden diocesano respectivo.

Cada "Centro" de Aspirantes estará a cargo de una de las Vice-Presidentas del Centro Parroquial de la Asociación de la Juventud Católica Femenina, la

cual hará las veces de Presidenta del Centro de Aspirantes y será la Dirigente de las Aspirantes en la Parroquia.

i) La Asociación, fuera de la "Sección" de las Aspirantes podrá contar con otras Secciones Preparatorias como la **"Sección de las Pequeñas"** y la **"Sección
Benjaminas"**, según lo aconsejen las circunstancias y
lo resuelva la Comisión Episcopal Permanente para la
Acción Católica.

Art. 5.º—La Asociación de la Juventud Católica
Femenina de acuerdo con los Estatutos Generales de la
Acción Católica de Chile está fuera y sobre todo partido político y de consiguiente se abstendrá de toda actividad política de partido, pero no descuidará la defensa de los derechos de Dios y de la Iglesia en el terreno cívico.

Sus dirigentes no podrán ser dirigentes o propagandistas de ningún partido político, ni podrá prestar
sus salas o locales para fines de carácter político.

La inscripción de sus socias a determinados partidos políticos u otras asociaciones es cuestión puramente individual y personal, siempre que éstas y aquéllos
en sus programas y actividades den fundadas garantías de respetar los derechos de Dios y de la Iglesia.

Finalidades

Art. 6.º—La Asociación tiene las finalidades específicas siguientes:

1) Organizar en todo el país el movimiento juvenil femenino de la Acción Católica;

2) Formar sus socias y dirigentes;

3) Dirigir las actividades del movimiento juvenil
femenino en toda la nación.

En consecuencia, se propone:

a) La **organización** de la Juventud Católica Femenina en la Nación, en la Diócesis y en las Parroquias, a fin de que formen parte de la Acción Católica según las normas de la Iglesia y bajo su autoridad.

b) La **formación** religiosa, intelectual, moral, social y apostólica de las dirigentes y socias para que lleven una vida intensa y sinceramente cristiana, profesen abiertamente su fe católica, la defiendan-cuando sea necesario, se distingan por su obediencia al Papa y sumisión al Obispo y al Párroco y sean aptas para infundir los principios católicos en la vida familiar y social.

c) El **apostolado** de las jóvenes organizadas para la creación o fomento de las iniciativas y obras conducentes a los fines específicos de la Asociación y para la difusión y defensa de la Fe, la realización de las enseñanzas de la Iglesia en el orden individual, familiar y social, la cooperación a la organización de las obras católicas de carácter educacional, económico-social, etc. En especial le corresponderá la organización de la niñez femenina en sus "Secciones Preparatorias" y en instituciones Eucarísticas y sociales, en el fomento de las obras que tiendan al mejoramiento de la mujer y a la enseñanza catequística, a la realeza de Cristo y a la entronización del Sagrado Corazón y a la Consagración de los hogares a Nuestra Señora del Carmen.

De las Socias

Art. 7.º—Para inscribirse en los registros de la Asociación se requiere:

1) Ser católica práctica, esto es, tener integridad de fe y frecuentar los Santos Sacramentos;

2) Ser de reconocida honestidad y buena conducta;

3) Haber cumplido satisfactoriamente un período de prueba de 4 meses y haber demostrado poseer conocimientos suficientes de Religión y Acción Católica;

4) Aceptar generosamente el fin de la Acción Católica, que es la participación de los seglares en el Apostolado Jerárquico de la Iglesia;

5) Aceptar como un deber de la vida apostólica militante, por amor de Dios y a la Iglesia, todas las obligaciones y sacrificios inherentes al carácter de miembros de la Asociación de la Juventud Católica Femenina;

6) No estar inscritas en asociaciones cuyos programas y actividades no estén conformes con la doctrina o espíritu de la Iglesia, a juicio de la Autoridad Eclesiástica;

7) Haber sido aceptada por la Mesa Directiva del respectivo Centro, haber firmado por duplicado la cédula de inscripción y haber recibido la insignia de la Asociación con el ceremonial litúrgico establecido por el Consejo Nacional y aprobado por la Comisión Permanente del Episcopado para la Acción Católica.

Art. 8.º—Al recibir la insignia, cada socia, recibirá también un "carnet" que la acredita en el carácter de tal. El "carnet" durará el tiempo que lo juzgue oportuno el Consejo Nacional y se exigirá su presentación para los casos que el Consejo Nacional y el respectivo Consejo Diocesano lo acuerden. El "carnet" será vendido por el Consejo Nacional a los Consejos Diocesanos y por éstos a las Mesas Directivas de los Centros.

Art. 9.º—Son obligaciones de las socias:

1) Cooperar con la oración, el sacrificio y la acción en la medida de sus fuerzas, a la labor de propa-

ganda y defensa de las ideas cristianas, según el programa que fijen los Organismos Directivos Nacional, Diocesano y Parroquial y de la Acción Católica de Chile;

2) Pagar, por lo menos, la cuota mínima que fije el Consejo Nacional;

3) Usar la insignia y demás distintivos que acuerde el Consejo Nacional;

4) Asistir puntualmente a las sesiones y actos comunes al Centro a que pertenezcan;

5) Obedecer fielmente a las normas y decisiones de organización, formación y apostolado que determinen los organismos directivos nacionales, diocesanos y parroquiales de la Asociación.

a) Los Organismos Directivos a que se refiere este artículo son: Las Juntas Nacional, Diocesana y Parroquial de la Acción Católica y los Consejos Nacional y Diocesano de la Asociación de la Juventud Católica Femenina, y la "Mesa Directiva" del respectivo Centro.

b) La cuota de las socias se divide en tres partes: una para su suscripción a la Revista "Hacia el Ideal", que es igual en todo el país y que por conducto del Consejo Diocesano se entrega al Consejo Nacional; otra parte para el Consejo Diocesano correspondiente y el resto para el respectivo Centro.

Cada Consejo Diocesano pasará a su respectiva Junta Diocesana una parte de la cuota de las socias y lo mismo harán los Centros respecto a su Junta Parroquial. Al Consejo incumbe hacer esta distribución de la cuota.

c) El dinero proviniente de las entradas obtenidas por el Centro en beneficios, rifas, donaciones, sólo podrá invertirse en las obras que acuerde el mismo Centro con el beneplácito del Asesor Eclesiástico.

Queda prohibido obtener el dinero por medio de bailes. Igualmente quedan prohibidas las danzas en los beneficios y actos culturales.

Sea que se trate de beneficios o de cualquier otra suerte de veladas, la "Comisión Organizadora" debe tener presente que las fiestas de la Juventud Católica Femenina han de servir siempre a fines de elevación y cultura cristiana. Los programas han de ser aprobados por el Secretariado Pro-Moralidad de su respectiva Diócesis.

d) Las reservas de la Asociación deben ser depositadas, a su nombre, en la Caja Nacional de Ahorros o en otra institución análoga.

e) Las insignias de la Asociación de la Juventud Católica Femenina serán de propiedad del Consejo Nacional, él las venderá a los Consejos Diocesanos y éstos a los Centros.

f) Como expresión de fe y amor a la Iglesia todas las socias, y sobre todo, las Dirigentes, procurarán llevar siempre ostensiblemente la insignia de la Asociación y los distintivos que acuerde el Consejo Nacional.

Art. 10.—La socia que sin motivo justificado y sin aviso faltare a seis sesiones consecutivas o diez alternativas durante el año será considerada renunciante. Deberá devolver la insignia y el carnet, y el Centro los devolverá al Consejo Diocesano junto con la cédula de inscripción.

Art. 11.—Las socias tienen derecho a participar en las Asambleas, Congresos, Jornadas de Estudios, Concentraciones y demás actividades que dependen de la Asociación o de las Juntas de la Acción Católica de Chile, siempre que tengan su cuota al día.

a) El derecho a participar en los actos enumerados en este artículo no dispensa a las socias de contribuir para tales actos en la forma que lo acuerden los organismos directivos de la Asociación;

b) La Comisión Organizadora de cualquiera de estos actos y de otras actividades semejantes, fijará las condiciones de viaje, al programa de los actos y los reglamentos que afecten a las adherentes y demás personas que tomen parte en ellas;

c) Sólo con autorización de la respectiva Comisión Organizadora se pueden gestionar o proponer condiciones diversas de las fijadas por élla;

d) La Comisión Organizadora dependerá, según los casos, del Consejo Nacional o del Consejo Diocesano correspondiente, bajo las órdenes inmediatas de la Presidenta.

Del Consejo Nacional

Art. 12.—El Organismo directivo propio de la Asociación de la Juventud Católica Femenina en toda la nación para sus fines específicos, es el Consejo Nacional que funciona en Santiago, y se compone:

1) Del Asesor Nacional;

2) De la **Mesa Directiva** formada por una Presidenta Nacional y dos Vice-Presidentas Nacionales elegidas por la Comisión Permanente del Episcopado para la Acción Católica, y una Secretaria y una Tesorera elegidas y nombradas por la Presidenta, de acuerdo con las Vice-Presidentas; la Presidenta, de acuerdo con la Secretaria y Tesorera, podrá designar una Pro-Secretaria y una Pro-Tesorera que asistirán a las reuniones de la Mesa Directiva en reemplazo de las titulares.

A la Mesa Directiva, bajo la autoridad del Asesor Nacional, le corresponde la Dirección Técnica de la Asociación en el orden nacional, pero ejercerá sus fun-

ciones propias en las Diócesis por medio de los Consejos Diocesanos;

3) De las **Delegadas** de los Consejos Diocesanos,
designadas por el respectivo Obispo Diocesano; y de la
Pro-Secretaria, Pro-Tesorera y de las representantes
del Consejo Nacional ante los Secretariados, Oficinas u
otros órganos técnicos de la Junta Nacional de la Acción Católica o del Oficio Central de "Acción Económico-Social" de la Acción Católica de Chile, y de las
Visitadoras y demás representantes de actividades de
carácter nacional de la Asociación, designadas todas
por la Mesa Directiva.

Las Delegadas y demás miembros de quienes se habla en este número constituyen el "Consejo Consultivo" y, por consiguiente, asisten a las sesiones del Consejo Nacional sólo con voto consultivo.

Art. 13.—El Consejo durará 3 años en sus funciones, pero sus miembros podrán ser reelegidos. La fecha de renovación de los cargos será en adelante el 1.º
de Octubre y tomarán posesión de ellos en la Fiesta de
Cristo Rey.

Art. 14.—El Consejo Nacional en pleno se reunirá
en sesión ordinaria semanalmente en los días y horas
que acuerde, y extraordinariamente cuantas veces lo
cite la Presidenta, o lo solicite el tercio de la totalidad
de sus miembros.

La Mesa Directiva se reunirá tantas veces como sea
necesario y podrá sesionar válidamente con un quorum
de tres miembros, incluyendo el Asesor Eclesiástico.
En casos urgentes la Mesa Directiva queda autorizada
para tomar resoluciones de acuerdo con los Estatutos
de la Acción Católica y con el presente Reglamento,
sin esperar la convocación del "Consejo Consultivo",
pero deberá dar cuenta de lo obrado a éste, en su pró-
xima sesión.

Art. 15.—Son atribuciones del Consejo Nacional:

1) Representar oficialmente a toda la Asociación;

2) Promover la constitución de los Consejos Diocesanos, reconocerlos oficialmente, visitarlos periódicamente por medio de la Delegada respectiva y extraordinariamente por medio de una Visitadora; vigilar su funcionamiento y la observancia de los Estatutos de la Acción Católica de Chile y de este Reglamento;

3) Mantener y llevar adelante las finalidades propias y específicas de la Asociación;

4) Nombrar y autorizar "Comisiones Auxiliares" de estudio para que transitoriamente cooperen en la solución de los problemas de la Organización;

5) Nombrar y autorizar igualmente. "Comisiones Cooperadoras" para el mayor desarrollo de la Organización y para la actuación de las diversas formas del apostolado;

6) Adaptar a la rama el "Plan de Trabajo" dado por la Junta Nacional y dar las directivas prácticas para su ejecución por medio de los Consejos Diocesanos;

7) Instituir oportuna y gradualmente las "Especializaciones" a fin de dar una formación y una asistencia con métodos especializados según la edad y categoría de las socias;

8) Propender a la celebración de Congresos Generales y especializados con fines de estudio, orientación y apostolado;

9) Editar las publicaciones que considere necesarias para la formación de las propias socias y dirigentes en los deberes de la Acción Católica y las demás que juzgue convenientes.

Art. 16.—Son atribuciones y deberes de la Presidenta:

1) Representar personal y oficialmente a la Asociación;

2) Assitir a las sesiones de la Junta Nacional de la cual forma parte;

3) Preparar la orden del día de las sesiones, convocarlas y dirigirlas;

4) Ordenar, bajo su inmediata responsabilidad, las diversas actividades del Consejo Nacional;

5) Visitar los Consejos Diocesanos;

6) Presentar la Memoria de la Asociación en cada Congreso Nacional. Deberá actuar en todo de acuerdo con el Asesor Nacional.

Art. 17.—Una de las Vice-Presidentas reemplazará a la Presidenta en sus funciones y atribuciones cuando ésta no las pueda desempeñar personalmente y realizará la labor especial que le encomiende.

Otra tendrá a su cargo la Organización Nacional de los Centros de las Aspirantes.

A la Presidenta corresponde señalar a cada Vice-Presidenta sus labores propias.

Art. 18.—Son atribuciones y deberes de la Secretaria:

1) Hacer las citaciones del Consejo;

2) Redactar el acta de las sesiones y reuniones;

3) Preparar la correspondencia oficial que firmará la Presidenta;

4) Hacer la Memoria anual de la Asociación;

5) Atender las demás comunicaciones que acuerde el Consejo.

Art. 19.—Son atribuciones y deberes de la Pro-Secretaria:

1) Ayudar a la Secretaria en sus labores;

2) Llevar las estadísticas de todos los Centros del pais y organizar el Archivo General.

Art. 20.—Son atribuciones y deberes de la Tesorera:

1) Llevar la contabilidad de los fondos del Consejo;

2) Presentar un balance anual al Consejo;

3) Administrar la Revista y vigilar su distribución a todas las socias del país;

4) Recibir los fondos provenientes de las colectas a cargo de la Asociación y hacerlos llegar a su destino;

5) Vender y expedir a los Consejos Diocesanos las banderas, cédulas, insignias, carnet y demás material de organización.

Art. 21.—Son atribuciones de la Pro-Tesorera:

1) Ayudar y estar a las órdenes de la Tesorera.

Art. 22.—Son atribuciones y deberes de las Delegadas de las Diócesis:

1) Representar al Consejo Diocesano respectivo ante el Consejo Nacional;

2) Mantener correspondencia con el Consejo Diocesano y atender a sus encargos;

3) Recibir de la Tesorera Diocesana la parte de la cuota de los Centros de la Diócesis que corresponde al Consejo Nacional y despachar la Revista a cada Centro directamente;

4) Llevar al día un registro con los datos estadísticos de su Consejo Diocesano respectivo y de cada Centro de la Diócesis;

5) Visitar, en lo posible, al Consejo Diocesano y de acuerdo con éste los Centros de la Diócesis;

6) Asistir a la Concentración anual y a la Semana de Dirigentes de la Diócesis;

7) Dar cuenta en la reunión semanal del Consejo Nacional de la marcha de la Juventud Católica Femenina en la Diócesis que representa.

Del. Asesor Nacional

Art. 23.—La Comisión Episcopal Permanente para la Acción Católica, cada tres años, elegirá el Asesor Nacional de la Asociación y el Vice-Asesor.

El Asesor Nacional es para toda la Asociación el representante oficial de la Jerarquía Eclesiástica y, por consiguiiente, el intérprete de sus directivas y deseos ante los Asesores Diocesanos y las dirigentes y socias.

En virtud de su mismo cargo tiene la dirección superior y supervigilancia de la obra de los demás Asesores de la rama y puede convocarlos cuando estime conveniente.

Las sesiones reglamentarias del Consejo Nacional no deberán realizarse sin su presencia —o la del Vice-Asesor— y carecerán de valor definitivo las resoluciones tomadas· en su ausencia, hasta que las conozca y apruebe.

Siendo la Acción Católica "no directiva en el orden teórico, sino ejecutiva en el orden práctico", en las orientaciones y normas directivas del Consejo Nacional, no deberá procederse sin su acuerdo y aprobación.

Por lo mismo, tiene el derecho y el deber de vetar las resoluciones que no se conformen con la doctrina católica, con la disciplina eclesiástica y con las directivas en el orden teórico dadas a la Acción Católica por la Jerarquía Eclesiástica.

En el orden práctico, o sea, en el orden de la ejecución, la acción del Asesor se limitará, por una parte, a vigilar la fiel observancia de las normas señaladas por la Jerarquía aún para este orden, y, por otra, a estimular las iniciativas y decisiones que el Consejo Nacional debe llevar adelante gozando de una justa responsabilidad y libertad para el desarrollo de la organización y para la actuación práctica del Programa de Trabajo.

Además, el Asesor Nacional tendrá como la principal de sus funciones la formación espiritual y apostólica de las dirigentes y de las socias a fin de formar verdaderos apóstoles seglares que realicen plenamente los altos fines de la Acción Católica y de la Asociación de la Juventud Católica Femenina. En resumen, el Asesor Nacional debe ser el alma de toda la organización.

El Vice-Asesor Nacional asesorará a la Comisión Nacional de las Aspirantes y hará las veces de Asesor Nacional en su ausencia.

Del Consejo Diocesano

Art. 24.—En cada Diócesis el órgano directivo superior de la Asociación de la Juventud Católica Femenina es el Consejo Diocesano el cual se haya subordinado al Consejo Nacional dentro de la unidad nacional de la rama.

Tiene dirección autónoma a la cual están sometidos los Centros propios, y depende del respectivo Obispo Diocesano del cual es instrumento autorizado para la consecución de los fines de la Acción Católica de la Diócesis.

Art. 25.—El Consejo Diocesano se compone:

1) **Del Asesor Diocesano;**

2) **De la Mesa Directiva:** Una Presidenta Diocesana y dos Vice-Presidentas Diocesanas elegidas y nombradas por el Obispo Diocesano; de Secretarias y Tesoreras elegidas y nombradas por la Presidenta de acuerdo con las Vice-Presidentas;

3) **De las Delegadas** de las regiones en que el Obispo Diocesano declare dividida la Diócesis para los efec-

tos de la Acción Católica; serán elegidas y nombradas
por la Mesa Directiva;

4) De las representantes del Consejo ante los Secretariados, oficinas y otros organismos semejantes de
carácter diocesano, de la Acción Católica o de la Acción Económico-Social;

5) De las encargadas por el Consejo de las especializaciones de la rama;

6) De las Presidentas de los organismos directivos
diocesanos de las instituciones de jóvenes católicas adheridas a la Acción Católica que sean personalmente
socias de la Acción Católica de la Juventud Católica
Femenina.

Las que pertenecen al Consejo según lo indicado
en los números 4, 5 y 6, tendrán sólo voto consultivo y
asistirán a las sesiones según lo acuerde la Mesa Directiva.

A la Presidenta incumbirá determinar si se proveen los cargos de Pro-Secretaria y Pro-Tesorera y en
tal caso serán nombradas por ella y tendrá voto consultivo en el Consejo.

El Consejo durará tres años en sus funciones. Se
renovará en la misma forma y modo que se dijo del
Consejo Nacional.

Los miembros del Consejo cesarán de hecho en
sus funciones cuando faltaren sin previo aviso y justificación a tres sesiones seguidas. A la segunda inasistencia injustificada se le enviará una Comisión para recordarle sus obligaciones para con el Consejo; si
después de esta comunicación oficial no asistiere a las
sesiones se la dará por renunciada.

Art. 26.—Al Consejo Diocesano corresponde:

1) Organizar y mantener bajo su responsabilidad,
la Asociación de la Juventud Católica Femenina con

sus obras de formación y apostolado en todas las Parroquias de la Diócesis;

2) Mantener estrecha unión con el Consejo Nacional y velar porque se conserve el espíritu de la Asociación y se cumplan fielmente sus Estatutos y Reglamentos;

3) Estudiar la conveniencia, de acuerdo con la Asociación Parroquial respectiva, para la fundación de Centros de los diferentes pueblos y campos de la Diócesis;

4) Vigilar la acción y marcha de todos los Centros de la Diócesis;

5) Reconocer en forma provisional o definitiva los Centros de la Juventud Católica Femenina;

6) Organizar la Concentración Diocesana anual;

7) Organizar retiros espirituales, romerías, actos culturales y otras actividades que promuevan el espíritu colectivo para la unión y armonía que debe reinar entre los Centros;

8) Establecer Escuelas de Propagandistas, Hogares Catequísticos, Casas para empleadas, Casas de Reposo, y las obras que necesite para conseguir los fines de la Asociación.

Art. 27.—La Mesa Directiva del Consejo Diocesano debe reunirse por lo menos quincenalmente y el Consejo Diocesano en pleno semanalmente.

Art. 28.—Son atribuciones y deberes de la Presidenta:

1) Representar y tener la responsabilidad de la Asociación en la Diócesis, preparar el orden del día de las sesiones, convocarlas, dirigirlas y servir de intermediaria entre el Consejo y el Obispo Diocesano;

2) Presidir las reuniones del Consejo y los actos colectivos de la Asociación en la Diócesis;

3) Asistir regularmente a las sesiones de la Junta Diocesana;

4) Visitar los Centros de la Diócesis;

5) Pedir cuenta en cada reunión del Consejo, a las Delegadas regionales, de la correspondencia cambiada entre ellas y los Centros a su cargo y las visitas efectuadas;

6) Orientar la labor de dichas Delegadas en orden a sus relaciones con los Centros;

7) Llevar un registro personal de los Centros de la Diócesis y vigilar la marcha de los mismos;

8) Enviar periódicamente según lo establezca el Consejo Nacional, una crónica de la vida de los Centros para su publicación en la Revista Oficial de la Asociación.

Art. 29.—Una de las Vice-Presidentas Diocesanas reemplazará a la Presidenta en sus funciones cuando ésta no las pueda atender; la otra organizará y atenderá en la Diócesis los Centros de las Aspirantes. Corresponde a la Presidenta señalar a cada una de las Vice-Presidentas estas funciones.

Art. 30.—Son atribuciones y deberes de la Secretaria:

1) Hacer las citaciones;

2) Levantar el acta de las reuniones del Consejo;

3) Redactar la Memoria anual de la Asociación de toda la Diócesis y enviar una copia al Excmo. Sr. Obispo Diocesano y otra al Consejo Nacional;

4) Preparar la correspondencia oficial que firmará la Presidenta Diocesana.

Art. 31.—Son atribuciones y deberes de la Pro-Secretaria:

1) Reemplazar a la Secretaria en casos de ausencia;

2) Llevar las estadísticas de los Centros con los

datos que le proporcionarán las Delegadas Regionales y organizar el Archivo.

Art. 32.—Son atribuciones y deberes de la Tesorera:

1) Llevar la contabilidad de los fondos del Consejo;

2) Presentar un balance anual al Consejo;

3) Llevar la lista de los Centros de la Diócesis para el control del pago de la cuota y remitir al Consejo Nacional la parte de la cuota que le corresponde.

Art. 33.—Son atribuciones y deberes de las Delegadas Regionales:

1) Llevar un registro con los datos de cada uno de los Centros a su cargo (Párroco o Asesor Eclesiástico; Directorio, número de socias, cuotas pagadas, reuniones, actos de piedad, obras de formación, de apostolado, cartas recibidas y enviadas, visitas, etc.). El registro debe completarse, si es posible, con el mapa de la región con la indicación de los Centros existentes;

2) Contestar puntualmente la correspondencia de los Centros;

3) Visitar la Región a su cargo para asistir a las reuniones de los Centros y estudiar la fundación de otros;

4) Entregar a la Presidenta la crónica de los Centros a su cargo, antes del día 20 de cada mes, para el envío de estas noticias a la Delegada ante el Consejo Nacional para su publicación en la Revista;

5) Recibir de los Centros las cuotas que corresponden a los Consejos Nacional y Diocesano y entregarlas a la Tesorería Diocesana.

Del Asesor Diocesano

Art. 34.—Los Consejos Diocesanos tienen Asesor

Eclesiástico propio, cuyo nombramiento, como asimismo el del Vice-Asesor, si lo hubiere, corresponde al Obispo Diocesano. Tienen en la Diócesis las mismas funciones y atribuciones que las establecidas en el artículo 21, con respecto al Asesor Nacional.

a) De los Centros en general

Art. 35.—La Asociación estará dirigida en las Parroquias y en los demás Centros locales y Especializados:

Por una **Mesa Directiva** compuesta de una Presidenta y dos Vice-Presidentas designadas por el Párroco y cinco Consejeras elegidas por las **socias efectivas** de una lista de diez que las presentará el Párroco, de acuerdo con la Presidenta y Vice-Presidentas. Serán elegidas por simple mayoría de votos en votación secreta.

Art. 36.—De entre las cinco socias elegidas como Consejeras, la Presidenta nombrará Secretaria y Tesorera.

Art. 37.—La Mesa Directiva se renovará cada tres años.

Art. 38.—Al crearse un Centro la Mesa Directiva íntegra será nombrada por el Párroco; el cual aceptará también las primeras socias, pero el Centro sólo tendrá el carácter de provisorio. Terminado el periodo de prueba de cuatro meses se procederá a la constitución definitiva del Centro en la forma que lo dispone este Reglamento.

Art. 39.—Siendo la Acción Católica un apostolado de los seglares que no es directivo en el orden teórico, sino ejecutivo en el orden práctico, el Párroco bajo la autoridad del Obispo Diocesano, tiene la dirección superior de todos los Centros de la Asociación de la Juventud Católica Femenina en su Parroquia.

La Mesa Directiva de los Centros gozará, sin embargo, de una justa responsabilidad y libertad de iniciativas en el desarrollo de la propia organización y en la actuación práctica de las finalidades específicas de la Asociación y en los programas de trabajos elaborados por los organismos directivos superiores de la Asociación y de la Acción Católica general.

El Párroco podrá utilizar a otros sacerdotes como Asesores de los Centros de su Parroquia; en este caso sus funciones, dentro de la unidad parroquial, serán similares a las del Asesor del Consejo Diocesano.

Art. 40.—La Mesa Directiva con sus respectivas socias según lo dispuesto en el artículo 33, forman el Centro u órganos propios y específicos de la Asociación de la Juventud Católica Femenina:

1) Para la formación de las propias socias;

2) Para el trabajo de apostolado particular exigido por la propia Parroquia o localidad o especificación;

3) Para las actividades diocesanas o nacionales de toda la Asociación o de toda la Acción Católica de Chile.

Art. 41.—Además de los Centros constituídos en la sede parroquial, en cada una de las poblaciones existentes dentro de los límites de una misma Parroquia pueden fundarse "Centros Locales" con vida propia, cuya unidad de acción será mantenida por el propio Párroco, siendo conveniente, en lo posible, establecer estrechas relaciones entre los Centros de una misma Parroquia. Estos Centros, para su organización, formación y apostolado, se ceñirán a las mismas normas generales contenidas en este Reglamento para los Centros Parroquiales. Además, así en la sede Parroquial como en las poblaciones dichas, podrán establecerse "Centros Especializados", previo acuerdo del Consejo Diocesano.

Los Consejos Diocesanos, según las normas generales de Acción Católica aprobadas por la Santa Sede, y según los principios e instrucciones del Consejo Nacional, procurarán ir formando estos Centros Especializados según la edad y las categorías, v. gr.: estudiantes, obreras, campesinas, oficinistas, etc., en los cuales, conservándose en la Diócesis, la forma unitaria de la Asociación de la Juventud Católica Femenina, se dará, sin embargo, una formación y una asistencia con métodos especializados.

Asimismo procurarán los Consejos Diocesanos utilizar y coordinar las obras, instituciones y asociaciones de Juventud Femenina para incorporarlas, mediante la adhesión, al movimiento femenino que representa la Asociación.

Centros Internos

Art. 42.—Las alumnas de 5.º y 6.º Año de Humanidades de los Colegios Católicos, o que pertenezcan a otros establecimientos católicos de estudios equivalentes, podrán formar a juicio del respectivo Consejo Diocesano, un "Centro Interno" de la Asociación de la Juventud Católica Femenina respectivo, el cual procurará buscarles un Asesor de acuerdo con la Dirección del Colegio.

Art. 43.—Fuera de los "Centros Parroquiales", "Locales", "Especializados" e "Internos" no existen en la Asociación de la Juventud Católica Femenina otros Centros oficiales reconocidos por sus Estatutos y Reglamentos y por la Acción Católica de Chile.

b) De la vida de los Centros

Art. 44.—a) Los Centros celebrarán sesión ordinaria, por lo menos, cada quince días;

b) Las Presidentas de los Centros de la ciudad, sede de la Diócesis, celebrarán reunión con la Mesa Directiva del Consejo Diocesano una vez al mes;

c) En las demás ciudades en que haya más de un Centro, la Presidenta del Centro establecido en la Parroquia principal, tomará la dirección y responsabilidad de los actos colectivos de la Asociación en la localidad y convocará a las reuniones que fuere necesario para el desarrollo de la rama. Obrará de acuerdo con el Consejo Diocesano;

d) La Mesa Directiva de cada Centro celebrará sesión a lo menos una vez al mes.

Art. 45.—Las sesiones de los Centros se desarrollarán conforme al orden siguiente:

1) Se iniciarán y terminarán con las oraciones adoptadas para toda la Acción Católica de Chile, y algún canto;

2) Estando presente el Párroco o el Asesor, se tendrá una breve exhortación, o, en su defecto, un comentario de un capítulo del Evangelio o de una Carta de los Apóstoles. Nunca se omitirá esta lectura del Evangelio o de las Epístilas, aún faltando el Párroco o el Asesor;

3) Se leerá y aprobará el acta de la reunión anterior;

4) Se desarrollará un punto del "Plan de Estudio" indicado por el Consejo Nacional;

5) Se informará brevemente a las socias de las actividades del Centro y de la Asociación, como también de las comunicaciones recibidas y de las resoluciones de la Mesa Directiva;

6) La Tesorera dará cuenta del estado de la Caja;

- 7) Se estudiarán los medios más oportunos y eficaces para la efectiva cooperación del Centro a la realización del "**Plan de Acción**" de la Junta Nacional de
la Acción Católica de Chile, y sobre todo se acordará
el modo práctico y eficiente de llevar adelante las
"**Campañas**" señaladas en el Plan u ordenadas por la
Junta Diocesana;

8) Se dará cuenta de los demás apostolados propios
del Centro en conformidad al artículo 38, números 2.°
y 3.°;

9) Finalmente, harán un momento de oración en
común, en lo posible delante del Santísimo Sacramento,
encomendando a Dios el progreso espiritual del Centro y de la Parroquia.

Las reuniones deben comenzar y terminar a hora
fija, y no ser excesivamente largas. En lo posible han
de durar sólo una hora.

Art. 46.—Los Centros de una misma Parroquia deberán realizar una "Asamblea Bimensual" de todas las
socias, y otra Anual con asistencia simultánea de las
Secciones Preparatorias, para informar sobre la labor
realizada, sobre todo de la propia y específica de la
Asociación de la Juventud Católica Femenina.

Promoverá un "Acto Religioso Mensual" con una
Comunión general y voluntaria en lo posible, precedi-
do de un día o de una tarde de Retiro.

Art. 47.—Son deberes de los Centros:

1) Dar inmediatamente cuenta de su fundación al
Consejo Diocesano y periódicamente, al mismo Consejo
de su marcha;

2) Mantener correspondencia con la Delegada Re-
gional;

3) Remitir al Consejo Diocesano la parte de las
cuotas que corresponden a éste y al Consejo Nacional;

4) Enviar una copia de la Memoria anual a este último;

5) Entregar la bandera, los fondos, cuadernos y archivos al Consejo Diocesano, en caso de que deje de funcionar.

Art. 48.—Son atribuciones y deberes de la Presidenta:

1) Velar por el mantenimiento del espíritu de la Asociación, porque se cumplan los Reglamentos y Estatutos y se conserven las relaciones de filial dependencia a sus Organismos Superiores;

2) Dirigir las actividades de los Centros;

3) Presidir sus reuniones y asambleas;

4) Asistir con regularidad a las sesiones de la Junta Parroquial;

5) Tomar a su cargo la preparación para la Acción Católica de las nuevas socias e impulsarlas al apostolado, cuando ya las estime suficientemente preparadas.

La Presidenta puede delegar, de acuerdo con el Párroco, parte de sus atribuciones en una Vice-Presidenta, mientras la otra Vice-Presidenta se hará cargo del Centro de las Aspirantes.

Art. 49.—Son atribuciones y deberes de la Secretaria:

1) Llevar el fichero de todas las socias del Centro y enviar copia al Consejo Diocesano;

2) Hacer las citaciones;

3) Levantar el acta de las reuniones y asambleas;

4) En lo posible, tener días y horas fijas de oficina fuera de los días de sesión, para atender las actividades relativas a su cargo.

La Secretaria puede delegar, de acuerdo con la Presidenta, parte de sus funciones en una Pro-Secretaria.

Art. 50·—Son atribuciones y deberes de la Tesorera:

1) Cobrar las cuotas a las socias y remitir al Consejo Diocesano las partes que corresponden al Consejo Nacional y Diocesano;

2) Llevar la contabilidad de los fondos del Centro y procurar su incremento;

3) Repartir la Revista;

4) Presentar un balance anual;

5) Tener a disposición de las socias, los Reglamentos, insignias, carnet, y demás material de organización.

La Tesorera puede delegar, de acuerdo con la Presidenta, parte de sus actividades en una Pro-Tesorera.

Art. 51.—Las socias de un Centro se dividirán en **provisorias, efectivas y responsables**:

a) Serán **provisorias** las socias recién presentadas al Centro, las cuales deberán asistir durante cuatro meses en esta calidad, antes de recibir la insignia. Es el "período de prueba" de la Asociación;

b) Serán **socias efectivas**, cuando terminando este período de prueba, la Mesa Directiva del respectivo Centro acuerda su admisión definitiva y reciba la insignia con el ceremonial correspondiente;

c) **Responsable** será la socia encomendada por la Mesa Directiva o por el Consejo Diocesano para la propaganda y atención de las socias de un punto determinado de la Parroquia (calle; sector, barrio, etc.). Deberá preocuparse de todas las jóvenes que allí vivan, invitándolas a ser socias en caso de reunir las condiciones necesarias, y después de que lo sean, velando porque asistan a las reuniones, reciban la Revista y estén en contacto con el Centro. Las responsables podrán también recibir otras Comisiones permanentes o transitorias.

*Sobre todo las "Responsables" tendrán la Comisión de ser en el seno del Centro, las representantes autorizadas de los Secretariados u otros organismos de la Junta Diocesana de la Acción Católica. A invitación de la Presidenta y con el voto-consultivo podrán concurrir a las sesiones de la Mesa Directiva.

Art. 52.—Cada Centro debe tener su bandera conforme al modelo oficial determinado por el Consejo Nacional.

Art. 53.—Todos los años, el día aniversario de la fundación de la Juventud Católica Femenina de Chile, cada Centro renovará su consagración a Jesús y María. Este día será designado con el nombre de "**Día de la Joven Católica**" (17 de Mayo).

Del Congreso Nacional

Art. 54.—La Asociación celebrará cada cuatro años un "**Congreso Nacional**" y cada año una "**Concentración**" en cada Diócesis. En estos actos se dará cuenta de la marcha de la Asociación y se estudiará todo lo que concierne a su buen funcionamiento y desarrollo. Los Centros Parroquiales podrán nombrar delegaciones, así para el Congreso como para las Concentraciones, en conformidad a las normas del artículo siguiente.

Art. 55.—1) El Congreso Nacional se reunirá en la ciudad acordada por el Congreso anterior, previa la aprobación del Exémo. Sr. Obispo Diocesano, en cuya Diócesis se celebrará;

2) El Congreso Nacional será convocado por el Consejo Nacional con 90 días de anticipación, **por lo** menos;

27* (Apostolado Seglar)

3) Formarán este Congreso las Delegadas nombradas por los Centros con la aprobación del respectivo Consejo Diocesano. El número de Delegadas con derecho a voto será proporcional al de las socias efectivas (cuotas pagadas) con que cuenta el Centro;

4) En la primera sesión del Congreso se elegirá su Mesa Directiva y se leerá la Memoria General de la Asociación que deberá presentar la Presidenta Nacional.

Semanas de Oración y de Estudio

Art. 56.—Cada dos años se celebrará una "**Semana de Oración y de Estudio**" para las Dirigentes Diocesanas, a la que deberán concurrir las Presidentas Diocesanas y dos o tres Delegadas de cada Diócesis.

El Consejo Nacional preparará el programa de estudio y de trabajo de dicha Semana.

De las Concentraciones

Art. 57.—El Consejo Diocesano convocará, cada año, a todos los Centros de la respectiva Diócesis, a una "**Concentración**" que se efectuará en la ciudad elegida en la Concentración anterior.

En cada Concentración se tratarán los temas indicados por el Consejo Diocesano, de acuerdo con el Consejo Nacional.

Los Centros tendrán derecho a enviar a la Concentración dos Delegadas por cada 15 efectivas (cuotas pagadas), y una más por fracción de 10.

Podrán asistir las socias que lo deseen sin derecho a voto.

El Consejo Diocesano acordará, en Enero de cada

año, las sedes y la fecha para las "Concentraciones Regionales" y "Parroquiales" de todo el año.

Ejercicios

Art. 58.—El Consejo Diocesano convocará a las Mesas Directivas de los Centros de la Diócesis, una vez al año, a los Santos Ejercicios Espirituales y al término de éstos, habrá un día de estudio.

Autoridad máxima

Art. 59.—Toda dificultad en la explicación de los presentes Estatutos y en los Reglamentos complementarios que se dicten, será resuelta por la Comisión Episcopal Permanente para la Acción Católica, previo informe de la Junta Nacional de la Acción Católica,

Patronos

Art. 60.—La Asociación de la Juventud Católica Femenina de Chile queda colocada bajo la protección de Cristo Rey y tendrá como Patronas a la Santísima Virgen del Carmen, a Santa Teresa del Niño Jesús y a Santa Catalina de Sena.

REGLAMENTO DE LA "ASOCIACION DE LOS ASPIRANTES" DE LA ACCION CATOLICA CHILENA

Aprobado por la "Comisión Episcopal Permanente de la Acción Católica Chilena" en la sesión del Jueves 10 de Agosto de 1939 y recibido por la Junta Nacional en su sesión del Viernes 11 del mismo mes.

OBJETO y FINES GENERALES de la ASOCIACION

Artículo Primero.—La "Asociación de los Aspirantes" de la Acción Católica Chilena tiene por objeto preparar a los niños de una determinada edad, para ingresar, a su debido tiempo, a la "**Asociación de Jóvenes Católicos de Chile**".

Art. 2.º—En consecuencia, la "Asociación de los Aspirantes" queda encomendada a la "Asociación de Jóvenes Católicos", la cual la organizará y dirigirá en todo el país mediante sus Organismos Directivos Nacionales, Diocesanos y Parroquiales conforme a lo que se dirá más adelante.

Art. 3.º—La "Asociación de Jóvenes Católicos de Chile" en la organización y dirección de la "Asociación de los Aspirantes" tendrá presente estas dos normas directivas generales:

a) Que la "Asociación de los Aspirantes" tiene el carácter de Sección Preparatoria de la Acción Católica Chilena, y, por consiguiente, en sus orientaciones y actividades deberá predominar el trabajo de educación religiosa, moral y cultural, y de formación para los fines comunes de toda la Acción Católica, y, especialmente para los fines propios y específicos de la Asociación de Jóvenes Católicos.

b) Que la "Asociación de los Aspirantes" deberá sobresalir más por la calidad que por la cantidad de los Aspirantes.

Art. 4.º—Se conseguirán los fines generales de la "Asociación de los Aspirantes":

1.º) Formándo a los Aspirantes en el conocimiento gradual y cada vez más profundo de las verdades de nuestra Santa Religión y en la teoría y en la práctica de la Acción Católica;

2.º) Dándoles sobre todo el conocimiento íntimo de la Vida de Nuestro Señor Jesucristo y de la Historia Sagrada y despertando profundamente en ellos un grande amor de Dios y del prójimo y un vivo anhelo de seguir e imitar al Divino Redentor;

3.º) Conservando en ellos los frutos de la educación cristiana por medio de la frecuencia de los Sacramentos de la Confesión y Comunión; y especial devoción a la Santísima Virgen;

4.º) Haciéndoles comprender y amar el significado de la liturgia de la Iglesia e infundiéndoles el espíritu litúrgico mediante la participación activa en los actos y cantos litúrgicos;

5.º) Despertando y desarrollando en ellos el espíritu de apostolado, haciéndoles comprender el valor de la oración, del sacrificio y de las buenas obras para ganar almas para Dios, y mediante la práctica de algunas actividades adaptadas a su edad y condición.

6.º) Poniéndolos en contacto con los Organos Directivos de la Acción Católica, especialmente con los de la "Asociación de Jóvenes Católicos" y con la misma Asociación, sobre todo con los Centros Parroquiales de ésta, a fin de despertarles e inculcarles el espíritu parroquial.

7.°) Cultivando moderada y prudentemente las excursiones y deportes que no desdigan, ni en el modo ni en el tiempo, de las exigencias de la vida católica.

Para conseguir estos fines, la Asociación, en sus Centros, se propone:

a) Tener sesiones semanales o quincenales a las que deberán asistir todos los Aspirantes;

b) En cada sesión tener "Clases" o "Círculos de estudios" alternados de Religión, Evangelio, Historia Sagrada y Acción Católica;

c) Tener "Concursos" sobre las materias estudiadas, ya sea entre los Aspirantes de un mismo Centro, ya entre los diversos Centros de una misma Región, a fin de estimular así el interés por el estudio y premiar el esfuerzo y aprovechamiento;

d) Formar pequeñas bibliotecas religioso-sociales con los libros y opúsculos más necesarios para la formación de la conciencia exquisitamente cristiana de los Aspirantes;

e) Celebrar periódicamente Retiros Espirituales adaptados a la edad y condición de los Aspirantes;

f) Promover entre los socios la ayuda mutua, bajo los dictados de la caridad cristiana, sobre todo en los trabajos escolares;

g) Inculcarles la práctica observancia de las Obras de Misericordia Espirituales y Corporales;

h) Hacer campañas para la asistencia en común a los actos del Centro, especialmente a la Santa Misa; como asimismo campañas de índole religioso-social, particularmente para evitar la asistencia a películas y representaciones inconvenientes;

i) Constituir grupos que fomenten el canto de los
fieles en los actos del Culto;

j) Reclutar nuevos socios para el Centro por medio de la propaganda del ejemplo y conversación;

k) Difundir Revistas o folletos católicos;

l) Interesarse por las Santas Misiones, y en general otras obras y actividades similares.

Organización y Dirección

Art. 5.º—La "Asociación de los Aspirantes" establecerá sus Centros en las parroquias, en los colegios de educación primaria, o secundaria, o técnica católicos, y en aquellos lugares que estime conveniente la "Comisión Diocesana de Aspirantes" ora por propia iniciativa, ora a propuesta de la "Comisión Parroquial de Aspirantes".

Art. 6.º—Para los efectos de la organización de la Asociación, los Centros se dividirán en:

a) "Centros Parroquiales";

b) "Centros Internos" de colegios de educación secundaria o técnica católicos; y

c) "Centros Internos" de escuelas primarias, de asilos, patronatos y establecimientos similares católicos.

Centros Parroquiales de Aspirantes

SOCIOS

Art. 7.º—Los niños desde los 12 o 13 años hasta los 15 cumplidos, que no estén inscritos en los "Centros Internos de Aspirantes" formarán parte de los "Centros Parroquiales de Aspirantes".

DIRECCION.

Art. 8.º—Los "Centros Parroquiales de Aspirantes" estarán dirigidos por una "Comisión Parroquial de Aspirantes" compuesta:

a) Por el Presidente, que siempre será el del Centro de la Asociación de Jóvenes Caatólicos;

b) Por el "Dirigente de Aspirantes" que será el Vicepresidente del mismo Centro y que hará las veces de Presidente del Centro de Aspirantes;

c) Por el Asesor que será, por derecho propio, el mismo del Centro parroquial de la Asociación de Jóvenes Católicos.

Art. 9.º—A fin de preparar y acostumbrar a los aspirantes a la vida de Asociación, cada Centro de Aspirantes tendrá un Secretario y un Tesorero, y cuando lo pidan las circunstancias uno o más "Responsables" para las diversas actividades, preparándoles cuidadosamente para las funciones que han de desempeñar.

Serán elegidos por la "Comisión Parroquial de Aspirantes" y renovados cada año todos a fin de preparar y ejercitar en los cargos al mayor número.

CENTROS FILIALES.

Art. 10.—Se podrán constituir Centros de Aspirantes en otros núcleos de población fuera de la sede parroquial que estarán bajo la dirección inmediata de un "Dirigente de Aspirantes" elegido y nombrado por la "Comisión Parroquial o Diocesana de Aspirantes".

SESIONES.

Art. 11.—Los "Centros de Aspirantes" tendrán sesiones semanales, o a lo menos quincenales, y además otros actos comunes, sobre todo de carácter religioso, establecidos según acuerdo de la Comisión que los dirige.

Art. 12.—Donde no exista la Asociación de Jóvenes Católicos la "Comisión Diocesana de Aspirantes", de acuerdo con el Párroco del lugar, nombrará un Dirigente que organice y dirija el Centro de Aspirantes.

"Centros Internos de Aspirantes" de Colegios de Educación Secundaria o técnica Católicos.

Art. 13.—a) En todos los Colegios de educación secundaria o técnica católicos, se organizará un "Centro Interno de Aspirantes" al cual podrán pertenecr los alumnos de los tres o cuatro últimos cursos existentes en el establecimiento; pero con los alumnos de 5.º y 6.º podrá establecerse un "Centro Interno" de la Asociación de Jóvenes Católicos, según lo que se establece en el Reglamento de ésta.

b) En cada establecimiento educacional podrá haber más de un Centro de Aspirantes cuando el número de éstos pase de veinte o veinticinco.

Art. 14.—Para la organización y funcionamiento de estos "Centros Internos" la "Comisión Diocesana de Aspirantes" se entenderá directamente con el Directorio del Colegio.

Art. 15.—Estos "Centros Internos" estarán dirigidos por una "Comisión de Aspirantes" compuesta:

a) Por el "Dirigente de Aspirantes" elegido y nombrado en cada caso por el Consejo Diocesano respectivo de la Asociación de Jóvenes Católicos y que hará las veces de Presidente del Centro de Aspirantes.

b) Por el Director o un representante de éste del Establecimiento educacional correspondiente;

c) Por el Asesor nombrado por el Obispo Dioce-

sano a propuesta del Director del Colegio de acuerdo
con el Dirigente.

Art. 16.—Se aplicarán también a estos "Centros
Internos de Aspirantes" las disposiciones del artículo
9.º y 11.

"Centros Internos de Aspirantes" de las Escuelas Primarias y Establecimientos similares Católicos

Art. 17.—En las Escuelas primarias, asilos, patronatos. y establecimientos similares católicos, se fundarán Centros Internos de Aspirantes con los alumnos mayores de 12 años hasta los 15 cumplidos, seleccionándoseles entre los mejores de cada curso.

Art. 18.—Se regirán en todo por las disposiciones de los artículos 13 letra b), 14, 15 y 16.

Organismos Directivos Superiores de la Asociación de Aspirantes

COMISION NACIONAL.

Art. 19.—La "Asociación de los Aspirantes" estará dirigida en todo el país por una "Comisión Nacional de Aspirantes" compuesta:

a) Por el Vice-Asesor Nacional de la Asociación de Jóvenes Católicos;

b) Por el Presidente que será siempre el Vicepresidente del Consejo Nacional de la Asociación de Jóvenes Católicos, elegido y nombrado por éste para la dirección nacional inmediata de los Aspirantes;

c) Por un Secretario, Tesorero y tres o cuatro miembros más elegidos y nombrados todos por el Consejo Nacional de la Asociación de Jóvenes Católicos.

COMISION DIOCESANA.

Art. 20.—Todos los Centros de Aspirantes de cada Diócesis estarán dirigidos por una "Comisión Diocesana de Aspirantes" compuesta:

a) Por el Vice-Asesor del Consejo Diocesano de Asociación de Jóvenes Católicos (o el Asesor, si no hubiere en el Consejo el cargo de Vice-Asesor);

b) Por un Presidente que siempre será el Vicepresidente, a cargo de los Aspirantes, del Consejo Diocesano ya indicado;

c) Por un Secretario, Tesorero y tres o cuatro miembros más elegidos y nombrados por el mismo Consejo Diocesano.

Art. 21.—Las Comisiones Nacional, Diocesanas y Parroquiales, como asimismo las de los Centros Internos de Aspirantes, por intermedio de los Dirigentes de Aspirantes, darán cuenta de la marcha y funcionamiento de la "Asociación" en las sesiones ordinarias de los respectivos Consejos y Centros Parroquiales de la Asociación de Jóvenes Católicos.

Art. 22.—Los Asesores, y los Presidentes de las Comisiones Nacional, Diocesanas y Parroquiales, y asimismo los "Dirigentes de Aspirantes" permanecerán en sus cargos mientras duren sus respectivos nombramientos en la Asociación de Jóvenes Católicos; y los demás cargos o miembros de la "Comisión Nacional" y de las "Comisiones Diocesanas" de Aspirantes podrán ser cambiados en cualquier momento por los Consejos correspondientes de la Asociación de Jóvenes Católicos. Cesarán de hecho en sus puestos los que sin previo aviso o debida justificación faltaren a cuatro sesiones seguidas de su Comisión.

Art. 23.—Las Comisiones de Aspirantes actuarán bajo la dependencia y dirección superior de los respectivos Consejos o Mesas Directivas de la Asociación de Jóvenes Católicos, pero en la elección de los medios prácticos para cumplir con su mandato, gozarán de una justa autonomía y libertad.

Obligaciones de los Organismos Directivos de la "Asociación de los Aspirantes"

A) COMISION NACIONAL.

Art. 24.—Son atribuciones y deberes de la "Comisión Nacional de Aspirantes";

1.°) Velar por la organización y buen funcionamiento de todos los "Centros de Aspirantes" que componen la Asociación;

2.°) Mantener estrechas relaciones con las Comisiones Diocesanas por medio de visitas y correspondencia; preocupándose, sobre todo, de la formación especial de los Dirigentes Diocesanos de Aspirantes;

3.°) Visitar los Centros Parroquiales, Locales e Internos;

4.°) Asistir, cuando las circunstancias lo permitan, a las concentraciones diocesanas de Aspirantes;

5.°) Encargarse de la publicación del "Boletín de los Aspirantes" y de la Revista propia de la Asociación; y redactar los temas de clases o círculos de estudio y, en general publicar los avisos y normas para la buena marcha de la organización;

6.°) Escoger, y, por medio de las Comisiones Diocesanas de Aspirantes, vender el distintivo propio para los Aspirantes, como asimismo las banderas e insignias de la Asociación;

7.°) Aprobar la fecha de las Concentraciones Diocesanas y organizar, cuando lo creyere oportuno, los Congresos Nacionales de Aspirantes.

Art. 25.—Las obligaciones del Presidente, Secretario y Tesorero de la Comisión Nacional de Aspirantes, son análogas a las que corresponden a los que ocupan -estos cargos en el Consejo Nacional de la Asociación de Jóvenes Católicos.

B) COMISION DIOCESANA.

Art. 26.—Son atribuciones y obligaciones de la "Comisión Diocesana de Aspirantes":

1.º) Las señaladas en los artículos 10, 12 y 24 números 1.º, 3.º, y 6.º en cuanto dicen relaciones con los Centros de Aspirantes de cada Diócesis los cuales constituyen, en conjunto una unidad diocesana;

2.º) Transmitir y hacer cumplir a los Centros de cada Diócesis las normas, directivas y acuerdos de la Comisión Nacional de Aspirantes;

3.º) Preparar el ambiente para facilitar la organización y funcionamiento de los Centros de Aspirantes; y, donde fuere posible, asistir oficialmente a la inauguración de los Centros;

4.º) Procurar la orientación y formación de los "Dirigentes de Aspirantes";

5.º) Tomar iniciativas de carácter diocesano, v. gr.: concursos catequísticos, retiros, reuniones de Dirigentes, manifestaciones religiosas, públicas y otras semejantes;

6.º) Nombrar "Responsables" o "Comisiones Auxiliares" cuando las circunstancias lo exijan;

7.º) Organizar concentraciones regionales y sobre todo preparar las Concentraciones Diocesanas, que se realizarán según lo apruebe en cada caso la Comisión Nacional.

Art. 27.—El Secretario de la Comisión Diocesana llevará el "Libro de Vida" de la Asociación de Aspi-

rantes de la Diócesis, con la especificación de la obra
de formación y apostolado que realizan.

Además enviará anualmente al Secretario de la
Comisión Nacional de Aspirantes, las hojas de estadística de la Asociación Diocesana, mantendrá en orden el
fichero de aspirantes y enviará oportunamente al respectivo Consejo Diocesano de la Asociación de Jóvenes
Católicos, la nómina y las fichas correspondientes de
los aspirantes que deben pasar a ser socios de aquella
Asociación.

Art. 28.—El Tesorero de la "Comisión Diocesana"
recibirá y cobrará las cuotas y llevará la lista exacta
de los que hayan cumplido con esta obligación y les
enviará la Revista a que tienen derecho.

Remitirá mensualmente a la Comisión Nacional la
parte que le corresponde de la cuota de los Aspirantes
de la Diócesis.

C) COMISION PARROQUIAL.

Art. 29.—Son atribuciones y obligaciones de la
"Comisión Parroquial de Aspirantes":

1.º) La preparación de ambiente parroquial para
la organización y constitución de los "Centros Parroquiales o Locales de Aspirantes";

2.º) El reclutamiento e inscripción de los socios;

3.º) Dirigir las sesiones, dar las lecciones, procurar la formación de los Aspirantes y velar por la buena marcha de los Centros;

4.º) Mantener estrechas relaciones de coordinación y subordinación con la Comisión Diocesana de Aspirantes;

5.º) Procurar el justo y sano esparcimiento de los
Aspirantes con recreaciones, juegos y deportes apropiados a su sexo y edad y adecuados al desarrollo fí-

sico, a la creación de hábitos morales y a la formación
del carácter;

6.°) Acompañar a los Aspirantes en todos los actos públicos y asistirles en ellos.

Art. 30.—El Secretario del Centro de Aspirantes
bajo la autoridad y dirección del Delegado de Dirigentes, además del Libro de Actas de las sesiones del Centro llevará un libro con los siguientes datos estadísticos:

a) Nombre y apellido del Aspirante y demás especificaciones individuales y sociales;

b) Fecha de su ingreso al período de prueba;

c) Fecha de ingreso a la Asociación de Aspirantes
y de la imposición de la insignia;

d) Asistencia de los Aspirantes a las sesiones ordinarias y actos de conjunto;

e) Dirección de cada uno;

f) Todos los años enviará al Secretario de la Comisión Diocesana de Aspirantes según lo que se ordena en el artículo 27 y al Centro Parroquial correspondiente de la Asociación de Jóvenes Católicos la lista de los Aspirantes que por haber cumplido los 15 años tienen derecho a formar parte de aquel Centro.

Art. 31.—El Tesorero cobrará las cuotas, repartirá la Revista y venderá los distintivos e insignias de la Asociación.

Art. 32.—Las Comisiones de Aspirantes de los "Centros Internos" tendrán atribuciones y obligaciones análogas a las indicadas con respecto a la Comisión Diocesana; y lo mismo se ha de decir de los Secretarios de los Tesoreros de estos Centros.

De los Aspirantes.

A) REQUISITOS PARA PERTENECER A UN CENTRO.

Art. 33.—Para pertenecer a los Centros de Aspirantes se requiere:

1.°) Inscribirse en los Centros Parroquiales o en un "Centro Interno" de Aspirantes;

2.°) Tener por lo menos 12 años y no haber pasado los 15 si se trata de un Centro Parroquial, o hallarse en alguno de los tres o cuatro últimos años de un establecimiento educacional católico, si se trata de los "Centros Internos";

3.°) Ser de conducta intachable;

4.°) Contar con el consentimiento de sus padres;

5.°) Haber hecho la primera Comunión;

6.°) Haber tenido durante 4 meses una asistencia regular a las sesiones y actos comunes del Centro a que se desea pertenecer; lo cual constituye el período de prueba de la Asociación.

Art. 34.—Cuando un Aspirante pase de un Centro Interno a un Centro Parroquial, o vice versa, no necesitará hacer de nuevo el período de prueba de que se habla en el artículo precedente número 6.°.

Art. 35.—Cada socio de los Centros Parroquiales o Locales ha de pertenecer al "Centro de Aspirantes" de su propia parroquia, o sea, a aquella en cuyo territorio está situada su casa habitación u hogar.

B) OBLIGACIONES DE LOS ASPIRANTES.

Art. 36.—Son obligaciones de los Aspirantes:

1.°) Asistir puntualmente a las sesiones y actos colectivos del Centro;

2.°) Llevar la insignia y usar los distintivos de la Asociación en la forma que lo acuerde la "Comisión Nacional de Aspirantes";

3.°) Leer la Revista Oficial de los Aspirantes;

4.°) Pagar la cuota de $ 2.40 al año, o sea, $ 0.20 mensuales la que se distribuirá en la forma que lo acuerde la Comisión Nacional de la Asociación;

5.°) Aceptar toda obra de apostolado que, a juicio del Dirigente de Aspirantes, sea compatible con la edad y condición del Aspirante;

6.°) Asistir a las Concentraciones Diocesanas o a las regionales de su propio Centro;

7.°) Rezar cada día las oraciones de la mañana y de la noche; según las instrucciones que dará la Comisión Nacional de Aspirantes;

8.°) Confesarse y comulgar a lo menos una vez al mes, no por compromiso o rutina, sino por convicción y verdadera necesidad espiritual.

Art. 37.—Las Aspirantes que repetidamente faltaren a estas obligaciones, podrán ser eliminados del Centro por las Comisiones de Aspirantes.

Disposiciones Especiales.

Art. 38.—El Programa de la Asociación de Aspirantes y de cada uno de sus organismos directivos y Centros podrá, en consecuencia sintetizarse en estas tres palabras: Piedad, Estudio, Apostolado.

Piedad, sólida, ilustrada y conforme al espíritu de la Iglesia;

Estudio, metódico y adaptado, sobre todo a base del conocimiento íntimo de la vida, ejemplos y doctrina de Nuestro Señor Jesucristo;

Apostolado, como fruto de la piedad y del estudio,

comenzando por el primero y más fundamental de todos los apostolados que es el buen ejemplo.

Art. 39.—La ''Asociación de los Aspirantes'' de la Asociación de Jóvenes Católicos, se consagra a Cristo Rey y a la Santísima Virgen Inmaculada, y se coloca bajo el amparo de San Tarcisio, reconociéndolo como su Patrono.

FIN

Del Excmo. Sr. Alfredo Silva Santiago,
Arzobispo de Concepción y Asesor
general de la Acción Católica
de Chile.

EL SENTIDO RELIGIOSO-SOCIAL DE LA ACCION CATOLICA

Una vez más, el Episcopado de la Iglesia en Chile ha hecho un solemne llamado a los católicos del país para pedirles toda su colaboración personal y toda la ayuda económica que les sea posible, en favor de la Acción Católica Chilena.

Tal es el significado del Edicto Colectivo del 24 de Junio último por el cual se ordena una colecta nacional para la Acción Católica el Domingo 21 del mes presente.

Aguardamos que sea escuchada la voz del Episcopado por todos los católicos de todas las diócesis de Chile. Lo aguardamos con fe y con certidumbre.

En verdad, la Acción Católica merece todo el apoyo y generosidad de los católicos, sin excepción alguna. Más aún, lo exige con razones y títulos indiscutibles.

Para demostrarlo no es menester invocar el testimonio de los Papas cuya voz de orden ha sido y continúa siendo la organización y desarrollo de la Acción Católica en todos los países, aún en aquellos sumidos todavía en la infidelidad o agobiados por la persecución religiosa.

Ni es necesario detenerse a recordar que idéntico ha sido el llamado y mandato preciso, claro, constante y apremiante de la jerarquía eclesiástica de nuestra patria, principalmente a partir de la festividad de Cristo-Rey de 1931, cuando se creó nuestra actual Acción Católica.

Sólo deseamos, por ahora, una cosa: poner brevemente de relieve lo que escribía Pío XI al Episcopado argentino, refiriéndose a la naturaleza íntima y trascendental finalidad de la Acción Católica: "Las necesidades de los tiempos exigen que según varían las costumbres y manera de vivir, también el clero y los seglares establezcan oportunamente nuevas formas de apostolado cristiano. De grado, pues, aprobamos la Acción Católica en la forma como la habéis establecido. El Apostolado ejercido de los seglares en la manera de apostolado que más responde a las necesidades de estos tiempos..., la obra de los párrocos y demás sacerdotes por más famosa y diligente que ella sea, es insuficiente para responder a las grandes necesidades que en los tiempos actuales requiere el apostolado".

En efecto, la Iglesia se encuentra hoy frente a frente de una necesidad universal e imperiosa, cuyo remedio no puede dejar de buscar, pues el deber de hacerlo arranca de su misma finalidad social y de su misión sobrenatural e histórica. En otros términos, la Iglesia en nuestra época está llamada a salvar la civilización contemporánea que, cual lo vemos y palpamos todos, está agobiada de toda suerte de males y perece y muere falta de justicia, verdad y caridad.

Es evidente la orientación y el camino que, para ello, ha de seguir la Iglesia. El orden y la paz, la prosperidad y felicidad de los pueblos y naciones, como las de los individuos y familias, están en Cristo y sólo en Cristo y en su Evangelio. La salvación de la humanidad solamente se puede encontrar en la reyecía de Cristo, en la vida individual y en la vida social.

De ahí que, contra el mal organizado, contra el laicismo con sus errores y empresas criminales, contra el liberalismo y las modernas doctrinas y sistemas nacidos del mismo, hay que ir derechamente a la restauración del reinado social de Jesucristo.

Pero ¡qué difícil e inmensa tarea supone esta restauración!

Difícil no sólo por la penuria angustiosa de sacerdotes que limitan la acción de la Iglesia, sino también por los ambientes y categorías sociales absolutamente refractarios a esta acción salvadora.

Inmensa, ya que la rápida difusión de ideologías y prácticas totalmente opuestas a la doctrina católica, y la disolución de las costumbres, y la errónea formación intelectual y moral de la juventud, y el menosprecio de toda autoridad, y el concepto materialista de la vida, hacen que todos los órdenes de la vida individual y de la social y pública, se encuentren profundamente separados de los principios cristianos.

Pues bien, para esta difícil e inmensa obra que incumbe en nuestros días a la Iglesia de Dios, y a sus pastores y sacerdotes, la misma Iglesia, por medio de su Jefe Supremo, ha señalado el medio fundamental; el que más responde a las necesidades de nuestros tiempos, según Pío XI: la participación de los católicos seglares en el apostolado religioso-social que por institución divina le corresponde a la jerarquía de la Iglesia.

Esta participación organizada según las normas generales aprobadas por la Santa Sede y comunicadas

oficialmente para su fiel observancia, al Episcopado chileno; esta participación bajo la dependencia directa de la jerarquía, en perfecta y provechosísima coordinación y subordinación de la misma jerarquía; esta participación activa, eficiente, industriosa, en todos los campos de las actividades católicas y con los mismos medios modernos que suelen usar los enemigos de Cristo para atraer a sus ideas y prácticas; esta participación, en fin, con profundo sentido cristiano de la vida y de la sociedad y, por lo mismo, con un vivo e insustituible espíritu sobrenatural, principio de vida de todo apostolado verdadero y fecundo, es la Acción Católica. Sin temor de errar o exagerar, podemos y debemos decir que ella ha sido consagrada por la Iglesia como su Apostolado Auxiliar de carácter oficial y permanente. Las demás asociaciones de piedad, de formación religiosa, de caridad, de beneficencia y aún de apostolado externo pero específico y reducido, adhiriéndose a la Acción Católica oficial, han de ser sus valiosos auxiliares, han de cooperar eficazmente a su utilidad y deben suministrarle elementos preparados y activos. Es el mandato del Papa.

Como resumiendo y cristalizando hermosamente lo que es la Acción Católica, ha dicho con razón un autor de no poca autoridad entre nosotros: "La Encíclica sobre Cristo Rey, de Pío XI, nos marca un rumbo; la creación de la Acción Católica nos entrega el instrumento". "No cabe duda de que los Centros de Acción Católica están llamados a desempeñar el papel que durante la invasión de los bárbaros y constitución de las nuevas nacionalidades tuvieron los monasterios, fuentes de vida espiritual y de reforma colectiva. Por medio de la Acción Católica, de la jerarquía propiamente dicha, de las órdenes religiosas, salvará la Iglesia al mundo contemporáneo como salvó al antiguo".

Concebida la Acción Católica así como la concibe la Iglesia: organizada y desarrollada según las normas tantas veces señaladas por Pío XI —a las cuales se ciñen estrictamente nuestros Estatutos y Reglamentos—, se nos presenta en toda su necesidad y urgencia. Se nos presenta como la institución básica, fundamental, fuente de vida de todas las demás actividades organizadas de los católicos. En la escala de los valores del apostolado social ocupa, sin duda, el primer lugar, el esencial, el insustituible. Ello aún, con relación a otras importantes actividades organizadas de los católicos, cuya dirección no corresponda a la Acción Católica; pero que, por medio de ella, sin necesidad de salirse de sus fines específicos indirectamente pueden y deben ser fomentadas, consolidadas y desarrolladas para apresurar así el reinado social de Cristo. En último análisis, éste debe ser el ideal supremo de toda actividad social que reclama para sí la responsabilidad y la gloria del nombre de "católico".

De ahí que no vacilamos en afirmar que el no comprender o el no darle la importancia debida a la Acción Católica Chilena, no sentir su necesidad y urgencia, equivaldría, o al desconocimiento triste y funesto de la posición fundamental que corresponde ante la situación religioso-social de nuestra patria, o bien el haber perdido, como personas y como miembros de la colectividad social, el "sensus Christi", lo que vale decir, el amor y el ideal de Cristo.

Por esto, quienes llevamos la responsabilidad de la Acción Católica Chilena, hacemos un ferviente llamado a todos los católicos de Chile a responder ampliamente a las ideas de participación personal y de cooperación económica contenidas en el Edicto a que ya nos hemos referido.

Y lo esperamos, sobre todo, de nuestros católicos

dirigentes, más obligados que otros a justipreciar el profundo sentido religioso y social que encierra la Acción Católica Chilena.

EL SENTIDO SOBRENATURAL DE LA ACCION CATOLICA CHILENA

En nuestro primer artículo sobre la Acción Católica Chilena, hemos establecido el valor religioso-social importantísimo que tiene.

A este valor se refería el Emmo. Cardenal Gasparri el 19 de Mayo de 1921 con estas palabras que debieran meditar todos los católicos de nuestro país: "Si la Acción Católica, formadora de las conciencias y creadora de los valores morales, viniese a languidecer, también la acción social de los católicos fallaría fatalmente en su finalidad; y en un mañana no lejano se debería por desgracia, llorar no solamente la ruina de la Acción Católica propiamente dicha, sino también el agotamiento y disolución de las demás organizaciones que toman su inspiración de los dictámenes del Evangelio y agrupan las formas sociales de los católicos".

Estos conceptos sintetizan cuanto pudiéramos añadir a lo ya expresado, y contienen una adecuada y decisiva respuesta a quienes preguntan aún: ¿Qué influencia tiene la Acción Católica en nuestra vida social y pública? ¿Qué nos promete la Acción Católica para llegar a la solución de los grandes problemas de la vida nacional relacionados con la vida católica?

Por esto, dentro de la brevedad de un artículo, con las palabras llenas de un fuerte realismo, del gran Cardenal Gasparri, cerramos este capítulo; y abrimos otros que juzgamos oportunos abordar y entregar a la atentá consideración de nuestros católicos de toda clase y condición.

— ¿Cuál es el sentido espiritual y sobrenatural de la Acción Católica Chilena? O en otros términos, ¿qué presagio de mayor vida cristiaan en las personas, en las familias y en la sociedad lleva consigo el apostolado de la Acción Católica?

Si se contempla desde el punto de vista de la vida sobrenatural, o sea, de la verdadera vida cristiana, lo que es la Acción Católica, conviene de inmediato expresar que lleva no sólo el nombre de católica, sino que tiene **"un alma católica"**. Es decir, en virtud de las propias condiciones de su existencia y actividad, tiene un principio de vida que la hace capaz, como ninguna otra institución de apostolado, de comunicar la vida sobrenatural cristiana, de distribuir en todas las manifestaciones de la vida humana la acción espiritual y la acción santificadora de la Iglesia.

En efecto, la Acción Católica no es una entidad externa a la Iglesia, una entidad que, aunque dependiente directamente de la Jerarquía, existe, trabaja y lucha separadamente de la Iglesia. No.

Esta idea de ningún modo correspondería a la idea justa del apostolado seglar oficialmente auxiliar del apostolado jerárquico de la Iglesia. Este modo de entender la Acción Católica sería una desarticulación, una noción inorgánica y hasta un concepto naturalista de la misma, a la luz de los documentos pontifícios.

"La Acción Católica, ha escrito el Excmo. señor Obispo de Rosario, Asesor General de la A. C. de la República Argentina, es la Iglesia misma, íntegra, que busca el reinado social de Jesucristo; es la Iglesia **Docente y Dirigente** que, con la Iglesia **discente y dirigida,** simultáneamente y en colaboración natural y subordinada, busca la restauración y la integridad de la vida cristiana en la familia y en la sociedad.

- O se trabaja con la Iglesia, a sus órdenes, subordinadamente a su jerarquía, o no. En el primer caso, se podrá pertenecer a la Acción Católica; en el segundo, de ninguna manera".

Y si alguien preguntara aquí cómo se realiza esta especie de incorporación de la Acción Católica en la Iglesia, responderíamos con el mismo autor, poniendo de relieve, una vez más, el rasgo más característico, la nota distintiva que le comunica a la Acción Católica el título y el alma de "católica" que ostenta y que encierra el secreto de su eficacia divina y humana para ir resolviendo los grandes problemas de la vida católica. He aquí sus palabras: "No hay vida sin alma: el alma que fecunda y vivifica las actividades de los seglares en la Acción Católica, la savia que vitaliza los sarmientos y sobrenaturaliza la colaboración de los seglares en la Iglesia, es "el mandato" que Ella les da y que ellos ejecutan en su nombre y autoridad. En un primer tiempo la jerarquía da sus orientaciones, y recibidas éstas, en un segundo momento la Acción Católica las ejecuta, **pero siempre bajo** el **aliento vivo y vivificante del "mandato" que persevera,** y que inició, continúa y termina la actividad de la Acción Católica, cuya función deberá ser siempre ejecutora fiel del mandato de la Iglesia".

Aunque sea sólo de paso, añadiremos que estas ideas no son más que la sencilla explanación de las palabras de Pío XI: "A los fieles reunidos y organizados en la Acción Católica para estar prontos a disposición de la Iglesia, la misma sagrada jerarquía, así como les da un mandato, así también los estimula y sostiene". ¡Idea profunda y hermosa! ¡Realidad magnífica!

La misma Jerarquía de la Iglesia que, a pesar de

todas las vicisitudes humanas, perpetuamente conserva, defiende y, propaga la verdad de la Revelación, que difunde en los corazones la vida sobrenatural cristiana, y que rige y gobierna la sociedad santa de los fieles, le comunica a la Acción Católica un **mandato** para participar de su misión y apostolado, para cooperar activamente en su finalidad de índole sobrenatural y para llevar la vida del espíritu a lo temporal, a fin de que así pueda la Iglesia con toda su integridad, difundir y acentuar los principios y normas que son el fundamento de la salvación y prosperidad de los pueblos.

Profundizando estas observaciones, mirando la Acción Católica unida a la Iglesia participando en el apostolado jerárquico y en la finalidad sobrenatural que éste tiene, se aprecian en todo su valor las hermosas palabras con que Pío XI, el 19 de Abril de 1931, presentaba a los católicos romanos el valor sobrenatural de la Acción Católica: ''La acción de la Iglesia y la cooperación de la Acción Católica no se limitan solamente a llevar un mínimo necesario de elementos religiosos que impidan la paganización de la sociedad en sus diversos engranajes: la acción del apostolado, el apostolado jerárquico y la cooperación de la Acción Católica, tienden a realizar el programa entero del corazón de Dios, la fundación, la dilatación y estabilización del Reino de Cristo en las almas, en las familias, en la sociedad, en todas las direcciones posibles, en todas las exteriorizaciones, en todas sus profundidades asequibles por las actividades humanas ayudadas de la gracia de Dios''.

¡Realizar el programa entero del corazón de Dios!

He ahí, en magnífica síntesis la finalidad, el objeto propio de la Acción Católica Chilena en cuanto tal. Eso anhela, eso busca, en eso está trabajando y continuará haciéndolo con indefectible celo.

He ahí su valor religioso y social y, más que todo, su valor sobrenatural, su valor en la vida cristiana individual y colectiva.

He ahí por qué debe vaciarse en ella, digámoslo así, todo el amor vivo ardiente, abnegado y generoso del católico.

Sobre todo del católico de hoy, en que todos los enemigos conscientes o inconscientes de Cristo, ya han entablado la lucha contra el orden social cristiano, en el terreno moral y religioso. El remedio providencial, el que nos indica la Iglesia, está en la Acción Católica organizada y vivida.

Por eso, con toda razón, el Emmo. Cardenal Gasparri, desde su alto cargo de Secretario de Estado de S. S. Pío XI, escribía en 1923 estas nítidas palabras al Presidente de la Junta Central de la Acción Católica Italiana: "Así como todo católico debe sentir la necesidad y el deber de dedicarse, o a lo menos de contribuir a esta obra de apostolado, así también debe sentir la necesidad y el deber de coordinarse en la medida de lo posible a los órganos reconocidos de la Acción Católica, si no quiere exponerse al peligro de que su obra resulte estéril, cuando no perturbadora y dañosa".

INDICE

Págs.